RENCONTRES
534
Série *Études dix-neuviémistes*
dirigée par Pierre Glaudes
59

Relire *Cyrano de Bergerac*

Relire
Cyrano de Bergerac

Sous la direction de Violaine Heyraud et Bernard Vouilloux

PARIS
CLASSIQUES GARNIER
2021

Violaine Heyraud est maître de conférences en littérature française du XIXe siècle à l'université Sorbonne Nouvelle – Paris 3. Elle travaille sur Feydeau (*Feydeau, la machine à vertiges*) dont elle a édité une anthologie de pièces, sur la comédie, le vaudeville, le Grand-Guignol (XIXe-XXe siècles) et les liens du théâtre à la médecine.

Bernard Vouilloux, professeur de littérature française du XXe siècle à Sorbonne Université, a centré ses travaux sur les rapports entre verbal et visuel, littérature et peinture, poétique et esthétique. Auteur de plus de deux cents articles, il a publié une vingtaine d'ouvrages, parmi lesquels *Plateaux fantasmatiques. Gisèle Vienne.*

ISBN 978-2-406-12639-3 (livre broché)
ISBN 978-2-406-12640-9 (livre relié)
ISSN 2103-5636

REMARQUES LIMINAIRES

ÉDITIONS DE RÉFÉRENCE

Les citations de la pièce sont prises dans l'une ou l'autre des deux éditions suivantes, auxquelles le présent ouvrage renverra de manière abrégée :

Besnier (éd)	Rostand, Edmond, *Cyrano de Bergerac*, Patrick Besnier (éd.), éd. revue, Paris, Gallimard, coll. « Folio », 1999. Cette édition est fondée sur le texte des *Œuvres complètes illustrées* d'Edmond Rostand (illustrations en couleurs et en noir, dans le texte et hors-texte, de François Flameng, Albert Besnard, Auguste-François Gorguet et Paul-Albert Laurens, Paris, Pierre Lafitte et Cie, t. I, 1910).
Guérin (éd.)	Rostand, Edmond, *Cyrano de Bergerac*, Jeanyves Guérin (éd.), Paris, Honoré Champion, coll. « Champion Classiques », 2018. Cette édition prend pour base le texte publié chez Charpentier et Fasquelle (2e tirage, 1898).

SIGNES UTILISÉS POUR LA PRÉSENTATION DES VERS

+	césure
\	changement de locuteur en cours de vers
: :	rime (*farce* : : *parce*)
/	changement de vers (dans les citations intégrées)
#	enjambement externe (de vers à vers)

INTRODUCTION

Rostand en clair-obscur

L'inscription de *Cyrano de Bergerac* au programme de l'agrégation constitue « un événement en soi », selon la juste formule employée par Jeanyves Guérin au début de l'étude qui ouvre ce volume. L'histoire de sa réception depuis la générale du 27 décembre 1897 fait apparaître que très peu d'œuvres – nulle autre, même, sans doute – furent simultanément ou alternativement autant exaltées et autant vilipendées. De ce point de vue, la pièce constitue un cas d'école dont il y aurait de multiples enseignements à tirer pour essayer de penser une *lutte des classements*. Quelle autre pièce capable de faire se lever des salles entières aura autant clivé ? De bonnes ou de moins bonnes raisons ont été avancées, de part et d'autre ; les engagements esthétiques y ont, certes, leur part, mais aussi des représentations, des affects, des présupposés et des arrière-pensées de toute sorte. Le titre choisi par Jeanyves Guérin attire d'emblée l'attention sur le discrédit dont *Cyrano* et l'œuvre complet de Rostand ont pâti auprès de l'Université après 1945. Celle-ci aurait-elle suivi le *mainstream* de la « littérature en marche », comme Albert Thibaudet disait drôlement[1], voire la *doxa* moderniste, comme Jeanyves Guérin en fait l'hypothèse ? Depuis les années 1990, il semble que le vent tourne un peu, et la présente publication, venant après nombre d'articles, plusieurs colloques et ouvrages collectifs, ainsi que quelques thèses, est un signe supplémentaire de ce qui peut être interprété, pour le moins, comme un intérêt pour l'œuvre et son auteur. Parmi les présupposés qui ont empoisonné la première réception de la pièce, le plus venimeux et, à long terme, le plus délétère (il resurgit périodiquement) est d'ordre

1 Thibaudet, Albert, *Histoire de la littérature française de 1789 à nos jours*, Paris, Stock, 1936, p. 499. Le passage d'où cette formule est tirée servait d'épigraphe à l'avant-propos des éditeurs d'*Edmond Rostand, poète de théâtre*, Actes du centenaire et du cent cinquantenaire (1868-1918, 2018), Bertrand Degott, Olivier Goetz et Hélène Laplace-Claverie (éd.), Besançon, Presses universitaires de Franche-Comté, 2021.

politique : « Cyrano est-il français ? », demande Clémence Caritté, orientant clairement sa question non vers la substance identitaire, mais vers la qualité attributive. Dans le contexte politique surchauffé des années 1890 (« revanchisme » face à l'Allemagne, jeu des alliances, scandales financiers, attentats anarchistes, mouvements sociaux, affaire Dreyfus...), un engrenage fatal s'est enclenché : cette pièce dans laquelle on voyait une sorte de compendium de trois siècles de littérature française, des pièces du jeune Corneille jusqu'aux vers funambulesques de Banville en passant par la poésie et les drames de Hugo, certains critiques allèrent jusqu'à en faire l'expression quintessenciée d'un « esprit français », puis, franchissant un pas de plus, à en tirer un motif de fierté chauvine face à la lourdeur pessimiste de la métaphysique schopenhauerienne et aux atmosphères « brumeuses » des pièces scandinaves et symbolistes. La « vieille Gaule » était enfin de retour[2]. Dans une situation où il n'y avait guère de place pour les nuances, bien poreuses étaient les frontières entre l'innocent chauvinisme (qui tire son nom d'un personnage de théâtre), le patriotisme et le nationalisme. L'étude de Clémence Caritté fait resurgir les nombreux avatars théâtraux de la littérature patriotique. Selon elle, c'est bien au prisme de ce qui obsède l'époque que *Cyrano de Bergerac* a pu passer, aux yeux de beaucoup, pour une exaltation de la francité, les uns lui en faisant un mérite, les autres lui contestant cette qualité en lui reprochant de faire prévaloir l'esthétisme sur la raison (Romain Rolland) – ou de compromettre la romanité dans des complaisances décadentistes (Charles Maurras).

Comme on vient de le voir, la question des liens de filiation avec la littérature française du passé, notamment avec le théâtre du XVIIe siècle, fut l'une de celles qui furent très tôt posées. Nul doute que le XVIIe siècle de Rostand soit l'héritier à la fois de la vision romantique du règne de Louis XIII – avant l'arrivée de la génération de 1660 – et d'une historiographie qui multiplie les grandes entreprises éditoriales de mise à disposition et de commentaire du patrimoine littéraire national. C'est dire que cette question nécessite d'être reprise à la lumière des développements qu'ont connus, depuis, les études dixseptiémistes et dixneuviémistes. C'est à cette révision que s'attachent les deux

2 « Voilà le joyeux soleil de la vieille Gaule qui après une longue nuit, remonte à l'horizon. Cela fait plaisir, cela rafraîchit le sang ! » (Sarcey, Francisque, « Chronique théâtrale », *Le Temps*, 38e année, n° 13362, 2-3 janvier 1898, p. 1).

contributions suivantes. Celle d'Hélène Laplace-Claverie suit l'entrelacs des motifs, figures et dispositifs qui caractérisent ce que l'on commença – en France, autour de 1950 – à désigner par le terme de « baroque », jusque dans la reprise du motif traditionnel du *memento mori*, et montre comment le XIXe siècle finissant de Rostand y introduisit ses propres tropismes : ce que l'auteur de *Cyrano de Bergerac* en retint essentiellement, c'est « un univers où la parole se fait spectacle, où la bigarrure est de règle et la mise en abyme constante, où la réalité ne peut être appréhendée que sur le mode de la théâtralité ». Sylvain Ledda part de ce que recouvre assez précisément au moment de son apparition le genre de la « comédie héroïque », entre le *Don Sanche d'Aragon* (1649) de Corneille et le *Dom Garcie de Navarre* (1661) de Molière : à la différence du couple oppositionnel de la tragédie et de la comédie, et sans se confondre avec la tragi-comédie, elle n'est pas définie par l'origine sociale des personnages, mais par le caractère héroïque des actions représentées et par tout ce qui vient avec, exploits en tout genre, y compris et surtout guerriers. Les mutations par lesquelles passe le genre au cours des deux siècles suivants, à travers des pièces dont la plupart ont sombré dans l'oubli, permettent de comprendre à la fois la place qu'occupe la dimension comique dans *Cyrano de Bergerac* et la pénombre qui envahit le dernier acte.

Cyrano de Bergerac, c'est d'abord et avant tout Cyrano de Bergerac, dont le rôle est l'un des plus longs du répertoire. Coquelin l'avait bien compris, qui, au comédien jouant Le Bret, rétorqua : « Mais tu as un très beau rôle : je te parle tout le temps[3] !... » Tentant de faire pièce à l'envahissant personnage, Jean Bourgeois met en lumière les figures féminines, depuis la charmante distributrice de l'hôtel de Bourgogne et la peu accommodante compagne de Ragueneau, Lise, jusqu'aux précieuses, de belles muettes à l'exception de Roxane, et aux pépiantes religieuses du couvent des Dames de la Croix. Une analyse structurale des relations actantielles entre Roxane, Christian et Cyrano dessine progressivement une Roxane moins monologique et transparente qu'il n'y paraît, comme le confirme encore l'éclairage psychanalytique : ne vient-elle pas suppléer la « mère mal aimante » de Cyrano ? C'est encore

3 Cette anecdote, souvent rapportée, est rappelée notamment dans Lorcey, Jacques, *Edmond Rostand*, préface de Jean Piat, t. I, *Cyrano – L'Aiglon* (1868-1900), Anglet, Atlantica et Séguier, 2004, p. 285.

le recours à Freud, mais aussi à Anna Freud et à Melanie Klein, qui permet à Fabrice Wilhelm de donner toute leur densité aux pointes acérées – nez et épée – qui non seulement signalent l'individu, et le signent, mais en expriment la complexité, puisque c'est sa laideur qui lui fait imaginer le stratagème que Roxane, une fois détrompée, désignera comme une « généreuse imposture ». Est-il si sûr, cependant, que Cyrano « se sacrifie » généreusement pour le bonheur de Roxane et de Christian ? À lire la pièce de près, comme le fait Fabrice Wilhelm, il apparaît que Cyrano a plus d'un compte ouvert à l'enseigne de l'imposture, qu'elle soit héroïque, sociale ou psychique. Rosemonde Gérard ne croyait pas si bien dire quand elle faisait état, sur le ton d'une femme du monde bien intentionnée jetant un coup d'œil dans la souillarde, de « cette volonté subconsciente et freudienne qui, sans en avoir l'air, fait ce qu'il faut[4] ». La « pointe » n'est pas seulement celle du nez ou de l'épée, c'est aussi une arme verbale, et c'est sous cet aspect, conjuguant l'art du « bretteur » et celui du « rimeur », souvent associés depuis le XVIe siècle, que Géraldine Vogel étudie le personnage de Cyrano. La pointe est là aussi un legs du baroque – elle est la fine fleur de l'*agudeza* selon Baltasar Graciàn –, mais qui a fructifié au temps du romantisme (Gautier) et qui semble ne s'épanouir dans la pièce de Rostand que pour autant que celui-ci y voit un recours salvateur contre les maladies du siècle, pessimisme métaphysique et scepticisme positiviste.

Vient ainsi au jour tout un autre pan de la pièce, et non le moindre, qui n'a été abordé jusque-là que par ses bords fuyants, celui de la parole poétique. Une parole qu'Henri Scepi, pour en évaluer le métal, veut dissocier de sa manifestation « théâtrale » (à entendre dans les deux sens, modal et spectatoriel) pour la resituer, par-delà les genres, dans ses apparentements et ses attenances, au plus proche comme au plus lointain ; une parole « soufflée » par les grands prédécesseurs et une parole qui, après *Cyrano*, cherchera un nouveau souffle, à chaque fois en opposition complète à celui qui soulève la pièce de 1897, soit du côté de la plainte et de la complainte, avec *L'Aiglon* (déploration mélancolique), soit du côté de la déclaration et de la déclamation, avec *Chantecler* (exaltation maniaque). Le « destin du poète souffleur » serait donc d'« osciller entre le désir du réel et le chatoiement illusoire du langage ». Tout en

4 Gérard, Rosemonde, *Edmond Rostand*, Paris, Fasquelle, 1935, p. 148.

resituant cette parole poétique dans les différents horizons littéraires du XIXe siècle, c'est dans ses procédés et surtout ses effets qu'Alain Vaillant s'en saisit, insistant, pour commencer, sur le paradoxe d'une « comédie » qui se termine mal et qui, sans tourner au tragique, voit l'« enténèbrement graduel » du cinquième acte être « compensé par le sentiment d'embellissement généralisé dont jouit l'univers de la fiction ». Or, cet embellissement, plus que dans la fiction, c'est dans le vers lui-même – fiction de langage, selon Mallarmé – qu'il faut en chercher la cause : il n'est pas le moyen, l'auxiliaire agentif de l'action dramatique, il en est le cœur. Il va donc prendre sur lui toutes les polarités affectives, tonales, réglées par le genre, alternant entre le lyrisme et le comique sans jamais se départir de sa capacité à susciter l'émotion. L'auteur de *La Civilisation du rire* finit par considérer la rime comme la tête porteuse (encore une pointe) d'une énonciation qui serait en vérité *à la fois* lyrique et comique. Peut-être est-il permis de voir dans cette « versification heureuse » la version eudémonique du « bonheur » que Jules Lemaître, mi-figue, mi-raisin, reconnaissait à un « trop heureux ouvrage » auquel il aura manqué « d'être incompris[5] » :

> Tout nous charme dans *Cyrano*, et rien ne nous y offense : mais rien aussi n'y répond à la partie la plus sérieuse de nos préoccupations intellectuelles et morales ; et, s'il était vrai que cette très brillante comédie romanesque « ouvrît le XXe siècle », c'est donc que le XXe siècle serait condamné à quelque rabâchage.

De Rostand, on ne pourrait pas dire qu'il a « touché au vers ». Il l'a préservé coûte que coûte, certes pas comme l'entendait Mallarmé, mais au prix d'acrobaties funambulesques qui font venir sous la plume des premiers critiques le nom de Théodore de Banville, tel Catulle Mendès évoquant des « rythmes qui jettent leur hémistiche par-dessus les moulins[6] ». L'étude de Jean-Michel Gouvard donne les moyens d'examiner de près ce point délicat, l'impression reçue étant due, en grande partie, à l'usage étendu du vers brisé : Patrick Besnier va jusqu'à parler de « désintégration » et de « rythmes déchiquetés[7] ». Rappelons d'abord

5 Lemaître, Jules, « Revue dramatique », *Revue des Deux Mondes*, 68e année, 4e pér., t. CXLV, 3e liv., 1er février 1898, p. 700, ainsi que la citation suivante.

6 Mendès, Catulle, « Premières représentations », *Le Journal*, 6e année, n° 1919, 29 décembre 1897, p. 3.

7 Besnier (éd.), Préface, p. 28. C'est dans cette édition que sont prises les références qui suivent.

que le vers dodécasyllabique est largement dominant et que les passages où il est abandonné pour d'autres mètres sont étroitement circonscrits : formes fixes de la ballade, dite ici « du duel » (I, 4, v. 408-435), et des triolets, dans la présentation des cadets (II, 7, v. 892-923), ou formes libres d'un quatrain d'hexasyllabes à rimes croisées (II, 4, v. 712-719) et d'un huitain d'octosyllabes sur deux rimes, aaabaaba, dans l'épitaphe pré-posthume (V, 6, v. 2535-2542). C'est principalement sur le traitement des alexandrins non binaires, eux-mêmes très minoritaires, que s'étend Jean-Michel Gouvard : il dégage les différentes solutions rythmiques qui se dessinent, ternaires ou semi-ternaires (4/8 ou 8/4), non sans relever au passage les cas monstrueux du vers 334 (« Appelle Hippocampelephantocamélos ») et des vers 362-364, qui jouent sur le déboîtage de la métrique et de la syntaxe. Dans un moment antérieur de son analyse, il fait place aux nombreuses interjections qui permettent au vers, surtout quand il est brisé, de retomber sur ses pieds. Pièce éminemment sonore – « bruyante », diraient certains –, *Cyrano de Bergerac* est ponctué d'interjections et d'onomatopées. Bertrand Degott en propose un relevé exhaustif : toutes catégories confondues, les interjections (qu'elles soient ou non onomatopéiques) font de *Cyrano* la pièce sans doute la plus interjective du répertoire moderne (encore un record), la comparaison portant sur cinq autres pièces. On pourrait ajouter qu'elle est aussi probablement la plus exclamative, tant la courbe intonative ascendante s'y impose, qui projette la voix sinon vers le « seuil bleu » (V, 6, v. 2570), du moins vers les cintres. Onomatopées et interjections sont examinées sous leurs différents aspects, morphologiques, graphiques, énonciatifs, distributionnels, métriques, expressifs, etc. Leur répartition entre les différents rôles n'est pas moins riche d'enseignements… et de surprises : même le hautain comte de Guiche, même la précieuse Roxane y vont d'un « Morbleu ! ».

Une lettre de Rostand à Coquelin, datant de la période où la pièce était en répétition (dès septembre 1897) montre l'importance qu'il attachait à l'émission vocale des interjections et aux modulations expressives que les comédiens devaient réussir à faire passer. L'auteur de *Cyrano* fait partie de ces dramaturges qui considèrent qu'une pièce ne s'achève pas avec l'inscription du mot « Fin » : pour lui, la pièce n'est aboutie que quand elle est jouée. C'est sur cette finalisation scénique de l'écriture dramaturgique que se concentre la contribution de Bernard Vouilloux.

Un signe parmi d'autres de cette perspective scénocentrique réside, selon lui, non seulement dans l'abondance et l'étendue des didascalies, mais dans les descriptions et auto-descriptions de ce qui s'accomplit et se voit sur la scène, et dans l'emphatisation du geste, plus particulièrement du « beau geste », en ses composantes physique et morale. S'appuyant entre autres sur Diderot, il conclut – un peu sévèrement, jugera-t-on – à une apothéose du théâtralisme, soit à une hystérisation de la théâtralité qui serait tributaire d'un moment de l'histoire de l'art dramatique durant lequel les « monstres sacrés » dominaient la scène. C'est sur ces derniers que Jean-Marie Apostolidès prend le relais. Si lui aussi convoque Diderot, c'est pour mettre en place la distinction entre le « comédien absorbé » (type qui a la préférence d'André Antoine) et le « comédien distancé » (privilégié par Aurélien Lugné-Poe). Alors que Coquelin lui-même se réclame de la première catégorie, Sarah Bernhardt, la Divine, *star* avant la lettre, mettant sa vie en scène, exemplifierait une troisième catégorie, celle du « comédien possédé ». Poussant sa démonstration au moyen d'arguments anthropologiques et esthétiques, Jean-Marie Apostolidès fait d'elle un succédané scénique et urbain du chamane de l'arc sibérien. Il retrouve ainsi l'une des convictions les plus intimes de Rostand, pour qui le théâtre disposerait du pouvoir de « remédier aux blessures d'une société en proie à un processus de désymbolisation » en fédérant pour les retendre les énergies éparses de la communauté divisée.

En 2018, Jeanyves Guérin ouvrait le dossier de textes qu'il avait réunis pour la *Revue d'histoire littéraire de la France*[8] par un « Pour Rostand » et le refermait tout de go par un « Contre Rostand ». Il ne s'agissait pas pour lui de rendre compte de ses propres humeurs à l'égard de l'auteur de *Cyrano de Bergerac*, mais de faire à chaque fois l'histoire des éloges et des blâmes décernés à celui-ci depuis les années 1890. L'ambition de ce volume n'est pas davantage de justifier l'une ou l'autre de ces deux positions, mais de livrer quelques éléments de compréhension. Relire un texte qui est devenu une sorte de monument national, quoi qu'on puisse y objecter, conduirait nécessairement à le « reclasser », comme le suggérait Albert Thibaudet[9]. On perçoit la difficulté de l'entreprise : comment tenir un discours « savant » sur une œuvre qui, en définitive,

---

8 *Revue d'histoire littéraire de la France*, vol. CXVIII, 2018/4, « Dossier Edmond Rostand », Jeanyves Guérin (éd.), p. 785-917.

9 Thibaudet, Albert, *Histoire de la littérature française de 1789 à nos jours*, *op. cit.*, p. 499.

parce qu'elle s'est inscrite dans une sorte de mémoire patrimoniale, est plus souvent citée à comparaître que véritablement analysée ? Cette question invite à s'interroger sur la construction de la renommée et la constitution d'un canon littéraire, voire d'un contre-canon. Pour axiologiquement neutres que se veuillent, au moins du fait de leur statut, les contributions rassemblées dans le présent volume, elles n'en laissent pas moins entrevoir des nuances aussi perceptibles que le sont les ombres et les lumières qui baignent la pièce ou les complexités qui creusent le profil des personnages. Rostand continue de diviser, signe que son théâtre nous occupera encore. Les lecteurs, quant à eux, jugeront *sur pièce.*

Bernard VOUILLOUX
Centre d'Études de la Langue
et des Littératures Françaises
(CELLF, UMR 8599)
Sorbonne Université

« LA CRITIQUE ABOIE, CYRANO REMPLIT LES SALLES[1] »

Fortune scénique de *Cyrano* et infortune académique de Rostand

> La chère vieille pièce ! Chaque fois qu'on la retrouve, on se demande ce qu'on en pense, ou plutôt ce qu'on devrait en penser pour être juste. [...] Oui, Cyrano a été surfait, mais Cyrano vit toujours, Cyrano pétille encore et vous remue[2].

La mise de *Cyrano de Bergerac* au programme de l'agrégation, qui est un événement en soi, est l'occasion de déconstruire des vérités acquises et des idées fausses. Quand il est question de cette pièce et de son auteur, deux discours reviennent sans cesse, qui renvoient à deux conceptions du capital symbolique : 1. Le succès interdit toute critique. 2. Ce succès est de mauvais aloi. « *La réputation surfaite tue, aussi bien que l'échec*[3] », estimait Jean Vilar. Les spectateurs de 1898 ont ratifié le verdict largement majoritaire de la critique, Francisque Sarcey, Catulle Mendès, Henry Bauer, Émile Faguet et Camille Le Senne s'accordant pour saluer un chef-d'œuvre. Mais très vite les détracteurs ont élevé la voix. On passera sur les chipotages vétilleux de l'érudit Émile Magne et la diatribe hargneuse de Jehan Rictus, poète de la misère et contempteur du drame romantique, pour qui la pièce associe le « bazar romantique » et le « boulangisme littéraire ». Puis sont intervenues des autorités légitimes.

1 Liban, Laurence, « Cyrano, que d'histoires ! », *L'Express*, 25 septembre 1997.

2 Kemp, Robert, *Le Monde*, 27 janvier 1956.

3 Vilar, Jean, *Le Théâtre, service public*, Paris, Gallimard, coll. « Pratique du théâtre », 1975, p. 416.

Comme Cyrano, Rostand s'est situé à distance des écoles et cénacles de son temps, fussent-ils d'avant-garde. On ne s'étonnera donc guère que les critiques des revues proches de la mouvance symboliste, de *L'Ermitage* au *Mercure de France*, se soient montrés plus que réservés. En se posant ou en se laissant classer comme antimoderne, Rostand s'aliène les modernistes. Préfaçant *L'Armée dans la ville*, Jules Romains l'associe à Bornier, Coppée et Richepin, « poètes éloquents et vulgaires » qui ont offert aux classes moyennes « une forme dégradée du drame romantique » : « Les fils de Béranger ont fait du théâtre. Ils méritent plus que du mépris : de la réprobation. Ils ont abaissé le goût français, perverti le public, compromis notre dignité nationale[4]. » Dans *Cette Grande Lueur à l'Est*, un poète surréaliste est allé voir la pièce avec un préjugé hostile. Il est conquis. « C'est, écrit-il à un ami, un prodige unique, une invention sans égal de l'Amour ». Et au critique Paul Souday, il écrit : « Ne perdez pas de vue que le *Cyrano* du regretté Rostand est, avec *Les Chants de Maldoror* et la *Saison en enfer*, le seul legs des générations précédentes que les nouveaux poètes acceptent et saluent avec dévotion[5]. » Il entre de l'ironie dans ce propos provocateur.

L'antiromantisme faisant florès au début du XXe siècle, Rostand ne tarde pas à en faire les frais. Si *L'Action française* et *La Nouvelle Revue française* se combattent idéologiquement après 1919, ces deux périodiques s'accordent pour penser du mal des auteurs d'*Hernani* et de *Cyrano de Bergerac*. D'un côté, Léon Daudet et Jacques Bainville ; de l'autre, Jacques Copeau, Henri Ghéon, André Gide[6] et, plus tard, Marcel Arland. Rostand doit moins à Victor Hugo et Alexandre Dumas dramaturges qu'à Musset l'hétérodoxe et à Théophile Gautier, Banville et Bergerat. Avec le temps, Hugo rentre en grâce, notamment grâce à Jean Vilar, pas Rostand. Mais on joue encore et toujours sa pièce.

La pièce de Rostand s'inscrit dans une crise du drame. Zola, dans la préface à *Thérèse Raquin*, avait écrit : « Le drame meurt de sa belle mort, il meurt d'extravagances, de mensonges et de platitudes. [...] [J]e défie le dernier des romantiques de mettre à la scène un drame à panaches[7]. » Comme si son auteur voulait mettre à distance le drame historique ou

4 Romains, Jules, Préface, *L'Armée dans la ville*, Paris, Mercure de France, 1911, p. VIII-IX.

5 Romains, Jules, *Cette Grande Lueur à l'Est. Les Hommes de bonne volonté*, t. III, Paris, Robert Laffont, coll. « Bouquins », 1988, p. 648-649.

6 Levaillant, Jacqueline, « La NRF et la fin du théâtre en vers ; Edmond Rostand, l'anti-moderne », *Revue d'histoire du théâtre*, n° 175-176, 2e trimestre 1993, p. 157-166.

7 Zola, Émile, Préface, *Thérèse Raquin*, Paris, Charpentier, 1873, p. 8.

bourgeois, *Cyrano de Bergerac* a reçu le label de comédie héroïque utilisé par Corneille pour *Don Sanche d'Aragon*, par Molière pour *Dom Garcie de Navarre* et plus récemment par Émile Bergerat pour *Le Capitaine Fracasse.* L'auteur joue bien sur deux époques ou moments. Le label générique ne va pas de soi. En Espagne et en Amérique latine, la pièce est devenue une *tragicomedia*, en Allemagne, Autriche, Pologne et au Danemark une comédie romantique et aux Pays-Bas une comédie épique.

Rostand n'a pas cherché à rouvrir le cycle clos par l'échec, en fait, le demi-succès des *Burgraves*. Que sa pièce soit jouée au théâtre de la Porte Saint-Martin, bastion historique du drame romantique (c'est là que furent créés *Antony* et *La Tour de Nesle*, *Marion de Lorme*, *Lucrèce Borgia* et *Marie Tudor*) ne pouvait qu'inciter les premiers critiques, Jules Lemaitre et Gustave Lanson étant là-dessus d'accord comme Lugné-Poe et Antoine, à la situer dans le sillage d'un romantisme alors mal aimé. Ce n'était pas un compliment pour la plupart des critiques. C'était même un cadeau empoisonné. L'on mesure mal aujourd'hui la force d'un antiromantisme qui court de Zola théoricien à la NRF en passant par l'*Histoire littéraire de la France* de Lanson. *Cyrano* fut un sursaut du mouvement pour les uns, son rayon vert pour les autres. Il y a longtemps qu'on ne voit plus son histoire comme la voyaient les auteurs que je viens de citer. Le romantisme n'est pas un bloc. Le résultat, quoiqu'il en soit, est qu'on a enfermé Rostand dans une posture antimoderne. Il n'est pas bon depuis Lanson d'être l'attardé d'un mouvement.

Le XXe siècle du théâtre va des années 1880 jusqu'à aujourd'hui peut-être. Le *terminus ad quem* est encore en débat. Où certains voyaient une crise ou la décadence du drame, l'on voit aujourd'hui une refondation qui s'engage en Europe avec Ibsen et Strindberg, en France avec Zola et Maeterlinck et parallèlement avec Antoine et Lugné-Poe. Rostand est resté en dehors du mouvement. D'où son absence de postérité annoncée par les plus perspicaces de ses premiers commentateurs, notamment Jules Lemaitre[8]. Beckett et Ionesco, autant qu'on le sache, ne lui doivent rien ; Anouilh peut-être, mais cela n'est pas pour arranger ses affaires[9]. Il est significatif que Jean-Pierre Sarrazac l'ignore dans son monument théorique et critique sur le sujet[10]. La vraie rupture, Michel Autrand

---

8 Lemaitre, Jules, « Revue dramatique », *Revue des deux Mondes*, 1er février 1898, p. 695.

9 Apostolidès, Jean-Marie, « Le fantôme de Cyrano dans l'œuvre de Jean Anouilh », *Études littéraires*, vol. XLI, n° 1, printemps 2010, p. 29-39.

10 Sarrazac, Jean-Pierre, *Poétique du drame moderne de Henrik Ibsen à Bernard-Marie Koltès*, Paris, Seuil, 2012.

l'a souvent dit[11], s'effectue avec le symbolisme. Elle situe Rostand du côté de la tradition classico-romantique. Les spectateurs et les critiques qui plébiscitent *Cyrano de Bergerac* sont souvent ceux qui ne supportent pas les nouveaux drames, le syncrétisme qu'opèrent Strindberg et Ibsen entre naturalisme et symbolisme.

On rappellera quelques assertions de Lemaitre et Sarcey : « Le public, affirme le premier, s'est lassé après tant d'études psychologiques, tant d'historiettes d'adultères parisiens, tant de pièces féministes, socialistes, scandinaves[12]. » Le critique de la *Revue des deux mondes* vise Porto-Riche et, bien sûr, Ibsen et Strindberg. « Quel bonheur, quel bonheur !, s'exclame le second dans *Le Temps*. Nous allons enfin être débarrassés et des brouillards scandinaves et des études psychologiques trop minutieuses et des brutalités voulues du drame réaliste[13]. » On retrouve l'idée chez d'autres critiques de l'époque. Elle aura la vie dure. En voici deux exemples. Quand le médiéviste Joseph Bédier est reçu à l'Académie française au siège de Rostand, il lui revient de faire l'éloge de son prédécesseur. Il déclare : « Le public se sentait rassasié des vulgaires tranches de vie de nos naturalistes et des pièces importées de l'étranger[14]. » Édouard Herriot, en 1948, déclare encore lors d'un hommage à l'écrivain :

> [...] le naturalisme nous avait écrasés de sa botte boueuse et la France s'attardait à chercher des vérités nouvelles dans un théâtre qui venait du Nord, non avec la lumière, mais avec le brouillard [...]. L'apparition de Cyrano, ce fut une libération comparable moins au succès, purement littéraire, d'*Hernani* qu'à la création du *Cid*[15].

Plus tard, remarque Jacques Lemarchand, l'on remplace les noms de Strindberg et Ibsen par ceux de Beckett et Brecht[16]. Pavé de l'ours, Raymond Rouleau, en 1956, oppose *Cyrano* dont sa mise en scène brillante triomphe au théâtre Sarah Bernhardt à un « théâtre cérébral[17] ».

---

11 Autrand, Michel, « Les sinistrés du théâtre classique (1780-1830) », *Littératures classiques*, n° 48, 2003, p. 159.

12 Lemaitre, Jules, « Revue dramatique », art. cité, p. 695.

13 Sarcey, Francisque, « Chronique théâtrale », *Le Temps*, 2 janvier 1898.

14 Bédier, Joseph, *Discours de réception à l'Académie française*, Paris, Honoré Champion, 1921, p. 38.

15 Herriot, Édouard, dans *Hommage à Rostand*, Paris, Fasquelle, 1948, p. 25.

16 Lemarchand, Jacques, *Le Figaro littéraire*, 20-26 février 1964.

17 *L'Express*, 14-15 janvier 1956.

La réception de la première production a pesé sur la fortune de *Cyrano*. Certains commentaires sont indiscutablement cocardiers : « Voici le joyeux soleil de la vieille Gaule qui, après une longue nuit, remonte à l'horizon ! Cela fait plaisir ; cela rafraîchit le sang[18]. » Quand, avec le « J'accuse » de Zola, commence la phase la plus conflictuelle de l'affaire Dreyfus, la plupart des chroniqueurs ont donné leur avis dans les quotidiens et hebdomadaires. L'actualité politique y tient peu de place. Une exception serait Georges Thiébaud, futur ligueur nationaliste dans *Le Jour*[19]. Les revues ne modifient pas la réception. Insistons : ce n'est pas contre les Juifs mais contre Ibsen et Strindberg que la critique sinon le public applaudit la pièce en 1897-1898. Il serait trop simple de se dire que les admirateurs de la pièce sont à droite et ses détracteurs à gauche. Henri Barbusse et Léon Blum figurent parmi les premiers et Léon Daudet parmi les seconds. *Cyrano de Bergerac* est une pièce qui ne divise pas ; elle rassemble[20] : républicains et monarchistes, militaristes et antimilitaristes, cléricaux et anticléricaux…

De la pièce, la critique hostile se déplace sur son public. Dans *La Foire sur la place* de Romain Rolland, le personnage principal s'étonne du succès rencontré par la pièce. « À quoi pouvait répondre, dans la réalité, l'absurde héroïsme de Cyrano ? » Et de s'en prendre aux spectateurs dont Faguet avait fait un éloge vibrant :

> Ces bonnes gens jouaient les héros en chambre. Dignes rejetons des illustres benêts du temps du *Grand Cyrus*, ces Gascons de l'idéal – Scudéry, La Calprenède – chantres du faux héroïsme, de l'impossible héroïsme qui est l'ennemi du vrai. Christophe remarquait avec étonnement que les Français qui se disent si fins, n'avaient pas le sens du ridicule. Nulle part le mensonge poétique ne s'étalait avec plus d'insolence que dans le drame héroïque[21].

Au même moment, Gide écrit : « Chaque public a le Shakespeare qu'il mérite[22]. »

---

18 Sarcey, Francisque, « Chronique théâtrale », art. cité.

19 Thiébaud, Georges, « Le secret d'un succès », *Le Jour*, 10 janvier 1898.

20 Voir Guérin, Jeanyves, « Lectures politiques de *Cyrano de Bergerac* », dans *Edmond Rostand, poète de théâtre*, Actes du centenaire et du cent cinquantenaire (1868-1918, 2018), Bertrand Degott, Olivier Goetz et Hélène Laplace-Claverie (éd.), Besançon, Presses universitaires de Franche-Comté, 2021, p. 221-231.

21 Rolland, Romain, *La Foire sur la place*, Paris, Éditions littéraires et artistiques, 1908, p. 122-123.

22 Gide, André, *Journal 1889-1939*, Paris, Gallimard, coll. « Bibliothèque de la Pléiade », 1970, p. 225.

En 1913, Gaston de Pawlowski écrit dans *Comœdia* : « *Cyrano* est une pièce qu'on ne critique pas. » Mais c'est pour ajouter illico du spectacle de la Porte Saint-Martin :

> C'est en effet le spectacle le plus ingénieux, le plus brillant qu'il nous ait été donné de voir au cours de ces vingt dernières années. Mais il ne s'agit que d'un brillant spectacle, dépourvu de toute étude profonde des caractères. L'ouvrage présente tous les défauts de la pièce à tiroirs[23].

C'est lors de la grande guerre que Rostand, que ses proches disent de sensibilité pacifiste, fait fonction de poète national et que Cyrano et les cadets deviennent des porte-drapeaux. Des spectateurs entonnent la *Marseillaise* lors des reprises. En donnant quelques lignes – anodines – de préface à un *Cyrano de Bergerac aux tranchées*, l'auteur a contribué à une récupération patriotique de sa pièce. Les nécrologies de Régis Gignoux, Alfred Poizat, René Doumic, André Rivoire vont dans ce sens[24].

Vers 1930, deux critiques, l'un à l'extrême gauche, l'autre à l'extrême droite, estiment que les belles heures de *Cyrano* s'achèvent. Pour Jean-Richard Bloch, « Tous les moyens, les éléments, la rhétorique de cette dramaturgie sont empruntés au passé, donc voués à la destruction. Le discrédit a été plus brutal que l'universel succès de l'œuvre ne l'eût fait penser[25] ». Pierre Lasserre estime que la postérité n'a pas ratifié « la réputation quasi-fabuleuse faite à *Cyrano de Bergerac* par les contemporains[26] ». La pièce était adaptée à l'attente des publics vers 1900. André Gide approuve les propos du second[27]. Comme on le verra, les faits vont contre ces assertions. La pièce continue de se jouer et va même de succès en succès en France comme à l'étranger.

C'est après 1945 que se crispent les positions et que les cadets sont enrôlés dans les mauvaises causes qu'apporte l'actualité. Le critique de *Franc-tireur* évoque Poujade, les CRS et les partisans de l'Algérie française en 1956[28]. Quand la Comédie-Française reprend *Cyrano* huit ans plus tard, Gilles Sandier se déchaîne contre « un des panthéons de la sottise nationale », une « ânerie glorieuse », une caricature sordide et

---

23 Pawlowki, Gaston de, *Comœdia*, 13 mars 1913.

24 Voir Guérin (éd.), p. 359-362.

25 Bloch, Jean-Richard, *Destin du théâtre*, Paris, Librairie Gallimard, 1930, p. 176.

26 Lasserre, Pierre, *Mes Routes*, Paris, Hachette, 1924, p. 38.

27 Gide, André, *Journal 1889-1939*, *op. cit.*, p. 1039.

28 Berger, Pierre, « Cyrano 56 », *Franc-tireur*, 28 janvier 1956.

niaise de Corneille, Hugo, Shakespeare, Audiberti et Beaumarchais, « un héros bravache et cocardier, un cocu sentimental qui fait l'amour par procuration en se gargarisant d'une rhétorique de mirliton, des clairons qui sonnent la charge, des cornettes pour finir, Déroulède, guimauve, esbroufe, bagarre, larme à l'œil, bondieuserie, c'est tout ce qu'on déteste[29] ». La même pièce jadis louée comme la quintessence de l'esprit français est stigmatisée comme franchouillarde. Étant esthétiquement et politiquement incorrecte, elle doit être expulsée du spectacle vivant. Ses préjugés et ses idées fixes aveuglent le véhément critique d'*Arts*. L'on s'arrêtera à la revue *Théâtre populaire*, pépinière de théâtrologues. Dans ses dix ans de vie, elle a consacré un seul article à *Cyrano de Bergerac*. Il condense toute une doxa[30]. Voici sa clausule : « Allons, le carton-pâte, arrosé de tendresse, tient bon. »

Si l'on a cité des vues sarcastiques, l'on doit préciser immédiatement qu'elles ont été minoritaires. Il faudrait un grand colloque pour évaluer la réception période par période. Les critiques du *Figaro*, de Pierre Brisson à Pierre Marcabru en passant par Jean-Jacques Gautier, mais aussi ceux du *Monde*, de Robert Kemp à Colette Godard en passant par Bertrand Poirot-Delpech ont été globalement positives et même parfois enthousiastes.

Copeau avait été obligé de monter *Les Romanesques* à New York. Il n'a jamais été question qu'il affiche cette pièce ni une autre de son auteur au Vieux-Colombier. Quand bien même ils en ont eu les moyens, Lugné-Poe, Gémier, les quatre du Cartel, plus tard Vilar et Barrault ne mettent pareillement aucune pièce de Rostand à l'affiche de leurs théâtres. Jusqu'en 1938, il existe une explication. Les ayants droit de l'auteur ont accordé l'exclusivité française de la pièce au théâtre de la Porte Saint-Martin qui leur assure de juteuses rentrées financières et qui impose un style de représentation, pour ne pas dire une orthodoxie scénique.

Il n'y a pas eu de purgatoire pour *Cyrano*. Quand la Comédie-Française affiche la pièce, c'est sa trente-septième production. « Cette réparation se sera fait attendre près de quarante ans », écrit alors Antoine[31]. Les autres pièces jouées en 1897 ont sombré, les unes après les autres, *Le Passé* de

29 Sandier, Gilles, *Arts*, 26 février 1964.

30 Muller, André, « Cyrano de Bergerac », *Théâtre populaire*, n° 17, mars 1956, p. 79.

31 Antoine, André, *Le Journal*, 20 octobre 1937.

Porto-Riche, *Le Repas du lion* de François de Curel, *Blanchette* d'Eugène Brieux, *La Loi de l'homme* de Paul Hervieu, *Les Mauvais Bergers* d'Octave Mirbeau, *Les Transatlantiques* d'Abel Hermant. Les générations se suivent, *Cyrano* demeure. C'est « une pièce qui rend heureux », estime François Chalais[32]. Le spectateur trouve ce qu'il attend : des morceaux de bravoure, un acteur connu, des décors somptueux et, comme à l'opéra, quelques grands airs, la tirade des nez, la ballade du duel, la scène du balcon…

Les archives du spectacle, base encore en construction, répertorient près de quatre-vingts productions de *Cyrano*. La pièce s'est donnée trois fois au festival d'Avignon dans les années 2010, mais jamais dans la cour d'honneur du palais des papes qui a accueilli les provocations ahurissantes de Jan Fabre. Dans les années 1960 et 1970, elle s'est donnée aux festivals moins huppés de Bellac, Sarlat, Carcassonne.

Le scénariste-dialoguiste du film – car c'est un film, non une pièce filmée – de Jean-Paul Rappeneau, Jean-Claude Carrière, a non seulement effectué des coupes mais réécrit certains passages. Un exemple parmi d'autres, le vers 1455 « Ton nom est dans mon cœur comme dans un grelot » est devenu « Et ton nom dans mon cœur a l'écho d'un sanglot ». Ce film largement diffusé à l'étranger a suscité des reprises sur les scènes.

On a joué en petit format, comme on dit dans certains pays, avec dix, cinq voire trois acteurs et même un seul. Un exemple : quand Pino Micol met la pièce au théâtre Déjazet, il dispose de quatorze acteurs. Il allège considérablement le début du premier acte et le quatrième. Les cadets sont quatre. La même actrice joue la duègne et la mère Marguerite, le même acteur Montfleury, Lignière et Carbon.

Cyrano, Roxane et Christian appartiennent à la même génération. À l'acte II, scène 6, les deux premiers évoquent leurs souvenirs d'enfance. Les deux cadets ont vingt ans au siège d'Arras. Rostand, en écrivant le rôle pour Coquelin, vieillit délibérément le personnage éponyme. L'acteur a cinquante-six ans quand il crée le rôle. Il le garde jusqu'en 1909. Il le fige et crée une tradition. Pierre Dux et Philippe Torreton, plus tard, ont pris le rôle à quarante-huit ans, Francis Huster à cinquante ans, Charles Le Bargy à cinquante ans, Jean Marais et Jean-Paul Belmondo à cinquante-sept ans et André Brunot (à la Comédie-Française[33]) à cinquante-neuf ans. Le même phénomène se retrouve en Italie avec Andrea

32 Chalais, François, *France-Soir*, 26 septembre 1976.

33 Depuis des années, il jouait le rôle dans des tournées provinciales.

Maggi et Gino Cervi et ailleurs. La conséquence est que la relation de Cyrano à Christian est celle d'un père à un fils, ce que ne stipule pas le texte. Quand Pierre Fresnay prend le rôle, il a trente ans. La critique le remarque. Imaginons le rôle joué par Gérard Philipe à Avignon.

Il n'y a pas que l'âge. Les rôles joués par un acteur ou une actrice constituent un répertoire. C'est d'ailleurs au XIXe siècle une des définitions du mot. Avant d'être Cyrano, Coquelin avait été Scapin, Mascarille, Figaro, Don César de Bazan, Charles Le Bargy Don Juan, Philinte et le marquis de Priola, Pierre Fresnay Perdican, Fantasio et Chatterton, Francis Huster Coelio, Rodrigue et Lorenzaccio. Les deux derniers ont été de grands jeunes premiers de leur génération. Jean-Paul Belmondo au cinéma a joué les cascadeurs. Il en reste quelque chose dans son interprétation du personnage éponyme.

La fortune internationale de *Cyrano* n'a pas été aperçue. Il est vrai que, vue des universités françaises, la géographie du spectacle vivant se limite, pour l'essentiel, à quelques pays européens, l'Allemagne d'abord, et à l'Amérique du Nord. Est-ce la pièce française la plus jouée dans le monde, comme on l'a parfois dit ? C'est assurément l'une des plus souvent représentées[34]. Elle a été traduite en cinquante langues au moins (et souvent plusieurs fois), soit à peu près dans toutes les langues européennes mais aussi dans des langues parlées en Inde, aux Philippines, en Éthiopie aussi. Elle s'est jouée dans une cinquantaine de pays, sur les cinq continents. Elle a été affichée à Tokyo et à Kinshasa, à Séoul et à Lima. Les points forts sont la Tchécoslovaquie, la Pologne et les États-Unis depuis plus d'un siècle, l'Allemagne, l'Italie et la Grande-Bretagne à partir de 1950 et, chose moins attendue, la Russie / Union soviétique. Loin de diminuer, le flot des reprises croît en notre siècle. Qui fait mieux ? Réponse : Molière, bien sûr. Pour le XXe siècle élargi, *En attendant Godot*, peut-être le *Caligula* de Camus. On rappellera pour la forme qu'aucune pièce française n'a suscité autant de produits dérivés, opéras, comédies musicales, films, bandes dessinées[35].

Une fois reconnu, Rostand a destiné ses pièces non à Antoine ou Lugné-Poe mais à des monstres sacrés qui s'appellent Sarah Bernhardt, Coquelin, Lucien Guitry. Le créateur de Cyrano a obtenu de l'auteur que la présentation des cadets à de Guiche soit enlevée à Carbon pour

34 Voir dans l'édition Champion, *op. cit.*, p. 393-417.
35 *Ibid.*, p. XCIX-CI.

qu'il puisse la déclamer. Les pièces pour acteurs ont mauvaise réputation. Elles sont associées au cabotinage, qui est mal vu au XXe siècle. L'on connaît les diatribes de Copeau. Il demeure que longue est la liste des grands acteurs de théâtre et de cinéma qui, en Europe, en Amérique, au Japon même, ont tenu à jouer le rôle « le plus long du répertoire, le plus épuisant et le plus flatteur[36] ». L'on citera seulement Richard Mansfield, Walter Hampden, Mel Ferrer, Gino Cervi, Per Verner Carlsson, Christopher Plummer, Klaus Maria Brandauer, Toshirô Mifune.

De grands metteurs en scène n'ont pas rechigné à mettre la pièce en scène. Nommons Bjørnstjerne Bjørnson, Alexandre Taïrov, Oleg Efremov, Youri Lioubimov, Alf Sjöberg. Elle a triomphé au Piccolo Teatro de Milan. Les grands théâtres nationaux, de Suède en Turquie, de Grèce au Japon, de Hongrie en Argentine, l'ont affichée. On citera le Burgtheater de Vienne, l'Habimah et le Kameri de Tel Aviv, les théâtres Kamerny et Maly de Moscou, le Dramaten de Stockholm, le Gate Theater de Dublin. La diversité de son devenir scénique n'a pas suffi à lever les préjugés hostiles.

Cyrano de Bergerac est une pièce du XIXe siècle, nul n'en disconviendra. Elle peut être représentée comme telle et avec décors et costumes d'époque. Elle se prête à la modernisation. Elle est surtout délocalisable. Dans l'adaptation de Jatinder Verma qui s'est jouée à Londres en 1995, l'action se déroule dans l'Inde des années 1930. Cyrano est le souffleur d'une compagnie théâtrale itinérante. Kishan se tue quand il comprend qu'il est un piètre acteur, Ruksanah se retire dans un ashram et Prasad remplace Molière. Au Texas, Ragueneau tient un saloon et les cadets sont devenus une compagnie de rangers. À Londres, la pièce est « shakespearisée[37] ». Des films *made in Bollywood*, *Pasher Bari*, *Pakkinti Ammayi*, limitent l'histoire au trio central d'une comédie romanesque. Le poète baroque est devenu un musicien contemporain. Plus d'hôtel de Bourgogne, plus de rôtisserie, plus de couvent. Les dizaines de personnages individualisés qui figurent dans les didascalies liminaires sont évacués. Ils ont peu d'influence sur l'action. La circulation mondiale de la pièce exige l'effacement de la situation historique.

---

36 Marcabru, Pierre, « C'est un roc !... c'est un pic !... », *Le Figaro*, 23 mars 2006.

37 Beer, Patrice de, « Londres célèbre les cent ans de *Cyrano de Bergerac* », *Le Monde*, 30 décembre 1997.

On peut jouer la pièce aussi bien à la Comédie-Française qu'au théâtre Déjazet, dans des arènes gallo-romaines qu'au Palais des congrès. Pino Micol, pour qui le personnage éponyme est un anarchiste romantique[38], la tire du côté de la *commedia dell'arte*, Shogô Shimada du côté du kabuki[39], le théâtre populaire japonais, Cyrano devenant un samouraï, un roturier chevaleresque. Elle fédère plusieurs publics. Elle déjoue l'opposition entre théâtre d'art et théâtre de consommation, avant-garde et arrière-garde. La contestation idéologique et esthétique du théâtre dit littéraire, la désacralisation du texte, la crise du personnage ne l'ont pas épargnée, elles ne lui ont pas enlevé son public. Le plaisir du spectacle l'emporte sur le plaisir des mots.

Il faut, pour finir, s'interroger sur l'infortune académique de Rostand. Jacques Truchet, en 1986, considère que *Cyrano de Bergerac* ne répond pas aux exigences des doctes « en matière de littérature et de théâtre[40] ». Deux disciplines sont principalement concernées : la littérature française à laquelle on adjoint pour le principe la littérature comparée, les arts du spectacle, études théâtrales et études cinématographiques. L'étude sur la place de la pièce dans les programmes de licence et de master est à faire. La récolte risque d'être maigre[41].

Dès la première décennie du XXe siècle, paraissent des travaux académiques sur Rostand et *Cyrano*, en Allemagne et même en Hongrie. La première édition savante de la pièce est publiée en Italie dans les années 1950. En France, on le sait, l'usage a longtemps été de ne travailler que sur des auteurs disparus. La mort de Rostand n'y change rien. Il existe donc d'autres raisons : l'image de l'auteur. C'est là que l'on retrouve la NRF et l'Action française.

Rostand a écrit sa pièce en alexandrins comme François Coppée, Jean Richepin, Auguste Dorchain et d'autres dont l'Odéon offrait encore les produits à son public. Une pièce en vers n'est pas forcément poétique, une pièce poétique n'a pas obligation d'être en vers réguliers. Cette idée

38 *L'Avant-scène Théâtre*, n° 1013, 1er juillet 1997, p. 86.

39 Étiemble, René, « Shirano Benjuro et le Nô », *La Nouvelle Revue française*, n° 142, octobre 1964, p. 692-701.

40 Truchet, Jacques, Préface, Edmond Rostand, *Cyrano de Bergerac*, J. Truchet (éd.), Paris, Imprimerie nationale, 1986, p. 9.

41 La pièce a été au programme de la licence et/ou du master de lettres modernes à Marne-la-Vallée en 1998-1999 et en 2004-2005, à Paris 3 en 2005-2006 et 2013-2015, à Pau en 2019-2021, à Tours en 2020-2021, à Orléans en 2021-2022…

était en train de s'imposer à la fin du XIXe siècle. Un exact contemporain de Rostand l'avait compris. Il s'appelle Paul Claudel. Le grand poète de la scène française, c'est lui. On peut aimer les deux auteurs.

Les théâtrologues ont longtemps tenu Rostand pour un *minor* sinon pour un *minimus* qu'il était de bon ton d'ignorer ou de stigmatiser. Pour les spectateurs qui plébiscitent la pièce depuis cent vingt ans, celle-ci fait de lui un *major*. Il est rare que le désaccord ait été aussi flagrant entre les doctes et le public. Anne Ubersfeld, dans ses ouvrages théoriques qui ont longtemps été doxiques, prend ses exemples dans le théâtre classique, le drame romantique, chez Brecht, parfois chez Claudel et Beckett. Il était inconcevable qu'elle s'appuyât sur *Cyrano*.

Depuis son entrée dans le domaine courant, en 1988, les éditions de la pièce ont poussé comme des champignons. Elle est souvent mise dans les manuels des collèges. Chaque éditeur veut avoir sa part du marché. Ces éditions sont rarement l'œuvre d'universitaires. Signalons celles déjà anciennes de Jacques Truchet, Pierre Citti et Patrick Besnier. Celle de Patrice Pavis mérite un arrêt. Le critique reconnaît « un bricolage de génie[42] » : la clarté de la fable, la rigueur de la composition, le tressage habile de trois motifs, la nourriture, l'écriture, le combat et surtout un sens aigu de la théâtralité. On est en présence d'une pièce bien faite, le mot étant à prendre littéralement, non dans le sens que lui ont donné les détracteurs de Scribe au XIXe siècle. Le schéma actanciel est simple. Cyrano se fait l'adjuvant de Christian devenu son alter ego alors qu'il était au départ son opposant. L'opposant c'est de Guiche. Quelle est alors la quête de Cyrano ? La gloire, la fortune, non merci, dit-il. Pas plus l'amour et le bonheur.

Le spectateur habitué aux pièces classiques reconnaît les nœuds des deux premiers actes, la péripétie du troisième, le retournement et la catastrophe du quatrième et du cinquième. « Le texte de *Cyrano* tient autant d'une partition que d'un dialogue dramatique[43]. » Rostand se voit reconnaître le sens du plateau. Il est, aurait dit Audiberti, un écrivain platéen[44]. Sans qu'il ait réglé la mise en scène, comme le faisaient Pixerécourt, Dumas et Sardou, il a suivi de près la production du spectacle.

42 Pavis, Patrice, dans Edmond Rostand, *Cyrano de Bergerac*, P. Pavis (éd.), Paris, Classiques Larousse, 1991, p. 315.

43 *Ibid.*, p. 320.

44 Audiberti, « Le platéen tel qu'on le parle », *Arts*, n° 392, 2-8 janvier 1953.

Ce n'est pas ou plus le *logos*, c'est l'*opsis* qui a assuré la fortune inoxydable de *Cyrano de Bergerac*. Les réquisitoires nourris par des présupposés idéologiques et esthétiques appartiennent à une époque révolue. Ils causent plus de dommages à leurs auteurs qu'à la pièce de Rostand. L'esprit critique retrouvant ses droits, l'on a fini par admettre qu'il existe plusieurs façons, point déshonorantes, de ne pas être moderne ni d'avant-garde. La question de la valeur se pose de façon moins dogmatique quand s'affaiblissent les surmoi doxiques de l'institution théâtrale et de l'université. Il faudra un jour s'interroger sur l'axiologie et le canon académiques. Car Labiche et Feydeau ont subi le même sort que Rostand.

Jeanyves GUÉRIN
Théorie et Histoire des Arts
et des Littératures de la Modernité
(THALIM, UMR 7172)
Université de la Sorbonne Nouvelle
– Paris 3

CYRANO EST-IL FRANÇAIS ?

Roland et *Jehanne d'Arc* : à lire les titres de ces deux pièces rêvées par Edmond Rostand, il est aisé de considérer le dramaturge de *Cyrano de Bergerac* (1897) comme un fervent patriote ou, à tout le moins, un auteur goûtant fort les sujets nationaux. Cet aspect se trouve d'ailleurs renforcé par les personnages que met en scène l'écrivain dans *L'Aiglon* (1900) et *Chantecler* (1910) – puisqu'il y présente Napoléon II et un coq aussi solaire que claironnant – mais aussi par ses deux recueils poétiques *Le Vol de la Marseillaise* et *Le Cantique de l'Aile*, publiés de façon posthume respectivement en 1919 et 1922. Une telle sensibilité d'auteur peut expliquer une partie de l'idée que l'on se fait encore aujourd'hui de Rostand et de sa production. Cependant, estimer que *Cyrano* et son héros éponyme sont français pour cette raison seule demeure non seulement insuffisant mais même insatisfaisant, d'autant plus que cela équivaudrait à informer rétrospectivement l'œuvre. Au contraire, il faut bien plutôt questionner l'impact qu'a pu avoir le contexte historique et politique dans la réception de l'œuvre. Pour saisir la tendance qu'ont eue les contemporains de Rostand à opter pour une lecture nationale de *Cyrano* et dont nous sommes encore aujourd'hui tributaires, il convient dans un premier temps de s'attarder sur l'aspect symbolique que revêt le panache dans la pièce pour ensuite constater que *Cyrano de Bergerac* s'insère dans une production théâtrale très orientée, à la fin du XIXe siècle, vers le militaire et le patriotique. Enfin, il s'avère nécessaire également de resituer l'œuvre dramatique d'Edmond Rostand dans son contexte socio-culturel afin de constater que l'âme française demeure à l'époque l'étalon à partir duquel l'on mesure les productions littéraires et en particulier théâtrales.

LE PANACHE OU L'HÉROÏSME À LA FRANÇAISE

Si les chroniqueurs et critiques de l'époque ne s'attardent guère sur le panache – contrairement au traitement qu'ils réservent à la question nasale –, la raison est à trouver du côté de la place, des plus quotidiennes, ainsi que de la signification, des plus évidentes pour les spectateurs de la fin du XIXe siècle, que possède ce bouquet de plumes. Le panache triple de Cyrano, dans sa traduction matérielle, situe en effet le protagoniste dans la continuité du monarque Henri IV, vainqueur de la bataille d'Ivry si célébré par les Français, comme l'illustre par exemple *Le Bon Roy Henry* (1894) de Job et Hermant. Mais il le place aussi à la suite de grandes figures héroïques – et pour partie légendaires – telles que Bayard, Du Guesclin et Jeanne d'Arc, dont les écoliers de la IIIe République ne manquaient pas d'apprécier, grâce à l'iconographie, les majestueux panaches à l'antique. Cette analogie implicite avec les chevaliers explique que, pour beaucoup, *Cyrano* se présente comme un « grand drame chevaleresque en vers[1] ». La *Réponse au discours de réception d'Edmond Rostand* (4 mai 1903) d'Eugène-Melchior de Vogüé ne fait, à ce titre, qu'entériner l'importance d'une pareille lecture.

Le panache cyranesque évoque donc d'emblée le courage, l'honneur, la dignité, la ténacité, le sens du devoir, la propension au sacrifice, la recherche du beau geste, du « bel mourir[2] », la lutte, la victoire et la gloire enfin que cherche à cultiver une France amoindrie à de nombreux égards en cette fin de siècle. Mais s'il est partie intégrante de la vie sociale, politique, civile et militaire de l'époque, le panache devient surtout un des éléments structurants de ce supposé « esprit français » si abondamment convoqué à la fin du XIXe siècle par les journalistes et intellectuels. Dès 1898, les Français ont en effet l'impression, avec *Cyrano de Bergerac*, de reprendre pied sur le sol national et le panache y contribue fortement : « Les spectateurs qui se toisaient hier dans les couloirs, se regardent en souriant ; on se sent entre soi – je connais ce monsieur à côté de moi – on s'embrasserait presque. Nous étions comme perdus dans l'espace

1 Heylly, Georges d', « La Quinzaine », *Gazette anecdotique*, n° 1, 15 janvier 1898, p. 8.

2 Voir Germa-Romann, Hélène, *Du « bel mourir » au « bien mourir » : le sentiment de la mort chez les gentilshommes français (1515-1643)*, Genève, Droz, 2001, 352 p.

et voici que nous avons repris pied sur notre beau sol de France[3]. » Il faut préciser d'emblée que l'esprit français consiste en une projection fantasmatique de la psyché nationale qui cherche à se saisir elle-même dans toute sa force et sa grandeur. Il s'agit donc d'une tentative virtuelle d'essentialisation, d'un rêve que la France ne demande qu'à faire vivre et qu'elle cherche à tout prix à faire exister par l'Histoire et la Littérature, en en trouvant voire en en créant des marques et exemples tangibles. Dans ce cas précis, le panache alimente deux constituants de l'esprit français : l'esprit de défi et l'esprit de contradiction.

Le premier illustre un penchant certain pour le militaire et le chevaleresque. Sous cet angle, l'esprit français recouvre une vaillance sans bornes tout autant qu'un plaisir véritable d'aller au-devant du danger. Le panache, dans son acception morale[4], alimente aisément l'idée de la « vertu belliqueuse[5] » de la France, d'autant plus que la pièce abonde en temps forts mettant en avant cadets de Gascogne et autres mousquetaires, qu'il s'agisse de la bataille de la porte de Nesle, de la chanson des cadets, de l'écharpe blanche ou bien encore du siège d'Arras. Comme le souligne René Doumic lorsqu'il vante Edmond Rostand aux lendemains de sa disparition : au travers de *Cyrano de Bergerac*, le dramaturge osa « célébrer [...] la vertu militaire, l'esprit de sacrifice. Il osa, dans cet âge morose, avoir du panache et mourir pour une idée ! Et cela est français, pur français. C'est le meilleur passé de la France qui se réveillait, c'est le plus bel avenir de la France qui réclamait son droit à l'existence[6] ». Coquelin Cadet remerciait déjà Rostand en 1898 d'avoir « fait revivre la bravoure française, la vaillance nationale[7] » qui comprend notamment « ce culte de la prouesse pour la prouesse[8] » dont parle Joseph Bédier, y compris dans ce qu'elle implique d'audace, d'intrépidité et d'abnégation exaltée.

---

3 « Le Mois Triomphal », *La Revue d'art dramatique*, t. III, janvier 1898-mars 1898, p. 6.

4 Voir Carité, Clémence, « L'Énigme du panache », dans *Edmond Rostand, poète de théâtre*, Actes du centenaire et du cent cinquantenaire (1868-1918, 2018), Bertrand Degott, Olivier Goetz et Hélène Laplace-Claverie (éd.), Besançon, Presses universitaires de Franche-Comté, 2021, p. 233-245.

5 « Courrier des Théâtres », *Le Figaro*, 5 novembre 1915.

6 Doumic, René, « Edmond Rostand », *Le Gaulois*, 3 décembre 1918.

7 Coquelin Cadet, « Cyrano de Bergerac », *Le Magasin pittoresque*, 66e année, 2e série, t. XVI, 1er juin 1898, p. 169.

8 Bédier, Joseph, *Discours de réception à l'Académie Française*, 3 novembre 1921. URL : http://www.academie-francaise.fr/discours-de-reception-de-joseph-bedier (consulté le 27/09/2021).

Mais le panache, en tant que signe matériel du grade militaire et posture morale de légèreté d'âme face au danger, correspond également à l'esprit de contradiction au cœur de l'esprit français. Dans son acception concrète, le panache renvoie au goût sérieux pour les armes, à la gravité de la chose guerrière tandis que, dans son sens abstrait, il évoque la grâce, l'élégance et le détachement avec lesquels Cyrano aborde les situations les plus complexes, délicates ou cruelles. Or, les penseurs identifient depuis au moins le XIVe siècle l'union de ces opposés comme relevant d'une véritable tradition française et se plaisent à la reconnaître dans *Cyrano*, comme c'est le cas dès 1897 par le truchement de Catulle Mendès pour qui la pièce évoque « toute l'âme aventureuse et heureuse, hasardeuse et batailleuse, attendrie[9] » de la France, tandis que Fernand Gregh, trois ans plus tard, considère que l'œuvre illustre le « caractère *bien français* (hélas !) [...], vaillance et légèreté[10] ».

L'on comprend alors que ces ressentis, témoignages et analyses contribuent à une politisation précoce du littéraire puisqu'ils tendent, à la suite de Georges Thiébaud, à faire de *Cyrano de Bergerac* « un remède soudain à cette douloureuse nostalgie de nous-mêmes[11] » éprouvée en particulier depuis la perte de l'Alsace-Lorraine en 1871. Si la majorité se range en effet à l'avis que « la pièce a paru à la minute même où nous avions tous l'intime et intense désir de nous retrouver en France, chez nous, entre nous, avec notre vraie langue, notre vieil idéalisme indigène, comprimé depuis vingt-cinq ans par l'occupation allemande » (*ibid.*, 1898), d'autres, à l'instar de Jehan Rictus, déplorent avec *Cyrano* l'irruption d'un « "*boulangisme*" littéraire[12] », qui tombe cependant sitôt que le drame rostandien se trouve replacé dans son contexte historique et littéraire.

9 Mendès, Catulle, « Cyrano de Bergerac (29 décembre 1897) », dans *Le Mouvement poétique français de 1867 à 1900*, rapport à M. le ministre de l'instruction publique et des beaux-arts, Paris, Charpentier et Fasquelle, 1903, p. 209.

10 Gregh, Fernand, « "Cyrano" au théâtre des Batignolles », *La Revue d'art dramatique*, t. IX, janvier-juillet 1900, p. 142.

11 Thiébaud, Georges, « Le Secret d'un succès », *Le Journal*, 10 janvier 1898.

12 Rictus, Jehan, *Le Cas Edmond Rostand. Un bluff littéraire*, Paris, p. Sevin et E. Rey, 1903, p. 9.

UNE PIÈCE DANS LE SILLAGE DU THÉÂTRE MILITARISTE ET PATRIOTIQUE DE LA FIN DE SIÈCLE

Il convient dès lors d'aborder l'impact qu'ont pu avoir sur la sphère théâtrale la guerre franco-prussienne ainsi que les affaires qui ont émaillé la vie publique, au premier rang desquelles l'affaire Dreyfus. Si les soldats étaient en effet fréquemment mis en scène sur les planches dès le début du XIXe siècle – citons à cet égard les drames et vaudevilles militaires, le cape et épée, le théâtre mousquetaire ou bien les pièces de Dumas et Hugo –, il faut noter cependant un regain d'intérêt pour la figure soldatesque à la fin du siècle et ce, quelle que soit la tonalité de la pièce, comme le montrent *Garibaldi* (1881) de Bordone ou *Les Gaietés de l'escadron* (1895) de Courteline, qui reflètent sans doute un questionnement à la fois sur la place, l'image et l'avenir de l'armée. Cette dernière a d'ailleurs aussi influencé le jeu des acteurs, à en croire Augustin Filon, qui n'hésite pas à préciser que le militarisme, depuis les années 1870-1871, a gagné les comédiens eux-mêmes : tous les acteurs, dans leur port rigide, leur tête crispée, leur menton relevé, leur regard, leur air « raide, sec et rageur[13] » donnent en effet l'impression d'être passés par le régiment.

La perte douloureuse de l'Alsace-Lorraine a très certainement aussi conduit les dramaturges, dans une démarche tout aussi artistique que nostalgique, à se tourner vers un passé plus doux et rassérénant, émaillé de personnages chevaleresques fournissant une image valorisante et rassurante de la France. Ce phénomène s'observe dès les lendemains de la défaite et tend à se poursuivre jusqu'à la fin du siècle. Ainsi Henri de Bornier donne-t-il la triomphale *Fille de Roland* en 1875 tandis que pullulent, dans les années 1870, les pièces prenant pour personnage Henri IV, héros victorieux propre à ragaillardir une population démoralisée, à une période où l'on envisage par ailleurs une possible montée sur le trône d'Henri V[14]. Bien plus tard, Armand Silvestre fait représenter pour la première fois son *Tristan de Léonnois*, le 28 octobre 1897, soit deux mois

13 Filon, Augustin, *De Dumas à Rostand. Esquisse du mouvement dramatique contemporain*, Armand Colin & Cie Éditeurs, 1898, p. 148.

14 Voir Krakovitch, Odile, « Les Mythes du bon et du mauvais roi : Henri IV et François Ier dans le théâtre de la première partie du XIXe siècle », dans Mironneau, Pierre, et Tucoo-Chala, Pierre (éd.), *La Légende d'Henri IV*, Pau, J&D Éditions, 1995, p. 215-242.

avant *Cyrano de Bergerac*. Un an plus tôt, Paul Déroulède avait donné son drame en vers *Messire du Guesclin*, pièce patriotique qui remporta un succès considérable aux dires de Jules Lemaître : « Après tout, ce qu'on acclamait, c'était, – tout souci littéraire écarté, – le Courage, la Pureté, la Fidélité, l'Héroïsme, la France et l'Armée française[15]. » Augustin Filon, qui mentionne également le Bertrand du Guesclin de Déroulède, évoque quant à lui, mais sans les nommer, plusieurs *Jeanne d'Arc*, derrière lesquelles on peut deviner notamment les plus contemporaines de *Cyrano* comme *Jeanne d'Arc* (1890) de Jules Barbier, assortie d'une musique de Gounod, avec Sarah Bernhardt dans le rôle-titre, le drame historique en cinq actes de Joseph Fabre offert la même année et le triptyque *À Domrémy, Les Batailles, Rouen* de Charles Péguy, en 1897. À suivre le raisonnement de Filon, c'est là l'occasion, au travers de la lutte contre les Anglais, de maudire les Prussiens et de réveiller le sentiment patriotique, justement vivifié par deux autres figures, celles de Vercingétorix et Napoléon, très à l'honneur dans le théâtre français de la fin du XIXe siècle. On compte ainsi, par exemple, deux *Vercingétorix* en 1890, par Saverne et Boudins et un en 1892 par Duzéa – l'on recense d'ailleurs entre 1840 et 1911 au moins vingt-deux pièces au sujet du chef arverne, dont la moitié sur la seule période 1880-1890. En ce qui concerne l'Empereur, Léopold Martin-Laya fait jouer en 1893 son épopée nationale en trois parties, six actes et cinquante tableaux intitulée *Napoléon*.

Cyrano de Bergerac émerge donc à un moment de l'histoire théâtrale où l'on cherche semble-t-il à forcer la fierté et le sentiment national en présentant en actes une identité française combattante, aristocratique, téméraire et intransigeante lorsqu'il s'agit d'honneur. De la sorte, le personnage éponyme de Rostand paraît s'inscrire dans toute cette lignée de héros qui se déploie en France à partir des années 1870 et qui vise à redorer l'image ternie de la nation grâce à ce que certains historiens, à l'instar de Jean-François Chanet, nomment « la pédagogie républicaine par les grands hommes[16] ». Cyrano vient ainsi grossir les rangs de ces « modèles héroïques[17] » dont « [l]a mémoire individuelle aussi

15 Lemaître, Jules, *Impressions de théâtre*, 9e série, Paris, Lecène, Oudin et Cie, 1896, p. 235.

16 Chanet, Jean-François, « La Fabrique des héros. Pédagogie républicaine et culte des grands hommes, de Sedan à Vichy », *Vingtième siècle*, vol. LXV, n° 1, 2000, p. 33.

17 Gerbod, Paul, « L'Éthique héroïque en France (1870-1914), *Revue historique*, n° 544, octobre-décembre 1982, p. 409.

bien enfantine qu'adulte doit s'imprégner » (*ibid.*). Il concourt donc, comme d'autres figures empanachées avant ou en parallèle de lui, à l'intériorisation d'idéaux collectifs et contribue à leur réactivation grâce à l'objet matériel du panache qui, par les représentations théâtrales, vient symboliquement les rappeler à l'esprit de chacun.

Ce faisant, Edmond Rostand n'agit pas consciemment comme prosélyte mais s'insère plutôt dans un contexte historique qui tâche d'exalter, par le biais de l'École, l'Armée, l'État, l'Église, voire un art de circonstances, le pays vaincu et humilié par l'Allemagne. En définitive, Rostand est un pur produit de l'école des années Jules Ferry qui cherche à inculquer « le don de soi au Bien commun » (*ibid.*, p. 426) et reflète les préoccupations de la société revancharde dans laquelle il évolue adulte – il évoque d'ailleurs la renaissance de la France défaite par l'Allemagne dans son *Discours de réception à l'Académie française* –, une société portée par l'idée de démocratiser l'héroïsme, en vue de le généraliser et d'assurer ainsi la régénérescence de la nation. En ce sens, l'œuvre rostandienne est le produit de son temps et fait écho à l'éthique héroïque qui se développe en France entre 1870 et 1914, que ce soit sous la forme de la militance syndicale, de la célébration des exploits sportifs, de la méditation, dans les classes, sur la notion de sacrifice, ou bien encore au travers de récits et personnages fictifs illustrant cette « “mâle vertu” », physique comme morale, qu'est l'héroïsme et qui implique « une force d'âme exceptionnelle » tout autant que « la maîtrise de soi et le mépris du danger » (*ibid.*, p. 424). Il est en effet indispensable de rappeler qu'à l'époque d'Edmond Rostand, tout incite à vanter l'héroïsme : le 14 juillet devient fête nationale en 1880, l'on ne cesse d'inaugurer des monuments aux morts, l'on décerne de multiples décorations aux douaniers, gendarmes, policiers et militaires entre 1890 et 1900, le recueil de faits héroïques *Le Pays de l'honneur* connaît sa septième édition en 1893, et ainsi de suite.

Sous cet angle, offrir aux spectateurs des personnages militaires à la fin du siècle n'est donc absolument pas anodin et équivaut déjà à glisser du domaine artistique vers un autre, plus moral. Il faut en effet ajouter que le boulangisme (1885-1889) ainsi que l'affaire Dreyfus, qui éclate en 1894, popularisent, notamment *via* la presse ou les écrits d'Émile Zola et Léon Daudet par exemple, pourtant de sensibilité politique radicalement opposée, des métonymies explicites qui transforment le soldat en « panache », « portepanache », « panachard », « empanaché »,

« emplumé », « plume-blanche », « plumard », « porte-plume », etc.[18] Il va de soi qu'une pièce reposant sur le panache ne pouvait qu'apparaître connotée politiquement ou moralement à l'époque et donc sortir très vite du champ purement littéraire pour être instrumentalisée à des fins qui étaient loin de toujours lui rendre service, justice et hommage. Certains ont donc pu interpréter *Cyrano de Bergerac* comme ressortissant au théâtre patriotique, et ce, quand bien même la trame rostandienne ne correspondrait pas totalement à ce qui caractérise le drame patriotique selon Léon Levrault, à savoir une histoire épique faisant allusion à l'échec français et un discours prophétisant un avenir national meilleur[19]. Cet ancrage du patriotisme dans le théâtre fin de siècle pose cependant question : pour les uns, tel Filon, il s'agit de marques extérieures de chauvinisme, d'un vague affichage de patriotisme sans guère de conséquences, alors que pour d'autres comme Levrault, la vogue est nette et tend à s'exhiber durablement, jusqu'à constituer un véritable mouvement dont la triade de référence serait Bornier, Parodi et Déroulède.

S'il est mal aisé de voir en *Cyrano de Bergerac* une pièce patriotique, il faut néanmoins se souvenir que l'œuvre rostandienne fut montée à la Porte Saint-Martin. Or, ce théâtre de boulevard très apprécié de la population accueillit, après plusieurs comédies et vaudevilles s'emparant du roi Henri IV au XIXe siècle, de grandes productions patriotiques telles que *Jeanne d'Arc* (1890) de Barbier, *Au Dahomey* (1892), pièce à grand spectacle d'Oswald, Gugenheim et Le Faure portant sur la colonisation avec Taillade dans le premier rôle, *Napoléon* (1893) de Martin-Laya, *Sabre au clair !* (1894) de Jules Mary avec Mlle Rachel, *Messire Du Guesclin* (1896) et *La Mort de Hoche* (1897) avec Volny – le Christian de Rostand – et Coquelin Cadet, deux pièces de Déroulède, figure de proue d'un nationalisme conservateur, agressif, violemment antidreyfusard, président depuis 1885 de la Ligue des patriotes et membre de l'entourage du général Boulanger. La Porte Saint-Martin cultiva ainsi un certain goût du public pour des pièces de type national et put remplir la mission que Georges Thiébaud, début 1898, et *La Revue d'art dramatique*, fin 1899, assignaient au théâtre d'alors, à savoir « nous reconquérir » (Thiébaud, 1898, p. 1), reconsidérer,

18 Voir Tournier, Maurice, « La Graisse vorace. Petits mythes populaires au service des désignations sociopolitiques à la fin du 19e siècle », *Langage et société*, n° 113, 2005, p. 109.

19 Voir Levrault, Léon, chap. VI, « De Victor Hugo à M. Rostand », *Drame et Tragédie (évolution du genre)*, 4e éd., Paris, Paul Delaplane, 1904.

revaloriser, élever l'âme française et en assurer « le triomphe [...] devant les peuples réunis[20] ». Or, c'est précisément à l'aune de l'âme française que les critiques apprécient la valeur et l'efficacité des productions artistiques et en particulier théâtrales de la fin de siècle.

CYRANO DE BERGERAC : SALUT OU MENACE POUR LA FRANCE ?

Cyrano de Bergerac, en tant qu'œuvre emplie de panache, constituerait donc « le joyeux signal de la réaction nationaliste » (Thiébaud, 1898, p. 1) et une réponse de premier ordre au « théâtre indésirable[21] » vilipendé par Doumic, défini comme « le théâtre que nous désirent nos pires ennemis, celui qu'ils se sont efforcés par tous les moyens de cultiver chez nous et qui doit disparaître de la scène française, balayé par la guerre et par son grand souffle purificateur ». *Cyrano* permettrait donc de retrouver un soi-disant « génie français », bien loin des comédies sociales et psychologiques du temps, qui « abaisse[nt] le niveau moral d'un peuple en flattant ses instincts les moins nobles, et le discrédite en colportant sa caricature, sous prétexte de peindre ses mœurs ».

Ce qui dicta la lecture française du drame rostandien, bien plus que son panache, est en réalité ce que l'on a pu écrire à son sujet. Il est de ces images qui causent beaucoup de tort aux œuvres dont elles visent à rendre compte : la fanfare appartient à cette catégorie car, reprise et répandue à de multiples occasions, elle influença, pour ne pas dire dicta, jusqu'à nos jours, l'interprétation de *Cyrano de Bergerac.* En effet, la représentation de la pièce d'Edmond Rostand apparaît très vite telle une fanfare, notable par son clairon et ses cuivres. On retrouve par là même, pour la réception de l'œuvre, l'importance des cadets de Gascogne qui, dans leur chanson, s'exclamaient « Sonnez, clairons ! Chantez, coucous ! » (v. 921). L'on doit la première occurrence de la métaphore militariste au journaliste nationaliste

20 Weyl, Fernand, « Notre génie national et le café-concert », octobre 1899, *La Revue d'art dramatique*, t. VIII, octobre-décembre 1899, p. 111.

21 Doumic, René, « Le Théâtre indésirable », *Revue des Deux Mondes*, vol. XXIX, n° 4, 15 octobre 1915, p. 923, ainsi que les citations suivantes.

et boulangiste Georges Thiébaud[22] dans *Le Journal* du 10 janvier 1898 : « La poésie de M. Rostand a éclaté comme une fanfare de pantalons rouges reprenant possession du théâtre français, du génie français, de la gaieté française, restés depuis longtemps aux mains de l'ennemi » (Thiébaud, 1898, p. 1). L'idée chemine, convainc et fait recette, à tel point que *La Revue d'art dramatique*, en 1898, note à propos de *Cyrano* que « la modulation du fifre achevée, le tambour va reprendre son grondement[23]... ». *Le Figaro* du 9 décembre 1902 évoque « la voix triomphale de Coquelin claironnant cette allègre fanfare[24] ». Plus tard, en 1912, Léo Claretie affirme que Rostand « fait claironner cette vieille gaieté française qui est l'une des plus précieuses traditions de notre race[25] ». En 1917, *Les Tréteaux* évoquent, sur un mode analogue, « Jean Daragon qui claironne le rôle de Cyrano[26] ». En 1918, Doumic parle encore de la « voix claironnante » (1918, p. 1) de Cyrano qui « mit en fuite tous les oiseaux de nuit » (*ibid.*) en osant être gai et bon ; *La Pomme cuite* mentionne, quant à elle, « l'héroïsme claironnant[27] » présent dans la pièce. Armand Praviel en 1922 reconnaît toujours qu'« on ne peut nier que la voix claironnante de [...] Cyrano n'ait sonné, il y a un quart de siècle déjà, une sympathique fanfare[28] ».

Pareil discours, colporté à travers les années, contribua à militariser durablement la pièce et même à l'orienter politiquement. En effet, d'une part, le clairon désigne un instrument essentiellement utilisé dans les régiments d'infanterie ; d'autre part, il appelle à la conscience des lecteurs/spectateurs du XIXe siècle non seulement le titre d'un journal monarchiste mais surtout l'un des poèmes les plus célèbres de Déroulède, tiré de ses *Chants du soldat* (1872). *Cyrano de Bergerac* se voit donc dès cet instant emprisonné : Edmond Rostand apparaît comme « [a]yant toujours fleuri

22 Et non à Émile Faguet comme l'ont colporté tous les commentateurs. On trouve cependant la métaphore de la fanfare dès le 2 janvier sous la plume de Paul-Émile Chevalier ; voir Chevalier, Paul-Émile, « Semaine théâtrale », *Le Ménestrel*, 64e année, n° 1, 2 janvier 1898, p. 2.

23 « Le Mois Triomphal », *La Revue d'art dramatique*, t. III, janvier-mars 1898, p. 6.

24 Deschamps, Gaston, « La Poésie au théâtre », *Le Figaro*, 9 décembre 1902.

25 Claretie, Léo, *Histoire de la littérature française (900-1910)*, t. V, « Les Contemporains (1900-1910), 3e éd., Paris, Paul Ollendorff, 1912, p. 121.

26 « Les Théâtres », *Les Tréteaux*, 2e année, n° 27, 1er février 1917-15 février 1917, p. 13.

27 « À Cabotinville – Un peu de mesure ! », *La Pomme cuite*, 2e année, n° 18, 5 mars 1918, p. 90.

28 Praviel, Armand, « Le Jardin des Lettres », « II. – À travers les livres », *Le Correspondant*, nouvelle série, 1922, t. 252-288, p. 526.

son panache d'une cocarde[29] » et *Cyrano*, comme présentant « un sujet d'une incontestable opportunité patriotique et sociale, nationale[30] ». *Cyrano de Bergerac*, avec *Le Chemineau* de Jean Richepin, pouvait alors initier un sursaut, un grand « mouvement de restauration et de conquête » (Filon, 1898, p. 296) au nom de la France, par et pour le théâtre.

Cependant, l'identité française du drame rostandien n'apparaît pas aussi évidente aux yeux de tous. Les détracteurs mêmes de *Cyrano de Bergerac* recourent en effet à une forme de France quintessenciée mais cette fois-ci pour discréditer l'œuvre d'Edmond Rostand dans son entier. C'est ainsi que Romain Rolland dénonce une œuvre qui s'attarderait trop sur la beauté, détruisant ainsi la raison – qui est censée transparaître dans une certaine limpidité langagière. Le socle de l'esprit français, qui procède d'une survalorisation du « génie littéraire du grand siècle de Louis XIV[31] » dans la constitution de notre conscience collective, s'en trouverait alors vacillant. D'après Rolland, la pièce *Cyrano* gagne en artificiel ce qu'elle perd de vérité. Or, « [u]n peuple peut se passer de beauté : il ne doit pas se passer de vérité. Nous ne lui demandons pas de respecter et d'admirer ce qu'il ne comprend pas : cela sert à former un peuple de fonctionnaires pliés au despotisme[32] ». *Cyrano de Bergerac* constituerait donc un danger notable pour la France puisque le drame donnerait à rêver plutôt qu'à penser ; il éloignerait ainsi de la réalité et des enjeux du monde, affaiblirait, énerverait – au sens étymologique du terme –, rendrait les hommes inaptes à leur existence quotidienne. Ainsi, on accuse très vite Rostand et *Cyrano de Bergerac* d'amollir les cœurs et de manipuler les consciences : « le triomphe du brillant et inepte *Cyrano*[33] » qui a « massacré la langue française[34] » est un « recul pour l'intelligence française » (Rolland, *ibid.*). On retrouve l'accusation de facticité en date du 1er juin 1919, dans le *Mercure de France*, qui parle

29 Gignoux, Régis, *Le Figaro*, 3 décembre 1918.

30 Ernest-Charles, Jules, « La Gloire et l'œuvre de Rostand », *Gil Blas*, 23 janvier 1910.

31 Desmarais, Cyprien, *De la littérature française, au dix-neuvième siècle, considérée dans ses rapports avec les progrès de la civilisation et de l'esprit national*, chap. XXIII, « Génie de la langue française opposé longtemps au génie littéraire du Moyen âge. – Causes qui ont fait méconnaître en France ce génie du Moyen âge », Paris, Tenon, 1833, p. 145.

32 Rolland, Romain, « Le Théâtre du peuple et le drame du peuple », *La Revue d'art dramatique*, 15e année, t. II, juillet-décembre 1900, p. 1092.

33 Rolland, Romain, « Le Poison Idéaliste », *La Revue d'art dramatique*, 15e année, t. II, juillet-décembre 1900, p. 662.

34 Méric, Victor, *Les Hommes du jour – Edmond Rostand*, 2e année, 16 octobre 1909, n. p.

de l'expression « brillante, fausse et vaine[35] » de Rostand, situé alors dans la mouvance des « rêves mous de l'art décadent, l'indifférence apathique des néo-mystiques, l'indulgence même qui se dit transcendantale de la pensée idéaliste, détachée et dédaigneuse de la vue du monde réel, [...] sottises dans un instant où toutes les forces doivent être tendues vers la réalité » (Rolland, *ibid.*). *Cyrano de Bergerac* est donc décidément ce que l'on en fait, tout à tour planche de salut ou planche pourrie à reléguer au fin fond des oubliettes littéraires.

Cyrano est-il français ? La réponse passe par l'affirmative dans la mesure où le protagoniste correspond, par son panache, à ce que l'on nomme et imagine être « l'esprit français ». Il ne l'est cependant pas plus que tous les personnages empanachés du théâtre de la fin de siècle, qu'ils soient chevaliers ou militaires. Au mieux peut-on dire que c'est la singularité nasale du héros rostandien qui a soutenu la curiosité à l'égard de cette figure à panache. Enfin, la prétendue « francité » de l'œuvre d'Edmond Rostand et de son personnage éponyme relève d'un prisme typique de la fin de siècle et du début du XXe siècle. Employée tout à la fois pour encenser ou condamner la pièce, elle révèle surtout la tendance du temps, en raison du contexte socio-politique, à faire dériver les débats esthétiques vers des questions morales et éthiques. Bien plus que des critères littéraires ou artistiques, les critiques de l'époque jugent davantage à l'aune de l'âme française. De là proviennent la gêne et le malaise dans la réception de *Cyrano de Bergerac*, pièce à laquelle la métaphore de la fanfare continua de causer du tort dans la seconde moitié du XXe siècle comme le prouvent *Les Mots* de Jean-Paul Sartre.

Clémence CARITTÉ
Centre d'Études de la Langue
et des Littératures Françaises
(CELLF, UMR 8599)

---

35 Duhamel, Georges, « Revue de la Quinzaine », « Les Poèmes », *Mercure de France*, 30e année, t. CXXXIII, no 503, 1er juin 1919, p. 508.

UNE PIÈCE BAROQUE ?

Le baroque, on le sait, est une notion très complexe sur le plan historiographique. On nous pardonnera, pour les besoins de cet article, de ne pas trop entrer dans cette complexité et d'employer le terme à la fois en référence à une époque (le premier XVIIe siècle) et à une esthétique caractérisée par l'irrégularité, l'ostentation, le mouvement, le contraste et la discontinuité. Dans le domaine du théâtre, le concept est en général utilisé en référence aux dramaturges élisabéthains et aux grands noms du Siècle d'or espagnol, mais également à un groupe de jeunes auteurs français « qui publient entre 1630 et 1650 », et « s'illustrent surtout dans la tragi-comédie et la pastorale[1] ».

Or Edmond Rostand choisit non seulement de situer l'intrigue de sa pièce entre 1640 et 1655, mais il place l'ensemble du premier acte sous le signe du théâtre en proposant la reconstitution d'une « représentation à l'Hôtel de Bourgogne[2] ». Reconstitution haute en couleurs et virevoltante fondée sur le procédé éminemment baroque du « théâtre dans le théâtre ». Tel est le point de départ de notre réflexion, qui tentera d'établir dans quelle mesure la catégorie du baroque peut nous aider à comprendre une œuvre telle que *Cyrano de Bergerac*. La critique, à ce jour, n'a que peu mobilisé cette notion[3], sans doute trop focalisée sur l'unique dimension romantique de la pièce[4]. Il faut en outre rappeler qu'en France, le terme « baroque » a tardé à être utilisé et a longtemps conservé une acception péjorative.

Il sera d'abord question, dans les pages qui suivent, de la façon dont Rostand est entré dans l'univers baroque, par l'intermédiaire de

1 *Dictionnaire encyclopédique du théâtre à travers le monde*, Michel Corvin (éd.), Paris, Bordas, 2008 (1re éd. 1991), *s.v.* « Baroque », p. 150-151.

2 Besnier (éd.), p. 39 (édition de référence).

3 On mentionnera toutefois Blanchard, André, « Edmond Rostand, Cyrano et la poésie baroque ou précieuse », *Points et contrepoints*, n° 109, 1973, p. 29-34.

4 Voir Naugrette, Florence, et Caritté, Clémence, « *Cyrano de Bergerac*, drame romantique attardé ? Une légende à déconstruire », *Revue d'histoire littéraire de la France*, vol. CXVIII, 2018/4, p. 835-844.

Théophile Gautier, puis du personnage de Cyrano comme incarnation du bizarre et de la disparate. Nous verrons ensuite qu'au-delà de cet aspect individuel, la notion de *theatrum mundi* est au cœur de la pièce, même si les choix dramaturgiques de Rostand ne relèvent que partiellement du modèle baroque. Enfin, nous proposerons d'appréhender le dernier acte de *Cyrano de Bergerac* comme l'équivalent littéraire et théâtral d'une peinture de vanité.

UN BAROQUE MÉDIATISÉ

Si baroque il y a dans *Cyrano de Bergerac*, il est perçu à travers le prisme du romantisme. Vers 1830, les artistes redécouvrent leurs homologues des années 1630 et leur rendent hommage pour mieux prendre le contrepied de l'esthétique classique qu'ils entendent critiquer. Ils aiment aussi la « couleur locale » propre au règne de Louis XIII, qui sert de toile de fond à *Cinq-Mars* d'Alfred de Vigny (1826), à *Marion Delorme* de Victor Hugo (1831) comme aux *Trois Mousquetaires* d'Alexandre Dumas (1844). Cette même année, Théophile Gautier publie *Les Grotesques*, un recueil d'articles visant à réhabiliter différents écrivains malmenés par l'histoire littéraire ; la plupart appartiennent à l'époque baroque. Or c'est dans ce recueil découvert pendant sa scolarité que le jeune Rostand fait la connaissance de Savinien Cyrano de Bergerac, auquel Gautier consacre un portrait élogieux.

C'est donc à travers les yeux d'un auteur romantique que Rostand appréhende pour la première fois la personnalité et l'œuvre de l'écrivain dont il fera quelques années plus tard un célébrissime personnage de théâtre. Il ne peut dès lors qu'associer Cyrano au programme esthétique développé par Gautier. Comme l'écrit ce dernier au début des *Grotesques*, il s'agit pour lui de tirer de l'oubli des « poètes du second ordre » chez lesquels « se trouve le plus d'originalité et d'excentricité[5] », c'est-à-dire « le grotesque, le fantasque, le trivial, l'ignoble [...][6] ». On identifie là sans peine une définition de ce que l'on commence à peine, au XIXe siècle, à

5 Gautier, Théophile, *Les Grotesques*, vol. I, Paris, Desessart, 1844, p. 4.
6 *Ibid.*, p. 5.

nommer le baroque. Dans son portrait de Savinien Cyrano de Bergerac, Gautier se fait plus explicite encore, notamment lorsqu'il évoque son style fait de « métaphores outrées », de « comparaisons alambiquées », d'« équivoques », de « concetti », de « recherches précieuses », en résumé de « tout ce que le mauvais goût espagnol a de démesuré, le mauvais goût italien d'ingénieux et de chatoyant[7], le mauvais goût français de froid et de maniéré[8] ». Cette hybridité, cette dissonance, cette impureté fondamentale que Gautier – à l'instar de ses camarades romantiques – recherche dans le théâtre de Shakespeare, voici qu'il la détecte chez l'un de ses compatriotes les plus fantasques. Et il voit dans le nez hyperbolique, quasi monstrueux, de Savinien l'étendard de son art de vivre et d'écrire. C'est en quelque sorte la préface de *Cromwell* et le principe du mélange des genres qui s'incarnent par avance en cet artiste.

En 1863, Gautier revient sur un mode plus ludique à son amour pour le premier XVIIe siècle dans *Le Capitaine Fracasse* ; autre lecture chère à Rostand, qui puise dans cet hommage au *Roman comique* de Scarron bien des éléments de sa pièce et de son personnage principal[9].

« ET QUEL ASPECT HÉTÉROCLITE QUE LE SIEN ! »

La première description de Cyrano, à la scène 2 de l'acte I, est le fait de son ami Ragueneau. Le spectateur n'a toujours pas vu le héros éponyme, qu'il ne découvrira qu'à la fin de la scène suivante. Il doit donc se fier aux mots du poète-pâtissier, qui viennent gloser une remarque de Lignière portant sur l'« aspect hétéroclite » de Cyrano (I, 2, v. 102). Par le truchement de références picturales, Ragueneau brosse un portrait éminemment baroque du « plus exquis des êtres sublunaires » (v. 100) : « bizarre, excessif, extravagant, falot » (v. 105), Cyrano semble tout droit sorti d'une gravure de

7 Ces mots de Gautier font écho à un passage de la pièce de Rostand où Cyrano invite des artistes de *commedia dell'arte* à « joindre [...] / La farce italienne à ce drame espagnol » (I, 7, v. 593-594).

8 Gautier, Théophile, *Les Grotesques*, *op. cit.*, p. 308.

9 Rostand s'est également inspiré de la « comédie héroïque » *Le Capitaine Fracasse*, qu'Émile Bergerat avait tirée en 1896 du roman de son beau-père (Guérin [éd.], Introduction, p. XXXIX).

Callot (v. 106). Placé sous le signe de la disparate mais aussi de l'outrance, il arbore un « panache triple », un « pourpoint à six basques » (v. 108) et fait penser à un héros de roman précieux, le fier Artaban (v. 111) : en toute chose, Cyrano « exagère » (v. 116), il déborde, il excède.

Si l'on songe aux catégories proposées par Jean Rousset pour définir l'esthétique baroque en littérature[10], le héros de Rostand est du côté de l'ostentation mais aussi de la métamorphose. Multiforme, sa silhouette tient du coq et de Pulcinella dans le portrait de Ragueneau. Mais c'est surtout dans la tirade du nez (I, 4, v. 312-365) que Cyrano lui-même déploie tous les possibles de son appendice nasal : roc, pic, cap, péninsule, oblongue capsule, perchoir, croc, enseigne, triton, monument, tels sont quelques-uns des avatars d'un nez dont la magie du langage démultiplie les apparences. On songe, *mutatis mutandis*, à l'effet que produisent les toiles d'Arcimboldo.

Mais il ne s'agit pas ici de peinture. Cyrano est un homme-spectacle en perpétuel mouvement qui ne cesse de changer de rôle, de registre et d'humeur. Bretteur, poète, philosophe, savant, dramaturge, etc., il peut se montrer agressif et fort en gueule aussi bien que tendre et mélancolique. Le lyrisme succède chez lui au burlesque, la misanthropie côtoie le culte de l'amitié, la virtuosité verbale peut se muer en balbutiements. L'amant éperdu n'est jamais loin du soldat fanfaron. Sur un plan plus social, « Cyrano mêle la gouaille du titi parisien à la morgue d'un aristocrate grand style[11] ». Et ce ne sont là que quelques-uns des contrastes qui caractérisent ce personnage mobile et insaisissable.

Pour le dire autrement, Cyrano est le théâtre fait homme. N'entre-t-il pas en scène pour immédiatement se substituer à l'acteur Montfleury et proposer, en lieu et place du spectacle prévu – *La Clorise* de Balthazar Baro –, une représentation à sa manière, conçue et interprétée par lui-même ? À l'acte III, n'exerce-t-il pas à la fois les fonctions d'auteur, de metteur en scène et de souffleur vis-à-vis de Christian, avant de se décider à jouer lui-même le rôle du jeune premier ? Mais au-delà du personnage de Cyrano, c'est toute la pièce de Rostand qui témoigne d'une passion « idolâtre[12] » du théâtre, proche de la sensibilité baroque.

---

10 Rousset, Jean, *La Littérature de l'âge baroque en France. Circé et le paon*, Paris, José Corti, 1953 (rééd. 1989).

11 Apostolidès, Jean-Marie, *Cyrano qui fut tout et qui ne fut rien*, Paris et Bruxelles, Les Impressions nouvelles, 2006, p. 61.

12 « LIGNIÈRE : Et le théâtre ! vous l'aimez ? \ RAGUENEAU : Je l'idolâtre » (I, 2, v. 83).

LE TRIOMPHE DU *THEATRUM MUNDI*

> Aussi bien le baroque lui-même est-il essentiellement théâtre. L'art baroque est un art qui se met en scène et en action scénique. Un art qui est monstrance et démonstration de lui-même. [...] [C]'est que le monde dont ils [les artistes] entendent donner une figure, une représentation est déjà en lui-même théâtre [...]. Shakespeare et les Élisabéthains, Lope de Vega et Calderón font drame et comédie d'une réalité déjà toute théâtralisée[13].

Ces propos de Jean Cassou explicitent de manière lumineuse pourquoi l'art du théâtre est l'incarnation privilégiée de l'esthétique baroque, et pourquoi la scène baroque ne cesse de se tendre à elle-même son propre miroir. Or la « théâtralité exacerbée[14] » dont il est ici question se manifeste à tout moment dans *Cyrano de Bergerac*, notamment à travers le procédé du théâtre dans le théâtre[15] – ou plus précisément du « théâtre sur le théâtre[16] », pour reprendre une expression de Jean Rousset. Le spectateur qui, en décembre 1897, regarde se lever le rideau du théâtre de la Porte Saint-Martin, voit immédiatement un second rideau – celui de l'hôtel de Bourgogne, « formé par deux tapisseries » (I, 1, p. 39) – qui reste quant à lui fermé en attendant que débute la représentation de *La Clorise*. Cette première mise en abyme en annonce bien d'autres. Pour Jean-Marie Apostolidès, c'est l'ensemble de la pièce qui s'organise autour de ce qu'il appelle des « petites scènes[17] » : à l'acte II, il y a la « petite salle en soupente » chez Ragueneau, où Cyrano espère « achever la représentation de la veille[18] » ; à l'acte III, c'est bien sûr le balcon de Roxane qui fonctionne comme une scène sur la scène ; enfin à l'acte V, la clairière où meurt Cyrano est un théâtre de verdure au sein duquel, à nouveau, Cyrano « désire tous les rôles[19] ».

13 Guérin, Jeanyves, Préface, *Le Théâtre d'Audiberti et le Baroque*, Paris, Klincksieck, coll. « Théâtre d'aujourd'hui », 1976, p. 12.

14 Besnier (éd.), Préface, p. 26.

15 Voir Bourgeois, Jean, « *Cyrano de Bergerac* d'Edmond Rostand : le théâtre dans le théâtre », *Revue d'histoire littéraire de la France*, vol. CVIII, 2008/3, p. 607-620.

16 Rousset, Jean, *La Littérature de l'âge baroque en France*, *op. cit.*, p. 66.

17 Apostolidès, Jean-Marie, *Cyrano qui fut tout et qui ne fut rien*, *op. cit.*, p. 73-78.

18 *Ibid.*, p. 76.

19 *Ibid.*, p. 73.

Tout est théâtre dans *Cyrano de Bergerac*, à commencer par la magnificence du verbe. Comme le souligne Jean Cassou, la parole baroque se caractérise par son « volubile excès » ; elle est

> une puissance orale et visible. C'est là tout le secret de l'éloquence baroque : elle n'est pas que texte intellectuellement communicable, elle est véritablement oratoire, véritablement faite pour l'oreille, et aussi mouvement fait pour la vue[20].

L'alexandrin rostandien, si souvent décrié, vise cette efficacité spectaculaire. Il exhibe sa virtuosité et ses artifices, mais également le pouvoir performatif du langage. Quand Cyrano prend la parole, ce qu'il dit se transforme en images et en actions. Ainsi la ballade du duel, à l'acte I, scène 4, est non seulement un spectacle dans le spectacle, avec ce «*[c]ercle de curieux au parterre*», ces «*femmes debout dans les loges*» (I, 4, p. 105) qui se constituent en public, mais un exemple de l'« éloquence baroque » telle que la définit Jean Cassou. En effet, Cyrano «*fait ce qu'il dit, à mesure*» (*ibid.*) qu'il invente les vers de son poème. Ces derniers deviennent donc des sortes d'indications scéniques :

> *Je jette avec grâce mon feutre,*
> *Je fais lentement l'abandon*
> *Du grand manteau qui me calfeutre,*
> *Et je tire mon espadon [...]* (v. 408-411)

L'emploi du présent de l'indicatif manifeste une parfaite coïncidence entre les mots et les actes. Cyrano ne décrit pas les gestes qu'il est en train d'effectuer ; ces derniers naissent comme par magie des phrases qu'il prononce. Sa parole est donc par nature théâtrale, elle se concrétise en actions scéniques. Cette puissance dramatique du langage était déjà au cœur de la tirade du nez, ponctuée d'énoncés de nature didascalique :

> Admiratif : « Pour un parfumeur, quelle enseigne ! »
> Lyrique : « Est-ce une conque, êtes-vous un triton ? »
> Naïf : « Ce monument, quand le visite-t-on ? » (I, 4, v. 341-343)

Les adjectifs qui précèdent chaque passage entre guillemets indiquent quel ton doit être utilisé, quels gestes doivent accompagner les mots, autrement dit comment doivent être jouées les prises de parole des

20 Guérin, Jeanyves, Préface, *Le Théâtre d'Audiberti et le Baroque*, *op. cit.*, p. 11.

interlocuteurs fictifs qui semblent s'adresser à Cyrano (et qui ne sont que des dédoublements de lui – autre figure baroque). Le héros de Rostand a beau faire, tout ce qu'il dit devient théâtre, dialogue de théâtre en l'occurrence. Et son nez est précisément la manifestation flagrante de son « être-théâtre » : Ragueneau ne suggère-t-il pas, dans le portrait déjà cité de la scène 2, qu'il s'agit d'un accessoire, d'un masque de *commedia dell'arte* (v. 113), à ceci près que Cyrano ne saurait l'enlever (v. 117) ? L'image est claire : Cyrano est l'Acteur par excellence, le personnage (du latin *persona*, le masque) incarné.

Il est aussi celui qui dénonce l'hypocrisie du *theatrum mundi*, la comédie humaine, le ballet des apparences. Méfiant vis-à-vis des puissants, il se tient volontairement en marge du jeu social, dont il bafoue volontiers les règles. À la scène 7 de l'acte II, il explique son point de vue dans la fameuse tirade des « Non, merci » (v. 965-1015), véritable réquisitoire contre le parasitisme et la fausseté. *Chantecler*, en 1910, stigmatisera de manière plus virulente encore le grand théâtre du monde… et de la mondanité.

En cela, Rostand met ses pas dans ceux des maîtres du baroque, de Shakespeare à Corneille en passant par Cervantes[21]. *Don Quichotte* est mentionné à la scène 7 de l'acte II (v. 950 *sqq.*), et au dénouement, Cyrano paraît s'identifier à l'ingénieux hidalgo, quand il affronte, halluciné, ses « vieux ennemis » que sont le Mensonge, la Sottise et les Préjugés (V, 6, v. 2561-2562). Le nom de Corneille apparaît pour sa part dès la première scène de la pièce. Il y est question du *Cid*[22], mais c'est davantage à *L'Illusion comique* que l'on songe tant le Cyrano du premier acte semble inspiré du personnage de Matamore, « qui est l'hyperbole incarnée[23] », selon Jean Rousset. Ce passage de la fin de l'acte I est particulièrement éloquent à cet égard :

> Mais je vais être frénétique et fulminant !
> J'ai dix cœurs ; j'ai vingt bras ; il ne peut me suffire
> De pourfendre des nains…
> *Il crie à tue-tête.*
> Il me faut des géants ! (I, 7, v. 561-564)

21 Dans le jardin de sa villa Arnaga, construite au Pays basque entre 1903 et 1906, Rostand fait ériger trois bustes pour rendre hommage aux trois génies qui comptent le plus à ses yeux : Hugo, Shakespeare et Cervantes.

22 I, 1, v. 26 ; voir I, 2, v. 50.

23 Rousset, Jean, *La Littérature de l'âge baroque en France*, *op. cit.*, p. 204.

Théophile Gautier, dans *Les Grotesques*, avait déjà rapproché la « folle audace » de Savinien de ce « type charmant effacé de nos comédies[24] » qu'est Matamore. Quant à Shakespeare, il est lui aussi très présent chez Rostand, comme il l'était chez ses prédécesseurs romantiques. Au fil des scènes et des métamorphoses de Cyrano, on songe à la laideur de Richard III, à la truculence de Falstaff, à la conscience torturée d'Hamlet. On pense aussi, à l'acte III, au balcon de Juliette, et au jeu vertigineux sur la duplicité des apparences dans des comédies comme *As you like it*. L'acte IV semble rendre hommage aux grandes scènes de bataille dans les pièces historiques.

Mais l'on voit que ces réminiscences restent ponctuelles ou thématiques. Est-il pour autant possible de parler de dramaturgie baroque à propos de *Cyrano de Bergerac* ?

ENJEUX GÉNÉRIQUES ET DRAMATURGIQUES

« La comédie héroïque est souvent considérée comme un avatar "régulier", classique de la tragi-comédie baroque[25] », note Jeanyves Guérin dans son étude de la pièce. En choisissant cette étiquette générique[26], Rostand formule donc une double indication contradictoire : sa pièce fait signe vers le jeune Corneille et vers le théâtre français des années 1630-1640, tout en revendiquant un certain classicisme. Rostand, en cette matière comme en d'autres, serait un homme de la conciliation et de la synthèse. On pourrait en dire autant de son traitement de la préciosité[27] : la place qu'il donne à ce courant artistique devrait renforcer la dimension baroque de sa pièce ; mais la perspective critique qui est

24 Gautier, Théophile, *Les Grotesques*, vol. I, *op. cit.*, p. 308. Gautier rapproche aussi implicitement Savinien Cyrano de Bergerac de Don Quichotte (« On croirait lire un de ces vieux romans de chevalerie pleins de ces grands coups d'épée qui fendent les géants jusqu'à la ceinture », écrit-il à propos de l'épisode de la porte de Nesle, p. 305).

25 Guérin, Jeanyves, *« Cyrano de Bergerac » d'Edmond Rostand*, Paris, Presses Sorbonne Nouvelle, coll. « Un auteur, une œuvre », 2018, p. 92.

26 Sur le genre de la comédie héroïque et son traitement rostandien, voir l'article de Sylvain Ledda dans ce volume.

27 Voir Dufour-Maître, Myriam, « Rostand et la préciosité », *Revue d'histoire littéraire de la France*, vol. CXVIII, 2018/4, p. 859-871.

adoptée nous fait surtout penser au Molière des *Précieuses ridicules* et des *Femmes savantes*. La référence, là aussi, est classique.

Qu'en est-il sur le plan dramaturgique ? Certaines caractéristiques de la pièce, nous l'avons vu, s'inscrivent dans la tradition baroque : mélange des tons et des genres, recours à la mise en abyme, primat du spectaculaire, changements de lieux. Mais pour l'essentiel, la pièce s'éloigne de ce modèle. Pas de composition éclatée, de fils narratifs multiples, de surprises permanentes, de trompe-l'œil généralisé, de vacillement de la raison (même si la notion de folie n'est pas étrangère au personnage de Cyrano), pas de doute fondamental sur l'identité de chacun ni sur la réalité des faits, pas de prodiges surnaturels ni de machines (malgré l'apparition providentielle – et fort peu vraisemblable – de Roxane à l'acte IV), pas de dénouement miraculeux. Rostand à l'évidence cherche à donner à l'histoire qu'il raconte une cohérence. Il appartient au siècle de la « pièce bien faite » et ne peut s'exonérer que très partiellement de ce cahier des charges. Le public baroque « veut être étonné, et se soucie peu des règles de composition dramatiques[28] ». Le public de la Porte Saint-Martin en 1897 ne goûte guère les transgressions et souhaite que l'intrigue progresse avec logique.

S'agissant du personnage de Cyrano, on peut certes déceler en lui certains traits baroques : c'est par le jeu qu'il révèle la vérité de son être, et ce n'est que masqué qu'il peut dire ses sentiments. Mais il ne répond nullement au principe baroque d'instabilité et d'inconstance : d'un bout à l'autre de la pièce, il reste fidèle à lui-même ; sur l'essentiel, il ne change pas. Et il revendique, malgré ses feintes, une fondamentale sincérité. On songe aux propos de Jean Rousset, quand il met en garde contre une confusion fréquente entre baroque et romantisme :

> [...] le Baroque décore ce que le Romantisme dénude ; le moi baroque est une intimité qui se montre, le moi romantique un secret qui se révèle dans la solitude ; le Baroque tend à déplacer l'être vers le paraître, le Romantisme traduit un repli vers le fond de l'être ; le Baroque s'exprime par le théâtre, le Romantisme par la confidence[29].

Cyrano s'exprime par le théâtre et tend vers la confidence. Il est sincère et spectaculaire. Mais il n'est dès lors ni véritablement romantique ni

28 *Dictionnaire encyclopédique du théâtre à travers le monde*, *op. cit.*, p. 150.
29 Rousset, Jean, *La Littérature de l'âge baroque en France*, *op. cit.*, p. 251.

véritablement baroque. Rostand, comme il le fait souvent, nous oblige à penser ensemble des catégories que nous avons coutume de séparer, voire d'opposer. Tout en les tenant à distance.

L'ESTHÉTIQUE DE LA VANITÉ

Si la mort est présente dans *Cyrano de Bergerac*, elle ne l'est pas sur un mode baroque. Aucune violence exacerbée, aucune cruauté sanglante. L'épisode de la porte de Nesle à la fin de l'acte I (mais relaté à l'acte II) et celui du siège d'Arras à l'acte IV évoquent la réalité du trépas, mais de manière essentiellement romanesque. Le changement de tonalité est complet à l'acte V. Pour préparer la mort de son héros, Rostand met en place un paysage que décrit longuement la didascalie initiale, dont nous ne reproduisons ici qu'une partie :

> *Tout le fond du théâtre est traversé par une allée de marronniers qui aboutit, à droite, quatrième plan, à la porte d'une chapelle entrevue parmi les branches. À travers le double rideau d'arbres de cette allée, on aperçoit des fuites de pelouses, d'autres allées, des bosquets, les profondeurs du parc, le ciel.*
> *La chapelle ouvre une porte latérale sur une colonnade enguirlandée de vigne rougie, qui vient se perdre à droite, au premier plan, derrière les buis.*
> *C'est l'automne. Toute la frondaison est rousse au-dessus des pelouses fraîches. Taches sombres des buis et des ifs restés verts. Une plaque de feuilles jaunes sous chaque arbre. Les feuilles jonchent toute la scène, craquent sous les pas dans les allées, couvrent à demi le perron et les bancs.*
> […] *Des feuilles tombent.* (Acte V, p. 374-375)

Arrêtons-nous sur un détail de ce tableau que découvre le public au moment où se lève le rideau. Les feuilles d'automne – mentionnées ici à trois reprises – vont en effet fonctionner comme un *leitmotiv* tout au long du cinquième acte. Ainsi, lorsque le duc de Grammont, ancien comte de Guiche, vient rendre visite à celle qu'il a autrefois convoitée, c'est l'image qui lui vient à l'esprit pour rendre compte de la vanité du destin pourtant glorieux qui fut le sien :

> – Voyez-vous, lorsqu'on a trop réussi sa vie,
> On sent – n'ayant rien fait, mon Dieu, de vraiment mal ! –

Mille petits dégoûts de soi, dont le total
Ne fait pas un remords, mais une gêne obscure ;
Et les manteaux de duc traînent, dans leur fourrure,
Pendant que des grandeurs on monte les degrés,
Un bruit d'illusions sèches et de regrets,
Comme, quand vous montez lentement vers ces portes,
Votre robe de deuil traîne des feuilles mortes. (V, 2, v. 2314-2321)

Comme dans la didascalie initiale, les feuilles mortes ne sont pas seulement un motif pictural ; elles donnent à entendre un discret craquement qui exprime le constat désenchanté d'une vie pourtant couverte d'honneurs. Plus loin, c'est Roxane qui écarte du doigt une feuille tombée sur son métier à tisser, au moment même où paraît Cyrano, déjà à l'agonie (V, 4, p. 392) ; Cyrano qui, bientôt, se prend à méditer sur le destin paradoxal de ces feuilles qui n'accèdent à la beauté suprême qu'au moment de rejoindre le néant. C'est en quelque sorte une définition anticipée du panache qu'il livre ici, avant de prononcer le mot en expirant.

À ce moment un peu de brise fait tomber les feuilles.

CYRANO

Les feuilles !

ROXANE, *levant la tête, et regardant au loin, dans les allées.*

Elles sont d'un blond vénitien.
Regardez-les tomber.

CYRANO

Comme elles tombent bien !
Dans ce trajet si court de la branche à la terre,
Comme elles savent mettre une beauté dernière,
Et, malgré leur terreur de pourrir sur le sol,
Veulent que cette chute ait la grâce d'un vol !

ROXANE

Mélancolique, vous ?

CYRANO, *se reprenant.*

Mais pas du tout, Roxane ! (V, 5, v. 2403-2409)

Fidèle à lui-même, Cyrano continue de nier l'évidence. Mais il est bel et bien mélancolique – au sens que le XVIe siècle donnait à ce terme – et il l'a toujours été. Flamboyant et crépusculaire, vulnérable et tonitruant,

Cyrano est, comme l'écrit Patrick Besnier, un « mélange de jubilation et d'angoisse », un « paradoxal mariage d'assurance et de fragilité[30] ». C'est ce qui rend le rôle si difficile à interpréter : Constant Coquelin à la création mit en exergue le potentiel comique du personnage, la « jubilation » ; Charles Le Bargy, son successeur, fut le premier à souligner l'« angoisse » chez Cyrano. Rares sont par la suite les acteurs qui ont réussi à trouver un équilibre entre les deux humeurs. Or telle est l'alchimie – baroque – qui est au cœur du personnage imaginé par Rostand. Tout se passe comme si l'excès et l'exubérance, en lui, finissaient par se retourner en dépression. Le vitalisme, l'énergie se dégradent sur un mode entropique. Il en résulte le constat, par Cyrano lui-même, d'un échec généralisé : « C'est très bien. J'aurai tout manqué, même ma mort » (V, 6, v. 2487). Cette notion d'échec est un motif structurant de la pièce, et même de l'ensemble de l'œuvre rostandienne[31] : Cyrano échoue en amour, mais aussi en littérature et sur le plan social ; Christian, Roxane, Ragueneau et de Guiche échouent eux aussi, à différents niveaux et selon différentes modalités. C'est tout ceci que résume l'image récurrente des feuilles mortes, sans *pathos*, mais avec un sens de l'esthétisation dont Thierry Brunel fait l'un des marqueurs de ce qu'il appelle les « vanités textuelles », équivalents littéraires des vanités picturales du XVIIe siècle : « Peinture et littérature, à travers la primauté accordée au visible, au spectaculaire, sollicitent une topique commune héritée largement de la tradition biblique et morale[32]. »

Cette topique organisée autour des motifs du *memento mori* et de la dénonciation des vaines grandeurs est très présente à la fin de *Cyrano de Bergerac*, comme l'a bien vu Michel Leiris en 1976 dans *Frêle bruit*, dernier volet de sa fresque autobiographique *La Règle du jeu* :

> Feuilles d'automne : plutôt que regrets ou réminiscences, fatras de remords liés à de sales poussières [...].
> Pourriture jaune comme, éclairant de leur sourde lumière la fin de *Cyrano de Bergerac* (que j'ai aimé, gamin, jusqu'à le lire à qui voulait m'entendre, en l'espèce une vieille couturière à la journée employée chaque semaine chez mes

30 Besnier (éd.), Préface, p. 30.

31 Voir Vogel, Géraldine, « L'atelier du poète : maladie du siècle et obsession de l'échec chez Edmond Rostand », dans *Edmond Rostand, poète de théâtre*, *op. cit.*, p. 93-104.

32 Brunel, Thierry, « "Vanités textuelles", "Vanités littéraires", validité du concept et critères de reconnaissance dans la littérature du XVIIe siècle ? », *Études Épistémè*, 22 | 2012, mis en ligne le 01 septembre 2012. URL : http://journals.openedition.org/episteme/365 (consulté le 31/07/2021).

> parents), les feuilles mortes qui jonchent les allées du couvent où l'héroïne s'est retirée et – matière à songerie – seront identifiées, par l'un de ses anciens prétendants devenu duc et maréchal, aux actions petites et viles dont celui à qui les années ont permis de réaliser ses ambitions sent que chacun de ses pas reste encombré (légers obstacles que le pied hésite à repousser, aussi bien qu'à fouler, et qui sont cause de honte autant que de mélancolie)[33].

Grand critique d'art, Leiris se montre sensible à la dimension picturale de l'image des feuilles mortes, tout autant qu'à sa signification intime. Il perçoit l'importance de ce détail, de cet élément *a priori* négligeable du décor dans lequel le héros met en scène sa mort. Il attire notre attention sur cette nature morte aux « teintes fanées[34] » qui exprime toute la mélancolie du dénouement. À titre d'hypothèse, on pourrait se demander si le fameux panache que Cyrano dit emporter avec lui dans la tombe ne renvoie pas lui aussi à l'imaginaire baroque. Au sens littéral, le mot désigne en effet les plumes que les aristocrates arboraient sur leur chapeau[35] ; plumes que l'on retrouve souvent dans la peinture de vanités où elles symbolisent l'évanescence.

Cyrano de Bergerac n'appartient au baroque ni du point de vue chronologique ni, *stricto sensu*, du point de vue dramaturgique. On ne saurait non plus y voir l'expression d'une philosophie baroque, c'est-à-dire la conviction d'une « complexité mobile du monde[36] ». Pourtant, la pièce ne cesse de se référer à une période et à une esthétique dont Rostand a appris à aimer la singularité dans *Les Grotesques* de Gautier. À travers son personnage principal, l'écrivain rend hommage à un univers où la parole se fait spectacle, où la bigarrure est de règle et la mise en abyme constante, où la réalité ne peut être appréhendée que sur le mode de la théâtralité. Il en découle une « surcharge ornementale[37] » qui se décline à la fois sur le plan scénique et dans le domaine de la versification.

---

33 Leiris, Michel, *La Règle du jeu*, Denis Hollier (éd.), Paris, Gallimard, coll. « Bibliothèque de la Pléiade », 2003, p. 873. Leiris exprime aussi son admiration pour le « chef-d'œuvre » de Rostand dans son journal : Leiris, Michel, *Journal (1922-1989)*, Jean Jamin (éd.), Paris, Gallimard, coll. « Quarto », 2021, p. 604.

34 « *Roxane travaille à sa tapisserie.* ROXANE : Ah ! ces teintes fanées… / Comment les rassortir ? » (V, 5, v. 2073-2074).

35 Sur la richesse sémantique du terme « panache », voir Caritté, Clémence, « L'énigme du panache », *Edmond Rostand, poète de théâtre*, *op. cit.*, p. 233-245.

36 Guérin, Jeanyves, *Le Théâtre d'Audiberti et le Baroque*, *op. cit.*, p. 27.

37 Besnier (éd.), Préface, p. 12.

Mais comme l'a bien vu Claude-Gilbert Dubois, cette proximité avec la sensibilité baroque ne saurait, chez Rostand, être séparée d'autres influences. Cyrano, selon ce commentateur, est « le type du héros baroque revu par le siècle des Lumières et par le romantisme[38] ». Il est donc vain d'enfermer la pièce de Rostand dans une catégorie, quelle qu'elle soit, tant elle s'apparente à un creuset aux miroitements multiples ; mais n'est-ce pas là une autre façon de reconnaître la dette de son auteur envers l'univers baroque ?

Hélène LAPLACE-CLAVERIE
Arts/Langages : Transitions
& Relations (ALTER, EA 7504)
Université de Pau et des Pays
de l'Adour

38 Dubois, Claude-Gilbert, « Un souffle dramatique. De Savinien Cyrano (1619-1655) à Cyrano de Bergerac (1897) – Clairs de lune et éclipses de soleil », dans *Alfred de Vigny : un souffle dramatique*, Yolande Legrand (éd.), *Eidôlon*, n° 51, juillet 1998, p. 93, cité dans Caritté, Clémence, *« Cyrano de Bergerac » d'Edmond Rostand. Une pièce « mythique » au cœur de l'atmosphère fin de siècle*, thèse de doctorat en Littérature française et comparée, sous la direction de Sophie Basch, Sorbonne Université, 2018, 1262 p., p. 827.

« JE L'ATTENDRAI DEBOUT, ET L'ÉPÉE À LA MAIN ! »

Réflexions sur la comédie héroïque

Quand *Cyrano de Bergerac* paraît en librairie chez Charpentier et Fasquelle en 1898, quelques semaines après sa création, la pièce est présentée au lecteur comme une « comédie héroïque en cinq actes et en vers ». C'est également ce sous-titre que fournit l'édition au programme établie par Patrick Besnier[1]. Rien ne semble cependant moins fixe que cette appellation générique. Dès 1899, dans la belle version illustrée publiée par Magnier, la pièce est sous-titrée « drame ». De leur côté, les affiches de la tournée « Moncharmont et Luguet » annoncent une « pièce héroï-comique en cinq actes à grand spectacle ». Les critiques ont, quant à eux, épuisé les différentes désignations pour décrire une œuvre qui semble résister à tout classement figé : pour les uns, *Cyrano* est un « drame[2] », voire un « drame romantique attardé[3] » ; selon Catulle Mendès, la pièce est une « farce lyrique[4] » ; pour Jacques Robichez, « Cyrano de Bergerac incarne pour toujours le héros parfait d'une tragi-comédie[5] ». Quant aux éditions contemporaines, elles alternent entre la mention « comédie héroïque[6] » et l'absence de désignation

---

1 Besnier (éd.), ici pris comme référence.

2 Ressi, Michèle, *Écrire pour le théâtre*, Paris, Eyrolles, 2008, p. 103. Notons que de nombreuses éditions scolaires de la pièce problématisent la question dialectique de son appartenance générique en opposant sa dimension de « comédie héroïque » et « drame romantique ».

3 « *A posteriori*, l'histoire littéraire a étiqueté *Cyrano de Bergerac* comme un drame romantique intempestif, ressuscitant ce genre caduc cinq décennies après le certificat de décès du mouvement » (Naugrette, Florence, et Caritté, Clémence, « *Cyrano de Bergerac*, un drame romantique attardé ? Une légende à déconstruire », *Revue d'histoire littéraire de la France*, vol. CXVIII, 2018/4, p. 235).

4 Mendès, Catulle, *Rapport sur le mouvement poétique français de 1867 à 1900* (1903), Genève, Slatkine Reprints, 1993, p. 212.

5 Robichez, Jacques, *Précis de littérature française du XXe siècle*, Paris, Presses universitaires de France, 1985, p. 23.

6 Voir Guérin (éd.). Notre article est redevable à la Préface de cette édition, notamment aux pages LVI et suivantes.

générique[7]. C'est cette ductilité du genre qu'il s'agit d'interroger, en revenant à l'identité originelle de la pièce et au désir de Rostand de faire jouer une comédie héroïque en 1897, lors même qu'à cette date, l'on pourrait croire cette forme de comédie tombée en désuétude. Qu'est-ce qu'une comédie héroïque et dans quelle mesure *Cyrano de Bergerac* relève-t-il de ce genre ? Comment Rostand se réapproprie-t-il un modèle générique en réinvestissant ses attendus et ses invariants ? Le choix d'écrire une comédie héroïque en cette fin du XIXe siècle relève certes d'une démarche poétique singulière, mais présente aussi des implications esthétiques, en lien avec la constitution de l'histoire littéraire sous la Troisième République.

CARACTÉRISTIQUES D'UN GENRE MODERNE

La comédie héroïque est un sous-genre de la comédie qui se définit habituellement par son positionnement médian. Des personnages de haut rang y agissent, sans que l'issue soit fatale. Des enjeux sentimentaux fournissent souvent la matière de l'intrigue. Avec la comédie héroïque, il n'est point besoin que le dénouement soit sanglant pour susciter l'admiration. Ainsi, *Tite et Bérénice* (1670) de Corneille (I, 5, v. 538) relève de ce genre : un empereur romain et une reine de Palestine subissent les tourments de l'amour, les affres de la jalousie et la nécessité de sacrifier leur passion à la raison d'État. Leur grandeur et leur humanité les animent ; ils restent dignes et personne ne meurt au dénouement. Ce qui distingue la comédie de Corneille de la tragédie de Racine, c'est d'une part le traitement de l'héroïsme de Titus, de l'autre le choix de faire de Domitie l'interlocutrice privilégiée de l'empereur. Titus, montré dans sa faiblesse sentimentale comme dans sa grandeur sacrificielle, est également figuré dans sa dimension martiale. Dans *Pulchérie* (1672), autre comédie héroïque tardive de Corneille, l'impératrice qui donne son titre à la pièce renonce à Léon qu'elle aime et choisit la voie de la raison en s'unissant au vieillard Martian. Dans les deux cas, sans être mortifères,

7 C'est le cas par exemple de l'excellente édition fournie par Pierre Citti (Paris, Le Livre de poche, 1972).

l'action et le dénouement impliquent un sacrifice mêlé de grandeur. La comédie héroïque inclut donc une forme de sublime liée à l'origine des personnages et à la nature de leurs actions. Rostand reprend donc un principe fondamental que formule Corneille dans la préface de *Don Sanche*, selon lequel la condition des personnages n'est pas un critère définitoire de la comédie.

> Et certes, après avoir lu dans Aristote que la tragédie est une imitation des actions et non pas des hommes, je pense avoir quelque droit de dire la même chose de la comédie, et de prendre pour maxime que c'est par la seule considération des actions, sans aucun égard aux personnages, qu'on doit déterminer de quelle espèce est un poème dramatique[8].

C'est la nature des actions qui détermine l'appartenance générique. *Dom Garcie de Navarre* de Molière, comédie héroïque représentée en 1661, met ainsi l'accent sur la jalousie maladive du héros, empêché dans son désir d'héroïsme. Ce sont donc bien les agissements du protagoniste mû par sa jalousie, la dimension romanesque de l'action qui déterminent son appartenance au genre.

Par la conduite de son action, la comédie héroïque se rattache en outre au roman d'aventures, qui décrit les exploits d'un personnage animé par l'amour. La geste militaire est donc souvent présente dans ce genre de pièces car il s'agit de montrer la vaillance d'une figure historique ou fictive. Emblématique du genre et de la présence de l'épopée, le *Don Sanche d'Aragon* de Corneille, qui comporte un certain nombre d'éléments romanesques, tels que la bravoure militaire, les duels, le dilemme amoureux, la naissance illustre mais ignorée du principal concerné. Don Sanche, même quand on le croit fils de personne, ne se départit jamais d'une noblesse d'âme et d'un courage qui rendent finalement vraisemblable son origine princière. En 1844, à l'occasion d'une reprise de la pièce à la Comédie-Française, Charles Magnin la qualifie de « curieuse tragédie de cape et d'épée[9] ».

Pour Corneille, Molière et leurs contemporains, la comédie héroïque ne désigne donc pas un genre destiné à provoquer le rire. Il s'agit plutôt de figurer scéniquement des vicissitudes de la sphère privée, dignes

8 Corneille, Pierre, Préface, *Don Sanche d'Aragon*.

9 Magnin, Charles, « Théâtre-Français. *Reprise de Don Sanche d'Aragon* », *Revue des Deux Mondes*, 1844, t. V, p. 894.

néanmoins de susciter la crainte et la pitié ; elle met aux prises avec leur destin sentimental des personnages issus de la noblesse ou des castes princières. Il semble cependant que la tonalité du genre évolue entre les comédies héroïques de Corneille et celles qui se jouent à la fin du XVIIIe siècle. En se transformant, la comédie héroïque n'exclut plus une certaine jovialité, comme l'explique Mouslier de Moissy au seuil de *Bélisaire*, inspirée du roman de Marmontel (1767), et représentée en 1769 : « Dans les épisodes que j'y ai jetés, sans rien déranger du fond du roman, j'ai cru qu'on pouvait y donner un coloris de gaieté, qui m'autoriserait à intituler la pièce *comédie héroïque en actes épisodiques*[10]. » En près d'un siècle, la comédie héroïque assume davantage la part comique. Nul n'objectera que la gaieté est l'un des traits de *Cyrano de Bergerac* et qu'Edmond Rostand a introduit un comique de situation, de mots et de caractère, s'éloignant ainsi du premier modèle de la comédie héroïque, celui de Corneille.

COMÉDIE HÉROÏQUE ET TRAGI-COMÉDIE

De manière générale, la critique a longtemps considéré la comédie héroïque comme un avatar de la tragi-comédie, tendant aussi à l'associer à la « tragédie galante », dénomination inventée *a posteriori* pour désigner des pièces à fin non tragique[11]. Ainsi Jacques Truchet écrivait à propos de Corneille : « n'est-il pas revenu avec *Tite et Bérénice* et *Pulchérie* à la comédie héroïque, forme assagie de la tragi-comédie qu'il avait lancée jadis avec *Don Sanche d'Aragon* et qui avait tenté aussi Molière (*Dom Garcie de Navarre*)[12] ? » Or comme l'a bien montré Hélène Baby, tragi-comédie et comédie héroïque ne sauraient se confondre[13], même si la

10 Mouslier de Moissy, Alexandre Guillaume, « Avertissement », *Bélisaire*, comédie héroïque, Paris, Laurent Prault, 1769, p. II.

11 Voir en particulier Revaz, Gilles, « La comédie héroïque et la tragédie : quelle distinction générique ? », *Littératures classiques*, n° 51, « Le Théâtre au XVIIe siècle : pratiques du mineur », 2004, p. 305-315.

12 Truchet, Jacques, *La Tragédie classique*, Paris, Presses universitaires de France, 1978, p. 128.

13 Baby, Hélène, « Réflexions sur l'esthétique de la comédie héroïque de Corneille à Molière », *Littératures classiques*, n° 27, printemps 1996, p. 25-34.

tragi-comédie du premier XVIIe siècle intègre des éléments romanesques (amours contrariées, combats à l'épée, etc.) qu'on retrouve dans la comédie héroïque. C'est cette différence qu'ont également mise au jour Bénédicte Louvat et Marc Escola, en montrant que les personnages de la tragédie et de la comédie héroïque appartiennent certes au même milieu, mais que les implications politiques entre les deux genres diffèrent. D'autre part, comédie et comédie héroïque doivent être dissociées, principalement à cause des actions représentées :

> Tragédie et comédie héroïque font appel au même personnel et la seconde peut même admettre un péril de mort ; toute la différence tient dans les enjeux de l'intrigue : salut de l'État dans un cas (et en ce sens, la tragédie pour Corneille ne peut être que politique) ; intérêts étroitement particuliers de l'autre. [...] Comédie et comédie héroïque ne se distinguent pas seulement par la qualité de leur personnel dramatique, mais encore par la gravité du péril encouru à titre privé par le premier acteur, péril qui ne peut aller jusqu'au péril de mort que dans la comédie héroïque. La frontière est ici à peu près étanche : nulle comédie ordinaire, fondée sur une intrigue seulement amoureuse, ne pourra être élevée au rang de comédie héroïque[14].

Dans l'expression « comédie héroïque », c'est donc le qualificatif « héroïque » qui semble faire loi, puisqu'il désigne tout ensemble la conduite des personnages, la qualité de leurs faits et le degré d'admiration qu'ils peuvent susciter. Avec *Cyrano de Bergerac*, Rostand fait tout à la fois un sort à la comédie et à l'héroïsme, en développant au moins quatre traits caractéristiques du genre. Sa structure et sa forme tout d'abord. La plupart des comédies héroïques sont composées en cinq actes et en vers ; ce schéma est celui de la tragédie et de la grande comédie de caractère. Son personnel dramatique ensuite : la *dramatis personae* de *Cyrano de Bergerac* comporte de nombreux nobles, personnages inventés ou dont l'existence historique est avérée. Ainsi, Antoine III de Grammont, comte de Guiche, représente la plus haute aristocratie militaire. Autre trait saillant que retient Rostand, l'importance quantitative et qualitative dévolue à l'intrigue amoureuse, traitée sur le mode sacrificiel comme dans la plupart des comédies héroïques. Enfin, la dimension épique et la présence de combats de cape et d'épée confirment le rattachement de la pièce au genre. Rostand maintient constamment une forme de sublime

14 Baby, Hélène, « Les genres de *L'Illusion comique* : pièces possibles et genres fantômes », dans *Corneille : Le Cid, L'Illusion comique*, Hélène Baby (éd.), Paris, SEDES, 2001, p. 15.

propre à l'héroïsme du genre, cette qualité étant principalement portée par le personnage éponyme. Rappelons que selon Boileau l'irruption du merveilleux dans le discours qui « enlève, transporte, ravit », qui « renverse tout comme un foudre[15] » paraît incarner le sublime de Cyrano, qu'à la faveur d'un raccourci on pourrait confondre avec le sublime romantique. Rostand est-il pour autant l'héritier de la comédie espagnole à la manière de Corneille ? L'inscription de l'intrigue dans l'histoire, que vient souligner la mise en scène du siège d'Arras au quatrième acte, permet aussi de rattacher la pièce à une autre inspiration de la comédie héroïque liée à son évolution : son inspiration historique.

PÉRENNITÉ DE LA COMÉDIE HÉROÏQUE

Contrairement à ce qu'affirme parfois la critique, la comédie héroïque ne disparaît pas après les dernières pièces de Corneille, loin s'en faut[16]. Il est donc insuffisant pour comprendre ses enjeux d'établir uniquement une filiation entre *Cyrano* et le répertoire des comédies héroïques du XVIIe siècle, notamment celles de Corneille. Le genre n'a en effet jamais quitté l'affiche des théâtres, y compris au XIXe siècle, y compris à la veille de la création de *Cyrano de Bergerac* à la Porte Saint-Martin. Quelques mois plus tôt en effet, Émile Bergerat présente au public parisien une comédie héroïque, qui offre un certain nombre de similitudes avec la pièce de Rostand : l'adaptation du *Capitaine Fracasse* de Théophile Gautier, jouée le 16 octobre 1896. Au-delà des reprises des quatre comédies héroïques de Corneille et du *Dom Garcie de Navarre* de Molière, le genre survit à la mort de Corneille, et trouve toujours son public aux XVIIIe et XIXe siècles.

La comédie héroïque connaît en particulier un regain de faveur à la veille de la Révolution, sous l'Empire et sous la Restauration. Le genre a

15 Boileau, Nicolas, Préface, *Art poétique*. Sur ce point, voir Gheeraert, Tony, « *L'Art poétique* : un traité du sublime », *Boileau l'insoumis*. URL : https://boileau.hypotheses.org/198 (consulté le 27/09/2021).

16 Selon Hélène Baby, « la comédie héroïque naît avec la création cornélienne de *Don Sanche d'Aragon* en 1649, et meurt en 1672 avec une autre pièce de Corneille, *Pulchérie* » (Baby, Hélène, « Réflexions sur l'esthétique de la comédie héroïque de Corneille à Molière », art. cité, p. 26).

nettement évolué vers la comédie historique, y compris en prose, et cette inflexion intéresse au premier chef notre compréhension de *Cyrano*. La plupart des comédies héroïques jouées au XVIIIe siècle et au XIXe siècle se divisent en deux grandes catégories. Soit elles mettent en scène un épisode historique et s'enracinent dans une période bien identifiée de l'histoire de France ; soit elles puisent dans l'histoire antique trempée de mythologie – tel est le cas, par exemple de la *Diane au bois* de Théodore de Banville (1864, non représentée mais mise en musique par Claude Debussy en 1883). Domine toutefois l'inspiration historique dans la création de comédies héroïques entre la fin du XVIIIe siècle et *Cyrano*. Plusieurs d'entre elles, jouées à Paris à partir des années 1770, ont en commun de valoriser une figure nationale, dont l'héroïsme a une évidente fonction idéologique : cimenter une légende patrimoniale autour d'une figure chevaleresque idéale et idéalisée, fidèle à son roi comme à ses valeurs. C'est le cas du chevalier Bayard, héros d'au moins huit pièces héroïques entre les années 1770 et 1820. Dans sa version, Pierre du Terrail affiche clairement une intention didactique voire apologétique. *Bayard, ou le Siège de Mézière* représente le chevalier sans peur et sans reproche en action, fût-ce au prix de distorsions historiques :

> Bayard n'a jamais commandé d'armée en chef. Bayard n'a point livré de bataille, n'a pris aucune ville et cependant son nom est un des plus célèbres de notre histoire. Je ne sais que celui de Henri IV que l'on ne puisse prononcer sans être pénétré d'un sentiment égal à celui dont on est affecté en nommant Bayard. [...] Plus cet exemple est frappant, plus la France doit le regarder comme une leçon importante pour elle. L'époque même où j'écris peut être si favorable à cette renaissance de la grandeur première de la noblesse française. Que ce vous suffise qu'il soit entendu par les dignes héritiers des héros fondateurs de notre gloire et de notre puissance[17].

La part « héroïque » de la comédie se caractérise ici par la mise en scène du « chevaleresque », élément également central dans *Cyrano de Bergerac*. C'est encore sous l'étiquette de comédie héroïque que *Le Comte d'Angoulême, ou le Siège de Gênes* est représenté en 1823. Sont présents dans cette pièce à la gloire de Bayard et du futur François Ier plusieurs invariants du genre qu'on retrouve dans *Cyrano*, au premier rang desquels un tableau du camp militaire. Le premier acte du *Comte d'Angoulême* présente en effet des similitudes avec l'acte IV de *Cyrano* ; la scène est ainsi jonchée de soldats endormis :

17 Terrail, Pierre du, Préface, *Bayard, ou le Siège de Mézière*, Paris, 1788, p. XIX.

> *Une portion de terrain sur laquelle on s'est battu la veille ; la tente du prince est à droite du spectateur. On voit des canons et tout l'attirail de la guerre. […]* LE COMTE D'ANGOULÊME *(il est endormi au milieu de ses soldats),* UN OFFICIER et DES SOLDATS *(endormis aussi autour du prince).* JEAN MAROT *(il est assis sur un banc auprès de la tente du prince, il est également endormi et tient ses tablettes à la main)*[18].

Or la présence de l'épique sous forme de tableaux dans la conduite de l'action hérite également ici des pièces historiques de Shakespeare. Sensiblement, la comédie héroïque s'approprie les hauts-faits des héros nationaux, pour les faire revivre dans un contexte glorieux, codé et fortement symbolique. Depuis la fin du XVIIIe siècle, la comédie héroïque revêt une dimension politique tangible, liée au contexte historique. Sous la Restauration, la comédie héroïque accueille les bons rois et les preux chevaliers, ce qui la distingue du drame et de la tragédie romantiques qui, dans la première moitié du siècle, mettent en scène la légende noire de grandes figures historiques ou des rois réputés mauvais – Lucrèce Borgia, Marguerite de Bourgogne, Louis X, Louis XI, Charles IX, Henri III[19], etc. La comédie héroïque véhicule une vision positive de l'Histoire et devient dès lors un genre dramatique pensé pour ériger des exemples et fédérer autour d'une figure bien connue une admiration collective. Les pièces héroïques à la gloire d'Henri IV ou de certains princes de sang s'inscrivent dans cette pratique et témoignent de la codification de l'héroïsme. C'est au sein de pièces héroï-comiques que se fixe ainsi la légende du panache du bon roi Henri :

> LA MARQUISE, *reparaissant un panache blanc à la main.* (*À Henri*). – Monsieur, j'avais préparé pour mon fils ce panache blanc, toujours dans l'espérance de le ramener à son roi. Le don qu'il a reçu de vous est d'un bien autre prix : si j'osais vous offrir en échange…
>
> HENRI. – Donnez, madame, donnez… vous ne sauriez croire combien votre présent m'est cher… nos soldats le verront de plus loin pendant la bataille. Pour l'ennemi je le lui ferai voir de près… Belle Eugénie, c'est le premier trophée de ce jour… je vous remets mon chapeau et le panache ; les mains de la beauté daigneront elles le placer ? (*Eugénie attache le panache au chapeau. On entend sonner deux heures*[20].)

---

18 Gentil [de Chavagnac, Michel-Joseph], Fulgence [de Bury], Ledoux [Paul] et Ramond de la Croisette, *Le Comte d'Angoulême, ou le Siège de Gênes*, I, 1, Paris, Martinet, 1823, p. 1.

19 Sur ce point, voir *Légendes noires, légendes dorées. Comment la littérature fabrique l'Histoire (XVIIe-XIXe siècle)*, Nathalie Grande et Chantal Pierre (éd.), Presses universitaires de Rennes, coll. « Interférences », 2018.

20 Monsieur de Rozoy, *Henri IV, ou la Bataille d'Ivry*, II, 6, Paris, Lecouvreur, 1774, p. 32.

Le parallèle entre Bayard, Henri IV et Cyrano permet certes de penser l'histoire de la comédie héroïque sur le temps long, mais il faut se garder de faire de Cyrano une pièce tout uniment historique ou « nationaliste ». La comédie héroïque à la manière de Rostand est constamment contaminée par le genre du conte. Elle fixe, d'un siècle l'autre, la représentation de l'héroïsme chevaleresque et militaire, pratique qui inscrit en filigrane la pièce de Rostand dans une histoire des faits mémorables racontés au théâtre. Pour autant, *Cyrano de Bergerac* n'est pas un *hapax* générique mais une étape remarquable dans l'évolution du genre de la comédie héroïque que Rostand s'approprie en y intégrant des éléments poétiques d'autres genres.

POÉTIQUE DE L'ANCRAGE HISTORIQUE

Le genre de la comédie héroïque a aussi valeur de datation et d'inscription de l'intrigue dans une époque. La classification générique est en effet une manière d'historiciser la pièce et de renforcer la valeur contextuelle de l'action. Précisément, le genre participe de la couleur locale et de tous les éléments qui rattachent les aventures de Cyrano à son temps. En ce sens, le choix de la comédie héroïque est une manière d'entrer de plain-pied dans le siècle du poète, en créant un effet-miroir entre la forme et le fond. La naissance officielle du genre, que la plupart des historiens du théâtre situent à la création de *Don Sanche d'Aragon* en 1649, est en effet contemporaine de l'intrigue de la pièce de Rostand. Le choix générique renforce donc l'historicisation de l'action, ce que corroborent les nombreuses mentions historiques qui jalonnent la pièce, notamment les allusions à Richelieu – celles-ci font d'ailleurs écho au genre de la pièce, puisqu'on attribue à Richelieu la paternité d'*Europe*, comédie héroïque publiée en 1642 (la composition est sans doute en grande partie de Desmarets). Rostand est très soucieux du détail contextuel mais non de la véracité des faits : investir la comédie héroïque lui permet de configurer un univers historique précis.

L'historicisation par le genre participe également à la construction de l'imaginaire d'une France préclassique et baroque, à laquelle la pièce de Rostand a contribué. Par conséquent, l'appellation générique endosse une valeur idéologique déterminante en termes d'histoire littéraire, puisqu'elle permet à Rostand de faire le lien entre sa fiction et la force subversive du baroque. Si aujourd'hui les notions de « préclassicisme » (ou de préromantisme) sont globalement rejetées par la critique, si la notion de « baroque » fait toujours débat, la période qui entoure la création de *Cyrano de Bergerac* correspond à la mise en lumière et à la valorisation de tout un pan de la production littéraire du premier XVIIe siècle, notamment des années 1640-1650. À la fin du XIXe siècle paraissent de nombreux essais, publications, consacrés aux *minores*, dont plusieurs à Cyrano de Bergerac. Ainsi le choix de la comédie héroïque inscrit-il la pièce dans tout le mouvement de reconsidération des auteurs méconnus par les critiques et universitaires de la Troisième République. À cela s'ajoute la prise en compte de l'existence du personnage historique ; celle de Cyrano de Bergerac, telle qu'elle se constitue en cette fin de siècle, est idoine pour la comédie héroïque : sa vie romanesque, sa difformité, ses démêlés avec l'autorité permettent une transposition du biographique au dramatique. Les études sur le Cyrano historique, les travaux de François Mérilhou (1851), la préface du bibliophile Jacob (1858), ou le livre de Pierre-Antoine Brun (1894), mettent en effet l'accent sur sa vie intrépide, et aussi sur son courage. À propos de la rixe de la porte de Nesle, Pierre-Antoine Brun note par exemple qu'elle « semble tenir du roman, et être empruntée à la légende héroïque d'un d'Artagnan ou d'un Amadis[21] ». Or Rostand choisit justement d'évoquer cet événement en plaçant les allusions à l'épisode de Nesle à deux endroits stratégiques de la pièce : à la fin de l'acte I, pour prouver la bravoure de Cyrano et créer un mouvement dynamique ; au cours de l'acte II, pour signifier à Roxane et au spectateur que Cyrano porte les stigmates de cette rixe dont il est sorti vivant. Une poétique de l'ancrage générique, autrement dit le choix de la comédie héroïque comme indicateur culturel, est donc ce qui correspond le mieux à la personnalité du Cyrano historique, telle qu'elle se dessine à la fin du XIXe siècle.

21 Brun, Pierre-Antoine, « Biographie de Cyrano de Bergerac », *Savinien de Cyrano Bergerac, sa vie et ses œuvres*, Paris, Armand Colin, 1894, p. 20.

DU COMIQUE HÉROÏQUE À L'HÉROÏDE FUNÈBRE

Reste à considérer la manière dont Rostand s'approprie la comédie héroïque dont on a vu qu'elle n'avait jamais disparu de l'affiche des théâtres ni du répertoire des poètes dramatiques. Un premier constat porte sur le caractère chevaleresque du personnage principal. À l'image des héros de comédies héroïques, Cyrano a l'âme noble, il fait preuve d'un très grand courage militaire et ses aspirations amoureuses l'élèvent au-dessus du commun. Son patron est taillé dans l'étoffe d'un Bayard, dont les hauts faits sont mis en scène par la comédie héroïque. Un second constat concerne les formes du comique et l'habileté de Rostand à les concilier. À la lecture et à la représentation, la pièce est drôle, loufoque, farcesque. Elle suscite même un rire rabelaisien grâce au traitement des motifs alimentaires, notamment dans les deux premiers actes. La ripaille et la cavalcade de bons mots ont fait de la pièce un modèle de verve. Sur ce point, Rostand s'éloigne donc des principes de la comédie héroïque à la manière de Corneille qui, malgré ses intrigues romanesques, refuse toute forme de comique bas, de trivialités, de jeux burlesques avec le corps. En revanche, la verve n'est-elle pas une manière de restituer une certaine verdeur, qu'on trouve chez les esprits indépendants du XVIIe siècle, en particulier chez Scarron, dont la fin du XIXe siècle invente le burlesque ? Rostand parvient cependant à préserver une forme d'équilibre entre le sublime et le grotesque grâce aux capacités d'invention langagière dont il doue son héros, ce qu'on peut appeler la faculté poétique supérieure. Elle maintient la pièce à une certaine hauteur de style propre au genre. Le brio verbal se fait acte héroïque, la valeur performative du mot s'élevant au rang de paradigme sublime.

Le second élément de distinction observable concerne la composition dramaturgique. Contrairement à la comédie héroïque, la pièce de Rostand ne s'achemine pas vers un nouvel équilibre en préservant la vie des personnages : le glissement sensible vers l'obscurcissement de l'intrigue, vers la mort, la montée du dramatique à la fin du troisième acte obéissent davantage à un schéma de tragédie ou de drame. Dès lors qu'on prend en considération le dénouement de l'acte IV et l'épilogue de l'acte V, apparaît un paradoxe de taille qui brouille le genre affiché par Rostand.

Comment intégrer au système de la comédie héroïque, qui *a priori* la rejette, la représentation de la mort scénique des deux héros masculins ? Ces éléments majeurs de l'action ont autorisé bon nombre de critiques à assimiler *Cyrano* un drame et à oublier son identité originelle. Pour les poéticiens du XVIIe, la comédie héroïque admet en effet « le péril de mort », non la figuration du trépas en scène. En revanche, la dramaturgie du XIXe siècle a fait de la représentation de la mort l'un des éléments définitoires de sa poétique[22]. Certes dans la tragédie, les héros meurent aussi, mais leur fin est narrée plutôt que représentée. Dans *Cyrano de Bergerac*, la mort de Christian puis celle du héros sont mises en scène, voire théâtralisées. Peut-on encore parler de comédie héroïque à ce stade de la pièce ?

Lu de près, le dénouement de *Cyrano de Bergerac* n'est pas celui d'un drame : il n'évacue pas l'esthétique de la comédie héroïque. Plusieurs détails scéniques et verbaux corroborent cette hypothèse de lecture. Héroïque, Cyrano le reste en rejetant l'idée de mourir assis bêtement dans un fauteuil. Un soldat de sa trempe se doit de mourir debout, ou à tout le moins appuyé contre le tronc d'un arbre. Cette option scénique peut être interprétée comme un trait saillant d'héroïsme, qui rappelle la manière dont deux héros de l'épopée française passèrent de vie à trépas : Roland à Roncevaux, représenté appuyé contre un rocher, mais surtout le chevalier Bayard, souvent figuré mourant adossé à un arbre. Blessé « par derrière » comme le sera Cyrano, Bayard trouve refuge contre un arbre, où il prononce ses dernières paroles. C'est du moins de cette manière que l'historiographie se réapproprie cette figure héroïque pour en faire un modèle de bravoure nationale[23]. Si Cyrano fait acte de grandeur au moment de sa mort, il s'éloigne de ces figures et ne saurait se constituer en modèle. Le comique, ou à tout le moins le burlesque, n'est pas absent des derniers moments du Gascon ; sa rixe imaginaire

22 Voir Ledda, Sylvain, *Des Feux dans l'ombre. La représentation de la mort sur la scène romantique*, Paris, Honoré Champion, 2009.

23 « Le marquis de Pescaire dès qu'il apprit que Bayard avait été blessé accourut à son secours et voulut saluer une dernière fois ce glorieux adversaire ; le connétable de Bourbon qui avait autrefois combattu en tant de brillantes affaires à côté du Chevalier sans peur et sans reproche vint pour adresser un dernier adieu à son ancien compagnon d'armes. *Il le trouva encore appuyé à l'arbre sous lequel on l'avait placé le visage tourné vers l'ennemi* et comme il lui disait quelle pitié lui inspirait l'état d'un si vertueux chevalier : "Monsieur, lui répondit Bayard, il n'y a point de pitié en moi car je meurs en homme de bien ; mais j'ai pitié de vous, de vous voir servir contre votre prince, votre patrie, votre serment" » (Michelant, Louis, *Faits mémorables de l'histoire de France*, Paris, Didier, 1850, p. 188 – nous soulignons).

et ses coups d'épée dans le vide sont une dernière salve bouffe, ce qui le distingue des héros évoqués plus haut. Son combat est devenu une sorte d'ultime scène théâtrale qu'il se donne à lui-même dans un état proche du délire furieux. Un détail du texte permet ici de rattacher Cyrano à un autre modèle de la comédie héroïque, celui du Don Quichotte de Cervantès. Au premier acte, Cyrano témoigne de son admiration pour le personnage :

DE GUICHE, *qui s'est dominé, avec un sourire.*
… Avez-vous lu *Don Quichot* ?

CYRANO
Je l'ai lu.
Et me découvre au nom de cet hurluberlu.

DE GUICHE
Veuillez donc méditer alors…

UN PORTEUR, *paraissant au fond.*
Voici la chaise.

DE GUICHE
Sur le chapitre des moulins !

CYRANO, *saluant.*
Chapitre treize.

DE GUICHE
Car lorsqu'on les attaque, il arrive souvent…

CYRANO
J'attaque donc des gens qui tournent à tout vent ?

DE GUICHE
Qu'un moulinet de leurs grands bras chargés de toiles
Vous lance dans la boue !…

CYRANO
Ou bien dans les étoiles ! (I, 2, v. 950-957)

Les dernières répliques relient à nouveau Cyrano à l'imaginaire de l'héroïsme un peu fou de Don Quichotte, qui se bat contre des moulins à vent : « *Il fait des moulinets immenses et s'arrête haletant* », précisent les didascalies. Cette indication et le mouvement qu'elle décrit rattachent Cyrano à l'ingénieux noble de la Mancha. C'est finalement l'émotion ambivalente que produit le dénouement qui maintient la pièce dans son giron initial, celui de la comédie héroïque : le sentiment de tendresse et d'admiration. Dans ce contexte, la mention finale du panache ne pourrait-elle pas être lue comme l'allégorie du sublime propre à la comédie héroïque[24] ?

Que la critique n'ait pas systématiquement retenu l'étiquette de comédie héroïque pour présenter et comprendre *Cyrano de Bergerac* montre incidemment l'audace de Rostand. Donner cette appellation générique à une pièce en 1897 est en effet un choix risqué, une idée peut-être aussi saugrenue que celle qui consiste à batailler contre des moulins. Il s'agit en effet pour le poète de se mesurer aux illustres représentants du genre de la comédie héroïque, Corneille et Molière au premier chef, mais aussi de s'en détacher, et de sortir de l'ombre un certain nombre de pièces demeurées obscures, rattachées à un genre de comédie sur le déclin. Avec un genre qui ne fait plus vraiment partie du canon, Rostand réussit à détromper tous les présupposés qui s'attachent à la prétendue obsolescence des genres. Le choix de la comédie héroïque lui a finalement permis de lancer sa pièce « dans les étoiles ».

Sylvain LEDDA
Centre d'Études
et de Recherche Éditer/Interpréter
(CÉREdi, EA 3229)
Université de Rouen-Normandie

24 On peut aussi se demander aussi si ce « panache » final n'est pas de la même famille que le « Qu'il mourût » d'*Horace*, cité par Boileau comme exemple du sublime.

LE SYSTÈME DES PERSONNAGES FÉMININS

Cyrano de Bergerac est une « comédie de cape et d'épée[1] » qui se déroule dans un monde essentiellement masculin et qui exalte les valeurs viriles d'héroïsme et de panache. Dans la liste des personnages figurant au seuil de la pièce, les femmes sont donc beaucoup moins nombreuses que les hommes. Mais, malgré cette disproportion, c'est une femme, Roxane, qui est le point d'intersection de l'intrigue complexe, presque démultipliée. D'autres personnages féminins, quoique nettement plus secondaires, interviennent aussi dans la pièce d'une manière qui n'est pas anodine. Certains s'inspirent de modèles historiques, d'autres sont inventés par Rostand et l'on s'efforcera de préciser leurs sources d'inspiration. Même si les *dramatis personae* semblent particulièrement disparates, nous tenterons de dégager des similitudes ou des oppositions qui esquissent un système des personnages, un ensemble structuré d'éléments présentant entre eux des relations[2].

1 Edmond Rostand désigne ainsi sa pièce dans Arnyvelde, André, « Cyrano et Edmond Rostand : Confidences recueillies », *Les Annales politiques et littéraires*, nº 1550, 9 mars 1913, p. 203.

2 Il serait évidemment nécessaire d'étudier aussi le système des personnages masculins qui se répartissent en plusieurs groupes à l'intérieur desquels ils sont plus ou moins individualisés (le monde des soldats, du théâtre, des poètes, etc.) ; les protagonistes les plus développés se définissent tous par rapport à Cyrano dont ils constituent souvent, à des titres divers, des doubles (ainsi Christian, de Guiche, Montfleury, Le Bret, Ragueneau…). Sur cet aspect, voir Bourgeois, Jean, « La Figure du Père dans le théâtre d'Edmond Rostand », *Revue d'histoire littéraire de la France*, vol. CXXI, 2021/4, p. 899-900.

LES FEMMES NOURRICIÈRES

Presque tous les personnages féminins qui sont sujets de discours présentent un trait commun qui consiste à donner de la nourriture. La Distributrice ouvre le paradigme (son appellation complète, donnée dans la liste des personnages, est « La distributrice des douces liqueurs » et Rostand a trouvé cette expression originale dans *Le Théâtre françois* de Samuel Chappuzeau[3] ; ce personnage contribue donc à la couleur historique et à l'exactitude de la reconstitution d'une représentation théâtrale au dix-septième siècle). Sa profession est de vendre de la nourriture, comme Lise Ragueneau, mais, à la différence de Lise, elle en donne aussi gratuitement à Cyrano qui vient de se délester de sa bourse (I, 4, v. 452-461)[4]. Elle préfigure ainsi les religieuses qui nourriront Cyrano tombé dans la misère (V, 1, v. 2257 ; V, 5, v. 2389-2391) et Roxane qui apportera des victuailles à Christian et aux cadets affamés (IV, 6). On notera que la même fonction est aussi remplie par un homme : Ragueneau qui nourrit gratuitement les poètes faméliques (II, 4).

Il convient de souligner le lien affectif entre les donatrices et les bénéficiaires : c'est par amour pour Christian que Roxane prend des risques pour apporter des victuailles dans le camp d'Arras (acte IV) ; la Distributrice justifie sa générosité par un sentiment de pitié (« Monsieur… Vous savoir jeûner… le cœur me fend… », v. 452), mais la litote employée par Le Bret suggère davantage (« Ses yeux, tu l'as bien vu, ne te détestaient pas ! », I, 5, v. 541). Même les religieuses ne sont pas insensibles à Cyrano (V, 1, v. 2255-2257). Ce caractère nourricier, associé à un lien d'affection, renvoie évidemment à une image maternelle.

À toutes ces femmes qui donnent de la nourriture on peut rattacher – ou mieux, opposer – deux autres personnages féminins : Lise Ragueneau qui ne donne pas, mais *vend* des gâteaux, et surtout la duègne qui inverse les rôles puisqu'elle *reçoit* des pâtisseries offertes par Cyrano (II, 5). Si l'on suit les analyses d'Anne Ubersfeld[5], la duègne n'est pas un personnage,

---

3 Chappuzeau, Samuel, *Le Théâtre françois* (Lyon, 1674), liv. III, chap. LV, Georges Monval (éd.), Paris, Jules Bonnassies, 1876, p. 151-152.

4 Les références sont prises dans Besnier (éd.).

5 Voir Ubersfeld, Anne, *Lire le théâtre*, t. I, Paris, Belin, coll. « Lettres Sup », 1996, p. 83-84 et 102. Sur la duègne, consulter aussi Guérin (éd.), p. 85, n. 1.

elle est seulement un rôle codé, un emploi (entremetteuse au premier acte, chaperon au deuxième). Sa gourmandise est précisément l'un des traits[6] qui la font cependant entrer dans le système des personnages car elle la met en relation avec sœur Marthe qui reprend un pruneau de la tarte (V, 1, v. 2241-2242, 2246), et surtout avec la goinfrerie de plusieurs personnages masculins : les poètes pique-assiette du deuxième acte et les cadets affamés du quatrième acte. La duègne s'oppose aussi à Roxane qui prétend avoir faim (IV, 6, v. 2012-2014) mais ne mange pas, étant trop occupée à servir Christian et les cadets ; elle s'oppose enfin aux héros frugaux ou qui jeûnent : Cyrano (I, 4, v. 452-459 ; I, 5, v. 462-463 ; V, 1, v. 2265-2266) ou Christian (IV, 6, v. 2045).

Le système des personnages féminins fait donc apparaître un premier principe organisateur assez original : le rapport à la nourriture (en donner, en vendre, en recevoir, s'en abstenir). Même si c'est un thème unificateur de *Cyrano*[7] et présent dans d'autres pièces de Rostand (par exemple *Les Deux Pierrots ou Le souper blanc*, ou bien *La Princesse lointaine* avec ses mariniers affamés), il n'est pas si fréquent dans le répertoire théâtral en général et il a de quoi surprendre chez un auteur qui entretenait un rapport difficile avec la nourriture[8].

LES RELIGIEUSES

Parmi les femmes dispensatrices de nourriture, un groupe intervient à plusieurs reprises au dernier acte : les religieuses qui secourent Cyrano réduit à la misère. En plus des figurantes, trois sont individualisées : Mère Marguerite de Jésus, sœur Claire et sœur Marthe. Toutes sont de saintes femmes qui pratiquent la charité chrétienne avec beaucoup de spontanéité[9].

6 L'autre sera son intérêt pour la préciosité, nous y reviendrons.

7 Se reporter à Bourgeois, Jean, « La nourriture et la faim dans *Cyrano de Bergerac* d'Edmond Rostand », *Revue d'histoire littéraire de la France*, vol. CX, 2010/1, p. 83-92.

8 Voir le témoignage d'Angèle Rostand (la mère d'Edmond) dans Faure, Paul, *Vingt ans d'intimité avec Edmond Rostand* (Plon, 1928), Biarritz, Atlantica, 2016, p. 147 ; *Journal* de Jules Renard à la date du 5 décembre 1909 ; Lorcey, Jacques, *Edmond Rostand*, préface de Jean Piat, t. III, *La Nuit et la Lumière* (1918-2004), Anglet, Atlantica et Séguier, 2004, p. 138-140.

9 V, 1, v. 2268 ; V, 5, v. 2400.

Mère Marguerite de Jésus est un personnage historique, la fondatrice du couvent des Dames de la Croix où se déroule l'action du cinquième acte et où Madeleine Robineau (un des deux modèles de Roxane) se retira après la mort de son mari Christophe de Neuvillette. Alors que Paul Lacroix (le Bibliophile Jacob) raconte que, dans les dernières années de la vie de Cyrano, Mère Marguerite de Jésus et Madeleine Robineau, baronne de Neuvillette, « avaient la rage d'opérer sa conversion[10] », Edmond Rostand s'écarte totalement de la vérité historique lorsqu'il imagine que Mère Marguerite interdit aux sœurs de convertir Cyrano (V, 1, v. 2259-2262).

Quant à sœur Marthe et sœur Claire, inventées par Rostand, elles semblent provenir du monde de l'opérette, et précisément de ces deux succès que furent en 1880 *Les Mousquetaires au couvent*[11] de Louis Varney et *Mamzelle Nitouche* d'Hervé (en 1883) qui se moquent gentiment des religieuses, de manière consensuelle, sans risquer d'alimenter les controverses politiques ou anticléricales qui avaient cours entre les lois sur l'école laïque et obligatoire (1880) et sur la séparation des Églises et de l'État (1905). Les premières répliques de l'acte V où chacune des deux sœurs dénonce la coquetterie ou la gourmandise de l'autre (V, 1, v. 2239-2243) semblent se souvenir de l'air de Louise (« Rondeau de la petite curieuse ») dans *Les Mousquetaires au couvent*) :

> Qui donc a pu m'apprendre
> […]
> Que, sans être coquette,
> Dans son humble toilette
> Sœur Alice en cachette
> Sourit à son miroir ?
> Et que la sœur Annette
> Seule dans sa chambrette
> Cache de l'anisette
> Au fond de son tiroir[12] ? (*Les Mousquetaires au couvent*, II, 8)

---

10 Lacroix, Paul, « Notice historique sur Cyrano de Bergerac », dans Cyrano de Bergerac, *Histoire comique des États et Empires de la Lune et du Soleil*, Paris, Adolphe Delahays, 1858, p. LXVII et LXVIII.

11 L'action des *Mousquetaires au couvent*, comme celle de *Cyrano*, se passe sous Louis XIII et fait se rencontrer les mondes militaire et religieux, l'armée et le couvent.

12 Dans leur examen de conscience, les jeunes pensionnaires du couvent se confessent des mêmes défauts, et dans le même ordre : « Mon Père, je m'accuse, / Et cependant sachez / Que quelque chose excuse / Chacun de mes péchés ! / […] J'aime fort la toilette, /

Avec indulgence, Mère Marguerite absout en « souriant » la coquetterie et la gourmandise des sœurs car elle estime comme Cyrano que les nonnes sont surtout « très bonnes » (V, 1, v. 2246) ; elle s'inscrit ainsi dans la lignée du débonnaire abbé Bridaine des *Mousquetaires au couvent* :

> Aux pénitents que je racole
> J'accorde toujours leur pardon,
> Étant, avant tout, de l'école
> Du joyeux curé de Meudon ! [périphrase désignant Rabelais]
> (Chanson de Bridaine, « Eh ! oui, c'est moi, l'abbé Bridaine », I, 3)

Même le pruneau reproché à sœur Marthe (v. 2241, 2243) pourrait bien venir lui aussi de la même opérette ! En effet, lors d'un épisode comique (II, 11), le mousquetaire Narcisse de Brissac, déguisé en moine, entre en scène « *un peu gris ; il a sous sa robe un bocal de pruneaux à l'eau-de-vie* » et il en propose à ses interlocuteurs de manière aussi déplacée que récurrente.

Rostand avait une bonne connaissance de l'opérette[13] ; il fréquentait assidûment tous les genres de spectacles théâtraux et il serait étonnant qu'il n'ait pas assisté à une représentation des *Mousquetaires au couvent* qui ont été joués presque chaque année à Paris de 1880 à 1897 (au théâtre des Bouffes-Parisiens, puis au théâtre des Menus-Plaisirs) et qui « ont fait plusieurs fois leur tour de France. Il est peu d'ouvrages aussi populaires que celui-là, à Paris comme dans nos provinces. Partout où il a été joué il n'a jamais manqué d'accomplir une carrière triomphale[14] ».

Dentelles et rubans, / Mais qui n'est pas coquette / Entre seize et vingt ans ? / Je suis un peu gourmande, / Et même un peu beaucoup ! / Qu'est-ce, je le demande, / Sinon preuve de goût ? » (Couplets des pensionnaires, II, 3).

13 Voir Bourgeois, Jean, « Edmond Rostand et l'opérette », dans *Edmond Rostand, poète de théâtre*, Actes du centenaire et du cent cinquantenaire (1868-1918, 2018), Bertrand Degott, Olivier Goetz et Hélène Laplace-Claverie (éd.), Besançon, Presses universitaires de Franche-Comté, 2021, p. 263-277.

14 Noël, Édouard, et Stoullig, Edmond, *Les Annales du théâtre et de la musique*, Paris, Charpentier, 1891, p. 308.

LES PRÉCIEUSES

À l'opposé des religieuses se situent les précieuses, qui ne jouent pratiquement aucun rôle dramatique[15] et participent seulement à la couleur historique même si, du strict point de vue de l'histoire littéraire, elles constituent un anachronisme[16]. Elles forment une toile de fond sur laquelle se détache l'héroïne Roxane qui n'est donc pas un cas isolé et extravagant.

Les précieuses sont d'abord un objet de spectacle : les marquis sont attentifs à leur entrée dans la salle du théâtre (I, 2, v. 46-49, 55-58). Elles sont objets de discours de la part de ces mêmes marquis qui se pâment à leurs seuls surnoms (v. 57)[17]. En revanche, elles sont peu sujets de discours. Lorsqu'elles sont scandalisées qu'on ait interrompu la représentation de *La Clorise*, leur langage est embryonnaire, fait seulement d'interjections, d'exclamations et de phrases inachevées :

LES PRÉCIEUSES, *dans les loges.*
Ha ! – Ho ! – Notre Baro !
Ma chère ! – Peut-on dire ?... Ah ! Dieu !... (I, 4, v. 251-252)

Quant à Roxane, à l'exception de son « Délabyrinthez vos sentiments ! » (III, 5, v. 1337), elle ne s'exprime pas en langage précieux. C'est au personnage comique de la duègne qu'il revient d'incarner une précieuse ridicule en recourant à un style affecté (III, 3, v. 1299-1301).

Les précieuses, mondaines, semblent à l'opposé des religieuses, recluses. Toutes ces femmes ont pourtant en commun une même mise en retrait de la sexualité : les religieuses du fait de leur vœu de chasteté[18],

---

15 En revanche, la préciosité de Roxane est un élément essentiel de l'action, puisqu'elle est l'« opposant » à l'amour de Christian pour Roxane, selon la terminologie de Greimas, Algirdas Julien, *Sémantique structurale*, Paris, Larousse, Paris, 1966.

16 Voir Guérin, Jeanyves, *« Cyrano de Bergerac » d'Edmond Rostand*, Paris, Presses Sorbonne Nouvelle, coll. « Un auteur, une œuvre », 2018, p. 52.

17 Sur les clés des précieuses citées dans les vers 56-57, se reporter à Besnier (éd.), p. 55, n. 1, mais corriger « Mme de Chamais » en « Mme de Chalais » (*cf.* Somaize, Antoine Baudeau de, *Le Grand Dictionnaire des Prétieuses, historique, poétique, géographique, cosmographique, chronologique, et armoirique* (1661), Charles-Louis Livet (éd.), Paris, Jannet, 1856, t. I, p. 58) et « Mlle Fernan » en « Mlle Ferrand » (*ibid.*, p. 98, 100, 101).

18 Ce vœu n'est jamais évoqué dans la pièce de Rostand, mais fait partie du contexte culturel implicite.

les précieuses en raison de leur conception idéaliste de l'amour qui les conduit, sinon à refuser, du moins à retarder les plaisirs charnels.

On peut remarquer que religieuses ou précieuses ne réalisent leur idéal qu'avec une certaine imperfection. Sœur Marthe et sœur Claire se laissent aller à leurs péchés mignons (gourmandise et coquetterie). La duègne, pourtant avide d'écouter le discours sur le Tendre, utilise une syntaxe et un vocabulaire familiers (« Il perche ? », I, v. 555). Alors que la préciosité vise le « contrôle des désirs et des passions[19] », la goinfrerie irrépressible de la duègne est peut-être une transposition, un transfert, du désir sensuel dans le domaine oral. Quant à Roxane, elle a d'abord été sensible au physique de Christian (IV, 8, v. 2125-2126) et elle se montre « *un peu déçue* » (didascalie du vers 1486) lorsque celui qui la courtise n'insiste pas assez pour obtenir d'elle un baiser.

LISE RAGUENEAU, L'ANTI-ROXANE

Quoique moins connue que son mari Ragueneau, Lise est, elle aussi, un personnage référentiel. Elle est mentionnée dans le chapitre que d'Assoucy consacre à Ragueneau : après avoir fait faillite, abandonné de tous, il sortit de Paris « avec sa femme et ses enfants [...] pour aller chercher sa fortune au Languedoc[20] ». Ragueneau, devenu sieur de L'Estang, a appartenu à la troupe de Molière à partir de 1653 pendant le séjour de Lyon ; après sa mort en 1654, sa veuve, Marie Brunet, restera attachée à cette compagnie. Rostand qui a consulté le livre de D'Assoucy savait donc que le couple Ragueneau ne s'était pas séparé au moment de la banqueroute du mari, contrairement à ce qu'il imagine au début du troisième acte (III, 1, v. 1174-1181).

Pourquoi Rostand a-t-il commis sciemment une entorse à la vérité en inventant les déboires conjugaux de Ragueneau ? C'est qu'il a conçu le personnage secondaire de Lise par référence à la principale protagoniste de la pièce, Roxane. Même si l'une est oisive et l'autre laborieuse, les

19 Guérin, Jeanyves, « *Cyrano de Bergerac* » *d'Edmond Rostand*, *op. cit.*, p. 56.

20 D'Assoucy, Charles, *Aventures burlesques de Dassoucy*, Émile Colombey (éd.), Paris, Adolphe Delahays, 1858, p. 298.

deux femmes appartiennent à la même classe sociale puisque Roxane n'est pas une aristocrate, elle est présentée par Lignière comme étant « une simple bourgeoise » (I, 2, v. 135). Mais, alors que Roxane ne parle jamais d'argent[21], Lise en contrôle l'utilisation (II, 1, v. 634-635) et peste contre les poètes qui laissent des vers pour unique paiement (II, 1, v. 640-642) ; dans cette logique, Roxane donne aux cadets la nourriture préparée par Ragueneau tandis que Lise la vend à ses clients. À l'opposé de Lise qui utilise prosaïquement les poèmes pour emballer les gâteaux qu'elle vend (II, 1, v. 636), Roxane la précieuse aime le beau langage et la poésie et va écouter le « discours sur le Tendre » (III, 1, v. 1185). Lise et Roxane s'opposent surtout par leur comportement amoureux : Roxane est pleine d'admiration pour l'esprit et les belles paroles qu'elle croit être de Christian[22], Lise trouve « ridicule » (v. 635) la lyre en pâte faite par Ragueneau ; Lise est infidèle à son mari vivant alors que Roxane demeure fidèle au souvenir de son mari défunt.

Lise et Roxane sont les deux seules femmes mariées de la distribution. Le couple formé par Lise et Ragueneau est conçu par Rostand comme un écho de celui formé par Roxane et Christian, plus exactement comme son négatif (au sens photographique du terme) puisqu'il inverse les signes, les traits distinctifs. Lise, terre à terre, est l'épouse d'un homme qui se rêve poète ; Roxane, qui aime la poésie, se marie avec un homme qui ne sait pas manier le beau langage. Dans ces deux couples mal assortis et de courte durée (pour des raisons différentes : infidélité de Lise, mort de Christian) s'immisce une tierce personne qui serait finalement plus accordée aux goûts de la dame : un mousquetaire prosaïque (II, 3, v. 676-677 ; III, 4, v. 736-743) ou Cyrano plein d'esprit. Le mousquetaire qui fait la cour à Lise fait également écho au vicomte de Valvert, autre prétendant de Roxane : répondant à l'instigation de Lise (II, 4, v. 742-743) comme Valvert à celle du comte de Guiche (I, 4, v. 308-312), il provoque Cyrano à propos de son nez (II, 11, v. 1168-1173) et il en subit les conséquences (un soufflet, écho affaibli du duel infligé à Valvert).

Ce rôle de repoussoir attribué à Lise explique peut-être au moins partiellement une autre particularité du personnage. Pour avoir consulté le *Dictionnaire critique de biographie* d'Auguste Jal, Rostand savait que

21 Voir Guérin, Jeanyves, *« Cyrano de Bergerac » d'Edmond Rostand*, *op. cit.*, p. 36.
22 Par exemple, III, 1, v. 1210-1219 ; IV, 8, v. 2096-2132.

l'épouse de Ragueneau se nommait Marie Brunet[23]. C'est donc délibérément qu'il n'a pas conservé son prénom : lui qui venait d'écrire *La Samaritaine* pouvait difficilement, sinon par antiphrase ou provocation, donner à une femme infidèle le prénom de la Vierge Marie !

ROXANE, LE CENTRE DE GRAVITÉ

Roxane est évidemment le personnage féminin qui apparaît dans le plus grand nombre de scènes[24]. Elle se situe au carrefour de plusieurs intrigues et, selon les schémas actantiels[25] que l'on établit, endosse toutes les fonctions : Objet du désir de plusieurs hommes (Christian, Cyrano, de Guiche, Valvert, Montfleury), Sujet qui désire l'amour de Christian dont elle serait également la Destinataire, elle est Destinateur (l'amour que Cyrano éprouve pour elle motive la plupart des actions qu'il entreprend). Roxane est l'Adjuvant de Christian (lorsqu'elle demande à Cyrano de le protéger lors de son entrée chez les cadets et pendant la guerre, ou lorsqu'elle demande au capucin de célébrer le mariage) ; elle est Opposant aux visées du comte de Guiche dont elle contrecarre les projets.

On sait que ce personnage a été créé à partir de deux personnes différentes. La première est Magdeleine Robineau[26], cousine de Cyrano, qui « ayant atteint l'âge de vingt-cinq ans, fut mariée à Monsieur Christofle de Champagne, Baron de Neuvillette, avec lequel elle passa près de six années entières dans une très étroite union, et un amour réciproque hors du commun[27] » et qui, après la mort de son mari lors du siège d'Arras

23 Jal, Auguste, *Dictionnaire critique de biographie et d'histoire : errata et supplément pour tous les dictionnaires historiques d'après des documents authentiques inédits*, Paris, Henri Plon, 1867, p. 727.

24 Réduite à une présence muette et au statut d'objet de discours pendant le premier acte, n'intervenant que dans une scène au deuxième (elle prend la parole pour la première fois au vers 762), Roxane paraît au total dans 19 scènes sur 48 (contre 36 pour Cyrano).

25 Notion exposée par Greimas, Algirdas Julien, *Sémantique structurale*, *op. cit.*

26 Dans la pièce, Roxane est appelée par le nom tronqué de « Magdeleine Robin » (v. 127, 1496 et 1544).

27 R. P. Cyprien de la Nativité de la Vierge, carme, *Recueil des Vertus et des écrits de Madame la Baronne de Neuvillette décédée depuis peu dans la ville Paris* [*sic*], Paris, chez Louis Billaine, 1666, p. 11-12.

(*ibid.*, p. 18-20), résolut de « consacrer à Dieu le reste de sa vie » (*ibid.*, p. 14), sans toutefois devenir religieuse. Le second modèle est une précieuse, Mlle Robineau, appelée Roxane[28], dont Somaize nous informe qu'âgée de quarante-cinq ans, amie de Mlle de Scudéry, « elle a beaucoup d'esprit[29] ». L'on voit comment Rostand a combiné les différentes informations (âge, préciosité, esprit, amours, dévotion). Ainsi, précieuse pendant les quatre premiers actes, Roxane se métamorphose en dévote au cinquième. Il n'y a pas rupture, mais continuité dans la mesure où, dans les deux cas, il s'agit de poser un interdit sur le plaisir charnel ou de le faire passer au second plan. Roxane est donc en relation avec les religieuses non seulement parce qu'elle se retire dans leur couvent au cinquième acte (relation de contiguïté), mais, plus profondément, parce qu'elle a été une femme nourricière (acte IV) comme elles le sont et parce que sa démarche spirituelle (préciosité ou dévotion) suppose la même mise à distance de la sexualité (relation de similarité).

Roxane est conçue comme formant un couple antinomique avec Cyrano : l'extrême beauté opposée à l'extrême laideur (I, 5, v. 493-497). Mais, en même temps, Roxane pourrait à maints égards être considérée comme l'homologue féminin de Cyrano : même goût pour le beau langage amoureux, même rouerie pour berner le comte de Guiche (III, 2, v. 1250-1293 ; III, 13), même courage à l'heure de la bataille (« Monsieur de Bergerac, je suis votre cousine », IV, 5, v. 1984). Similitudes, mais aussi complémentarité : Cyrano est celui qui parle, Roxane celle qui écoute ; Roxane est l'oreille dont cet « homme-parole » a besoin[30]. Elle comble les manques dont Cyrano a souffert de la part des femmes : en se montrant « Si gentiment ! Si gaiement maternelle ! » (v. 785), elle supplée la mère de Cyrano qui ne l'a « pas trouvé beau » (v. 2515) ; en voyant en lui un « presque frère » (v. 769), elle devient la sœur qu'il dit ne pas avoir eue (v. 2515) ; à partir du quatrième acte (v. 2187-2192), elle cesse d'être « l'amante à l'œil moqueur » qu'il a toujours redoutée (v. 2516), même s'il s'interdit alors de saisir l'opportunité.

Certains critiques regrettent que la psychologie de l'héroïne principale ne soit pas assez approfondie. Ils estiment que sa beauté masque

28 Roxane est le prénom de l'épouse d'Alexandre le Grand et celui de l'héroïne de *Bajazet* de Racine.

29 Somaize, Antoine Baudeau de, *Le Grand Dictionnaire des Prétieuses…*, *op. cit.*, p. 206 et 344.

30 Voir Besnier (éd.), Préface, p. 26-27.

une certaine superficialité, ce que Rostand semble assumer dans une dédicace à la créatrice du rôle :

> À Mademoiselle Maria Legault dont la beauté est du dix-septième siècle, et qui fut parfaitement ma Roxane : cette poupée qui, au balcon, devient femme, héroïne au camp, cette veuve plus blonde que les feuilles du parc à l'automne qu'enchantent ses voiles, avec toute la reconnaissance amicale de l'auteur[31].

S'inscrivant dans l'ancienne tradition (alors jugée obsolète) des types, Roxane est à la fois l'ingénue, l'amoureuse et la coquette[32]. Jacques Lorcey dresse d'elle un portrait finalement peu sympathique[33]. Elle connaît cependant au cours de la pièce une évolution qui la conduit vers davantage d'« âme » (un terme cher à Rostand) ; non seulement la précieuse devient une héroïne (*Cf.* le vers 1983), mais, dans un processus de sublimation, elle passe de son attirance pour les apparences physiques à l'amour pour la beauté de l'âme (IV, 8, v. 2123-2138).

Roxane est donc peut-être plus complexe, voire ambivalente, qu'il n'y paraît au premier abord. Elle ne fait pas mentir le constat de Myriam Dufour-Maître : « Il s'élève [...] autour des personnages féminins de Rostand un discret parfum de femme fatale[34] ». Cyrano voit effectivement en elle « un danger / Mortel », « Un piège de nature » (I, 5, v. 500-502), même s'il s'inscrit en faux lorsqu'elle affirme : « J'ai fait votre malheur ! » (V, 6, v. 2513). Une analyse de Patrice Pavis ouvre des horizons inquiétants : Roxane est, « pour des raisons que Rostand n'explicite pas, celle qui, pénétrant dans le camp des hommes au siège d'Arras, provoque une série involontaire ou inconsciente de catastrophes, causant la mort de Christian et, par contrecoup, celle de Cyrano, laissé sans voix, et choisissant finalement sa propre mort, vouée qu'elle est au couvent, loin des mondanités de la poésie et du désir des hommes[35] ».

---

31 Cité dans Sertillanges, Thomas, *Edmond Rostand, les couleurs du panache*, Anglet, Atlantica, 2020, p. 258.

32 Voir Guérin, Jeanyves, *« Cyrano de Bergerac » d'Edmond Rostand*, *op. cit.*, p. 35.

33 Lorcey, Jacques, *Edmond Rostand*, *op. cit.*, t. I, *Cyrano – L'Aiglon* (1868-1900), p. 329-330.

34 Dufour-Maître, Myriam, « Edmond Rostand et la préciosité », *Revue d'histoire littéraire de la France*, vol. CXVIII, 2018/4, p. 865.

35 Pavis, Patrice, dans Edmond Rostand, *Cyrano de Bergerac*, Pavis (éd.), Paris, Classiques Larousse, 1995 (1re éd. 1991), p. 330.

LA MÈRE MAL AIMANTE

La mère de Cyrano est évoquée par une seule mention aussi brève qu'essentielle : « Ma mère / Ne m'a pas trouvé beau » (V, 6, v. 2513-2514). Sur ce point, elle ressemble à Roxane pour qui la laideur physique est aussi un obstacle à l'amour[36]. Mais elle entre dans le système des personnages féminins surtout par opposition : alors qu'à peu près toutes les femmes donnent (par générosité, compassion, charité ou amour), elle refuse de donner son amour à son fils. Par cette absence de sentiment maternel, la mère de Cyrano s'oppose particulièrement à Roxane « jouant à la maman » avec le jeune Cyrano (II, 6, v. 779) et « Si gentiment ! Si gaiement maternelle ! » avec l'adulte qu'il est devenu[37]. Selon les termes de Melanie Klein[38], elle incarne la « mauvaise mère » qui refuse son amour à l'enfant, tandis que Roxane figurerait la « bonne mère », même si cette identification à une image maternelle est aussi, précisément, l'une des raisons qui l'empêchent d'aimer Cyrano (en vertu du tabou de l'inceste[39]).

L'affirmation « Ma mère / Ne m'a pas trouvé beau » est d'autant plus significative qu'elle est une invention de Rostand et qu'aucun document ne vient l'attester. Elle livre la clé du comportement de Cyrano qui souffre de sa laideur et pense que toutes les femmes reproduiront l'attitude de sa mère (« Plus tard, j'ai redouté l'amante à l'œil moqueur[40] »). C'est pourquoi il se trouve des prétextes pour esquiver la tentative de séduction et qu'il la délègue à un double. En se comportant comme elle l'a fait, la mère de Cyrano a donc joué un rôle néfaste (comme Roxane dans une certaine lecture que l'on peut faire du personnage).

36 « Il me déplairait que vous devinssiez laid », dit Roxane à Christian (III, 5, v. 1341) ; elle ne dépassera cet *a priori* que bien tardivement : « Je t'aimerais encore ! / Si toute ta beauté tout d'un coup s'envolait… » (IV, 8, v. 2148-2149 ; voir aussi IV, 10, v. 2187-2189).

37 II, 6, v. 785. Autre personnage désigné par le terme de « Mère » (didascalies et v. 2247, 2266), Mère Marguerite de Jésus feint la sévérité (V, 1, v. 2244), mais se montre, en réalité, pleine de mansuétude à l'égard des défauts de ses filles (v. 2246).

38 Klein, Melanie, *Essais de psychanalyse* (Londres, 1948), trad. Marguerite Derrida, Paris, Payot, 2005 (1re éd. 1967), p. 311-341.

39 Cyrano dresse entre Roxane et lui une autre forme de ce tabou lorsqu'il se dit « son frère […] / Ou tout comme : un cousin fraternel » (II, 10, v. 1101-1103).

40 V, 6, v. 2516. Voir aussi I, 5, v. 493-535 ; II, 4, v. 701.

« Quand on a été sans contredit l'enfant de prédilection de sa mère, on garde pour la vie ce sentiment conquérant, cette assurance du succès qui, en réalité, rarement reste sans l'amener[41] ». Cette affirmation de Freud peut expliquer *a contrario* les doutes de Cyrano (comme ceux de l'Aiglon que sa mère Marie-Louise n'a pas su aimer[42]). Mais « les expériences douloureuses, quelles qu'elles soient, stimulent quelquefois les sublimations, ou font même apparaître des aptitudes tout à fait nouvelles chez certaines personnes[43] ». Se croyant obligé de renoncer à l'amour à cause de sa laideur, Cyrano a « décidé d'être admirable, en tout, pour tout ! » (I, 5, v. 481), d'où sa recherche du « panache » et son esprit de sacrifice (son dévouement à la cause de Christian).

Dans *Cyrano de Bergerac*, les personnages féminins ont des origines diverses. Certains sont totalement inventés, d'autres sont issus de la tradition théâtrale, et plusieurs sont référentiels, mais, dans ce cas, Rostand n'hésite pas à les traiter avec une certaine liberté. C'est qu'il se montre avant tout soucieux d'établir des liens entre des personnages apparemment disparates afin de les intégrer dans un ensemble cohérent qui obéit à des règles. On peut donc parler d'un système des personnages, même s'il n'a peut-être pas la rigueur de celui qu'on peut trouver dans certaines pièces d'autres auteurs. On voit se dégager des groupes et se tisser des liens (sous forme de similitudes ou d'oppositions). Roxane est au cœur de ce système ; tout gravite autour d'elle, les intrigues amoureuses, mais aussi les déterminations des personnages : Roxane rassemble en elle à peu près tous les traits distinctifs des autres personnages féminins ; peut-être serait-il plus exact de dire que ses traits distinctifs se disséminent sur tous les autres personnages féminins.

---

41 Freud, Sigmund, « Un souvenir d'enfance de Goethe », *Essais de psychanalyse appliquée* (1933), trad. Marie Bonaparte et Mme E. Marty, Paris, Gallimard, coll. « Idées », 1971, p. 161.

42 Elle a de quoi laisser songeur si l'on pense aux doutes incessants de Rostand sur lui-même ou sur la valeur de son œuvre. Mais rien ne permet de supposer qu'Angèle Rostand ait été une mère mal aimante ; au contraire, le journal qu'elle a tenu pendant les années 1870-1880 révèle une mère anxieuse et surprotectrice (des extraits en sont cités dans Lorcey, Jacques, *Edmond Rostand*, *op. cit.*, t. I, p. 32 *sqq.*). Ce sont peut-être précisément cette attention excessive, ces précautions (pourtant bien intentionnées) qui peuvent expliquer le manque de confiance en soi dont souffrent Rostand et, indirectement, certains de ses personnages.

43 Klein, Melanie, *Essais de psychanalyse*, *op. cit.*, p. 359.

Alors qu'une multitude de critères étaient possibles (familiaux, sociaux, politiques, éthiques ou autres), le système des personnages féminins de *Cyrano de Bergerac* s'articule principalement autour de notions (assez originales) telles que le don de nourriture ou l'établissement d'une distance par rapport à la sexualité. La problématique de *Cyrano* repose donc sur les clivages gourmandise ou frugalité, sexualité assumée ou réprimée, poésie ou prosaïsme, beauté physique ou bel esprit, idéalisme ou matérialisme. Du point de vue philosophique, cette problématique de la nourriture (généreusement distribuée ou bien consommée de manière soit goulue soit parcimonieuse) et cette sublimation du désir charnel (à laquelle aspirent à la fois les précieuses et les religieuses) font songer au dualisme cartésien du corps et de l'âme, en tout cas à la dichotomie du corps et de l'esprit, et traduisent une difficulté à trouver une conciliation harmonieuse entre les deux (c'est bien là tout le problème de Cyrano, de Christian et de Roxane qui ne parviennent pas à trouver les deux éléments réunis en une seule personne, mais aussi, d'une manière différente, de la duègne ou des deux sœurs qui commettent des manquements à leur idéal précieux ou religieux, voire de Ragueneau, le rôtisseur-poète). Du point de vue psychanalytique, le caractère nourricier (des religieuses ou de Roxane) et l'occultation totale ou partielle de la sexualité qui se trouve reléguée au second plan renvoient à l'image de la mère telle que la perçoit l'enfant, ce qui jette un tabou sur la femme et explique peut-être que la nuit de noces de Roxane et de Christian n'ait jamais lieu et qu'après la mort de Christian, Cyrano ne déclare pas son amour à Roxane alors que d'autres solutions étaient possibles[44]. En conséquence, de *La Princesse lointaine* à *Chantecler*, les pièces de Rostand se concluent souvent par des amours inaboutis qui marquent le triomphe de l'esprit sur la chair.

Jean BOURGEOIS

44 « Rien sinon une inhibition ne l'empêchait, après un délai de décence, de dire son amour à Roxane devenue veuve sans avoir consommé son mariage » (Guérin [éd.], Préface, p. LVI).

NEZ POSTICHE ET IMPOSTURE

CYRANO, UNE « EXCEPTION »

Cyrano est une *exception*, au sens freudien du terme : il considère que la nature a été injuste envers lui et qu'il n'est donc pas tenu d'obéir aux lois ordinaires de l'existence[1]. Il s'apparente en cela au Richard III de Shakespeare. Cyrano a été doté d'un nez si monstrueux que « [sa] mère ne l'a pas trouvé beau » et qu'il a ignoré « la douceur féminine » (V, 6, v. 2516 et 2515)[2]. La vision de « [l]'ombre de [son] profil sur le mur du jardin » (I, 5, v. 525) inhibe même ses fantaisies amoureuses. Ce nez difforme interdit au vaillant soldat « le rêve d'être aimé même par une laide » (v. 494), de même que la bosse de Richard – « *an envious montain on my back*[3] » – dont il épie l'ombre à la lumière du soleil, l'empêche de jouir du repos du guerrier après la victoire. Gloucester décidait alors de subvertir la réalité par ses impostures, de la traiter en maître criminel comme un sinistre jeu d'enfant qui lui permît de se venger de ses rivaux, puis de compenser la blessure narcissique de sa difformité par la toute-puissance royale[4]. Il substituait en outre à la séduction physique la séduction par le verbe, et parvenait à envoûter par le charme de sa parole, celle qui de toutes les femmes aurait dû lui être la plus inaccessible : Lady Ann. Richard échappait ainsi à la tristesse envieuse

---

1 Freud, Sigmund, « Quelques types de caractère dégagés par le travail psychanalytique », *L'Inquiétante Étrangeté et autres essais*, trad. Jean Bertrand Pontalis, Paris, Gallimard, coll. « Folio », 1985, p. 139.

2 Les références sont prises dans Besnier (éd.).

3 Shakespeare, William, *Henry VI*, IIIe partie, *Œuvres complètes*, éd. bilingue, trad. Michel Grivelet et Gilles Monsarrat, *Histoires 2*, Paris, Robert Laffont, coll. « Bouquins », 1997, p. 502.

4 *Cf. ibid.*, *Henry VI*, IIIe partie, p. 502-505, et *Richard III*, I, 1, p. 606-609, ainsi que Freud, Sigmund, « Quelques types de caractère dégagés par le travail psychanalytique », *op. cit.*

par une vie de mensonges et de crimes qu'il justifiait par la souffrance indue de supporter sa difformité.

Nulle envie apparente chez Cyrano que sa laideur incline à la mélancolie. « Mon ami, j'ai de mauvaises heures ! / De me sentir si laid, parfois, tout seul… » (I, 6, v. 526-527). Il choisit pour échapper à cette autre tristesse de compenser la disgrâce physique par la beauté morale. Il veut être « admirable, en tout » (I, 5, v. 481) et se fait l'ennemi mortel de tous les vices, arrivisme, compromis, mensonge. Il fait songer à Alceste dans son mépris des demi-mesures. À ceci près que la sincérité du Misanthrope se borne à l'exercice de la véracité, tandis que Cyrano l'accompagne de mises en acte : « Il attaque les faux nobles, les faux dévots / Les faux braves, les plagiaires, – tout le monde » (V, 2, v. 2596-2597). Alceste déplore à voix haute l'évolution du monde ; Cyrano entend le faire obéir à ses lois. Le premier acte s'apparente ainsi à une mise en scène où Cyrano fixe les règles. Il se fait le maître du jeu à l'hôtel de Bourgogne, chasse Montfleury, devient lui-même l'acteur de la nouvelle scène qu'il institue, provoque tous les spectateurs, finit par se battre réellement en duel et par blesser son adversaire. Il entreprend ensuite, comme Richard, de séduire par son verbe la femme la plus inaccessible, puisque c'est « la plus belle qui soit » (I, 5, v. 497). Mais si Gloucester se déclarait ouvertement à Lady Ann, Cyrano, pourtant ennemi mortel de tout ce qui est faux, honteux de sa laideur, emprunte la voie de l'imposture.

DEUX IMPOSTEURS

Le terme d'imposture désigne un double phénomène. Tout d'abord le mensonge : imposer, c'est mentir ; c'est dire quelque chose de faux que l'on sait faux dans l'intention de tromper. Mais l'imposture désigne aussi le fait d'emprunter une autre identité. Elle ne consiste plus alors à dire ponctuellement, dans le cadre d'une situation dialogique, quelque chose de faux mais à dissimuler le vrai ou à suggérer le faux concernant son identité d'une façon permanente. L'imposteur est un homme qui ment en continu. Christian et Cyrano sont tous deux imposteurs : Christian en empruntant l'esprit de Cyrano et Cyrano en se dissimulant sous l'apparence physique de Christian. C'est l'intention qui les distingue. Au premier regard, l'imposture de Cyrano qui prête son esprit à Christian pour lui permettre de séduire sa cousine, alors même qu'il en est amoureux, semble relever d'une imposture officieuse, comme on dit un mensonge officieux. Elle ne paraît pas immorale dans la mesure même où elle est désintéressée. Elle est une « généreuse imposture » (V, 5, v. 2462). L'imposture de Christian qui se fait passer pour l'homme d'esprit qu'il n'est pas afin de séduire Roxane, qui consent donc à lui en imposer, à lui mentir, à célébrer un mariage qui est une erreur sur la personne – tout en acceptant le sacrifice de Cyrano – est une imposture intéressée, à l'évidence moralement condamnable. Le point de vue anna-freudien[5], qui interprète l'apparente générosité de Cyrano comme une « cession altruiste » dissimulant une jouissance par procuration, relativise toutefois la différence, puisque l'un et l'autre partagent l'intention de séduire, et que c'est même Cyrano qui en formule explicitement le projet : « Dis, veux-tu qu'à nous deux nous la séduisions ? » (II, 10, v. 1135).

La thèse de la généreuse imposture est fidèle à l'intention de l'auteur. Celle d'Anna Freud à la lettre de son texte[6]. Mais ces lectures n'expliquent ni n'envisagent les conséquences mortifères du phénomène de l'imposture, qu'il s'agisse du mensonge en parole ou de l'emprunt d'une autre identité. L'homme qui ment agit sur la réalité d'autrui, il le fait vivre dans un univers falsifié tant qu'il croit à son mensonge. La collaboration dans le mensonge et l'imposture de Cyrano et de Christian conduisent Roxane à épouser et à rester fidèle à un mari imaginaire. Mais, si Christian en se faisant passer pour un homme d'esprit a pu séduire Roxane, il est alors pris au piège de son imposture et ne peut jamais quitter sa personnalité d'emprunt sans révéler la nullité de sa personnalité propre. C'est pourquoi, alors que Roxane prétend qu'elle est amoureuse de son âme seule, il ne peut que choisir la mort pour échapper à la révélation de son néant. De même ce n'est que lorsqu'il sent qu'il va mourir, c'est-à-dire qu'il ne saurait être question d'une relation charnelle avec Roxane, que Cyrano peut lui avouer la vérité. Il n'est pas de dévoilement de l'imposture sans mort de l'imposteur ou élimination des témoins.

5 Freud, Anna, *Le Moi et ses mécanismes de défense*, Paris, Presses universitaires de France, coll. « Bibliothèque de psychanalyse », 2001, p. 121-124.

6 Pour ce qui est du caractère intéressé de l'attitude de Cyrano, car Anna Freud (*ibid.*, p. 122) s'écarte du texte de Rostand quand elle néglige le fait que Cyrano a bien utilisé son talent de bretteur contre un rival, à savoir Valvert, qui était destiné à épouser Roxane.

L'IMPOSTURE HÉROÏQUE

L'expression de Roxane est toutefois révélatrice d'un nouveau statut accordé au phénomène de l'imposture au XIXe siècle. La condamnation de l'imposture au sens d'un mensonge concernant l'identité d'une personne, et singulièrement son identité sociale, est le propre des sociétés aristocratiques où l'appartenance à un groupe social est un fait de naissance, qui ne saurait que dans des cas très rares être transformé. Qui veut quitter sa condition pour appartenir à une classe supérieure est par nature l'ennemi d'une société impliquant l'immobilité sociale. Il n'a donc souvent pas d'autres voies que transgressives pour y parvenir. La grande figure de l'imposture est Tartuffe, le jeune homme pauvre qui tente de réussir par la dévotion. Son vrai crime n'est pas en effet l'hypocrisie – celle-ci sert le pouvoir établi – mais l'imposture sociale par laquelle il se prétend noble pour fasciner le bourgeois Orgon. Quand la même situation se rejoue au XIXe siècle, par le biais des héros de destinée, dans une société nouvellement démocratique où la possibilité de l'élévation sociale est un des fondements de l'imaginaire, tous les moyens de parvenir paraissent justifiables jusqu'à l'imposture avouée de l'emprunt d'un patronyme nobiliaire par un roturier. Du fait de l'imaginaire démocratique, les nombreuses figures d'imposteurs n'en sont pas moins sympathiques, – ne réalisent-elles pas le désir de tout un chacun ? – voire héroïques en tant qu'elles incarnent cet idéal jusqu'à l'*hybris*. Dans la littérature dite romantique, la thématique de l'imposture fait même l'objet d'un renversement radical et elle apparaît d'emblée comme *généreuse*. Ainsi Ruy Blas, dont l'histoire s'apparente par sa structure à celle d'un intrigant qui pénètre dans une famille pour faire fortune et séduire l'épouse du maître de maison, se révèle mû par l'intérêt public dès qu'il a endossé le costume d'un grand d'Espagne[7]. Quand l'imposteur appartient aux bas-fonds de la société, son imposture est toujours excusable par les injustices dont il a été victime. Jacques Collin n'entreprend une carrière d'imposteur et de criminel, qu'après avoir été affligé doublement

7 Voir Wilhelm, Fabrice, « Ruy Blas et le problème de l'imposture », dans *Hugo sous les feux de la rampe, relire* Hernani *et* Ruy Blas, Arnaud Laster et Bertrand Marchal (éd.), Presses de l'université de Paris-Sorbonne, 2009, p. 107-126.

par l'iniquité du contrat social et des déceptions amoureuses. Celles-ci ont été causées par cette « épouvantable laideur[8] », qui le conduit à ne pouvoir vivre que par procuration, en établissant des pactes sataniques avec de jeunes hommes, qui pénètrent pour lui dans la société dont il est exclu par son statut social, et qui séduisent les femmes à sa place.

DE L'IMPOSTURE SOCIALE…

Si le personnage de Cyrano participe d'un *ethos* aristocratique par sa situation de cadet aux Gardes, par sa ressemblance avec Alceste, par la relation d'amitié qu'il entretient avec Le Bret, par son mépris de l'ambition et de l'argent, par tout ce qui le rapproche d'un mousquetaire de Dumas, il est, Rostand ne le signale qu'allusivement, mais le signale bien, à la limite de l'imposture sociale, au sens où il s'attribue – ou se laisse attribuer – plus de noblesse qu'il n'en possède.

DEUXIÈME MARQUIS

Noble ?

CUYGY

Suffisamment. Il est cadet aux gardes. […]
Mais son ami Le Bret peut vous dire… (I, 2, v. 96-97)

Mais l'éclaircissement ne viendra jamais, pour la bonne raison que chacun sait que Cyrano de Bergerac n'appartient pas à la noblesse d'épée, pas plus qu'il n'est Gascon. Malgré l'homonymie, le nom de terre de Bergerac ne désigne pas la ville du sud-ouest, mais un fief de la vallée de Chevreuse, acquis par son père, lui-même d'ascendance bourgeoise. Son origine sociale est d'ailleurs précisée par la situation scabreuse où se trouve sa cousine, « une simple bourgeoise » (I, 2, v. 135) que le comte de Guiche entend contraindre à un mariage de forme, pour en faire sa maîtresse. Quant au régiment Carbon de Castel-Jaloux des cadets, il n'était pas nécessaire d'être noble pour y être admis, ce qui explique l'ambiguïté de l'adverbe *suffisamment.* Le Cyrano de Rostand y est d'ailleurs

8 Balzac, Honoré de, *Le Père Goriot*, *La Comédie humaine*, t. III, Jean Castex (éd.), Paris, Gallimard, coll. « Bibliothèque de la Pléiade », 1976, p. 218.

dans une position sociale inconfortable, puisque, si la noblesse n'était pas indispensable, elle était fréquente, comme en témoigne la présentation du régiment à Roxane (IV, 6, v. 1996-2003). Tous sont barons, sauf Cyrano ! Poète, musicien, savant et bretteur, natif de la capitale qui se fait passer pour un Gascon et s'attribue un nom de terre, Cyrano est un personnage structurellement « hétéroclite » (I, 2, v. 102) dont on ne parvient pas à définir précisément l'identité. Sa noblesse d'emprunt s'associe à une hyperbolisation des qualités aristocratiques, sensibilité extrême au point d'honneur, passion des armes, mépris de la mort, esprit français, panache, qui s'affichent jusque dans son apparence de Matamore que Rostand lui-même dessine en caricature. Il n'aurait pu être peint par Philippe de Champaigne, mais seulement gravé par Jacques Callot, comme « Le plus fol spadassin à mettre entre ses masques » (v. 107). Son nez enfin, qui rappelle en effet le nez des acteurs masqués de Callot, apparaît comme une caricature du trait physique, attribué à la noblesse, le grand nez, le nez Bourbon. Ce nez invraisemblable qui conduit la plupart des metteurs en scène à affubler l'acteur d'un postiche est le signe manifeste qu'il y a quelque chose de factice en Cyrano.

… À L'IMPOSTURE PSYCHIQUE

Le spectateur et le commentateur contemporains sont toutefois sujets au même *double bind* que celui que le personnage de Cyrano impose aux autres hommes :

> CYRANO
> […] dites-moi pourquoi vous regardez mon nez.
> […]
>
> LE FÂCHEUX
> Mais d'y porter les yeux, j'avais su me garder !
>
> CYRANO
> Et pourquoi, s'il vous plaît, ne pas le regarder ? (I, 4, v. 275 et 282-283)

Il est interdit de faire la moindre allusion, de jeter le moindre regard au nez, sans mettre sa vie en danger alors même que le nez est si voyant et si monstrueux qu'on ne peut pas ne pas le remarquer. De même le spectateur critique, condamné à contempler sans cesse cet appendice difforme, songe qu'il pourrait bien manifester la pression pulsionnelle impossible à refouler, l'affect irrépressible, en un mot l'affolement du désir de Cyrano éternellement frustré, mais il écarte le sujet pour éviter une interprétation trop sommaire. Mais le nez monstrueux, figuré par un postiche, impose obstinément sa présence gênante. Il faut donc revenir au paradoxe qui associe la volonté de l'exhiber à l'injonction de ne pas le voir.

La suite de l'entretien avec le fâcheux livre peut-être l'origine de la double nature du nez qui implique la double injonction qui lui est associée.

CYRANO
Sa forme, obscène ?

LE FÂCHEUX
Mais du tout !...

CYRANO
Pourquoi donc prendre un air dénigrant ?
– Peut-être que monsieur le trouve un peu trop grand ?

LE FÂCHEUX, *balbutiant.*
Je le trouve petit, tout petit, minuscule !

CYRANO
Hein ? comment ? m'accuser d'un pareil ridicule ? (v. 285-289)

Le nez oscille entre la monstruosité « obscène » – les eaux-fortes de Callot représentant des comédiens masqués sont pour la plupart obscènes[9] – et la petitesse « ridicule ». L'association de l'*obscénité* et du *ridicule* nous renvoie au fameux passage des *Confessions* où Jean-Jacques raconte ses exhibitions : « Ce qu'elles voyaient n'était pas l'*objet obscène*, je n'y songeais même pas ; c'était l'*objet ridicule*[10]. » Ce n'est pas l'objet génital, c'est l'objet anal que Jean-Jacques exhibait à l'orée des chemins dans l'espérance de la voluptueuse fessée. Le nez démesuré de Cyrano associe les deux qualités. Il est à la fois obscène et ridicule. Si le grand

9 Voir notamment la série *Balli di Sfessania*, dont plusieurs planches associent le nez démesuré, l'épée et le sexe masculin en érection.

10 Rousseau, Jean-Jacques, *Les Confessions*, *Œuvres Complètes*, t. I, Bernard Gagnebin et Marcel Raymond (éd.), Paris, Gallimard, coll. « Bibliothèque de la Pléiade », 1959, p. 89.

nez – celui qui est porté par la famille royale des Bourbons – est un symbole aristocratique et donc un symbole de puissance, on ne saurait précisément, du fait du ridicule, reconnaître un tel symbole dans le nez de Cyrano. Et d'ailleurs, c'est explicitement dit, ce nez « qui [le] précède » (I, 5, v. 495) lui interdit d'être aimé, même d'une laide. Loin d'être le symbole d'une puissance phallique, il est celui d'une impuissance à séduire. C'est pourquoi, s'il est interdit de remarquer sa taille, il ne l'est pas moins de le minimiser. Le fâcheux l'éprouve à ses dépens quand, pour répondre à la question : « Peut-être que monsieur le trouve un peu trop grand ? », il entreprend de répondre : « Je le trouve petit, tout petit, minuscule ! » (I, 4, v. 287-288).

> – Vil camus, sot camard, tête plate, apprenez
> Que je m'enorgueillis d'un pareil appendice,
> Attendu qu'un grand nez est proprement l'indice
> D'un homme affable, bon, courtois, spirituel,
> Libéral, courageux, tel que je suis,
> Et tel qu'il vous est à jamais interdit de vous croire,
> Déplorable maraud ! (v. 291-297)

Voici maintenant que la grandeur du nez devient signe aristocratique et que sa petitesse désigne au contraire un « déplorable maraud », au point que la « face sans gloire » du fâcheux se voit identifiée, du fait de son absence de « Nez », à l'objet ridicule, à cette paire de fesses que Jean-Jacques exhibait et que Cyrano botte. Le fâcheux recevant la punition dont Cyrano avait menacé Montfleury, après l'avoir identifié lui aussi à l'objet ridicule : « Gros homme si tu joues / Je vais être obligé de te fesser les joues » (v. 191-192), et encore : « Si cette Muse [...] / Avait l'honneur de vous connaître [...] / [...] en vous voyant si gros et bête [...] / Elle vous flanquerait quelque part son cothurne » (v. 201-204). Menace de fessée et coup de pieds « quelque part » apparaissent comme autant de projections de l'analité.

La menace qui suit le dialogue avec le fâcheux de « mettre [...] / Par devant, et plus haut, du fer, et non du cuir ! » (v. 306-307) à tout « plaisantin » noble, qui « trouve[rait] plaisant [...] [s]on milieu de visage » (v. 306) permet d'éclairer la manie de duel de Cyrano et son sentiment d'invincibilité : il s'agit de la persistance à l'âge adulte du fantasme du petit enfant qui agite son épée / joujou et s'imagine pourfendre des myriades d'adversaires sous le regard bienveillant de sa maman.

Cette fantaisie est incarnée dans la scène qui suit le combat invraisemblable de la porte de Nesle où Cyrano terrasse à lui seul une centaine d'adversaires. Les roseaux fournissaient le bois des épées à l'enfant, et Roxane, « jouant à la maman » (II, 6, v. 779), soignait ses égratignures. Il n'était alors pourvu que d'un nez tout petit, minuscule, compensé imaginairement par des épées de roseaux. Cyrano, qui vient de terrasser cent adversaires à lui seul, est maintenant le guerrier terrible qu'il rêvait d'être enfant. Après avoir été l'enfant qui jouait à l'homme avec ses épées de roseaux, il est l'homme qui joue comme un enfant avec ses épées de fer : l'invraisemblance de la scène démontre qu'elle n'est que la transposition de la fantaisie infantile. Il reste quelque chose de sadique anal en Cyrano. Son nez est ainsi la représentation du désir à la fois démesuré et impuissant du fait du caractère encore immature du phallus[11] et sa grande épée en est le versant sadique idéalisé. Celui qui se moque du nez de Cyrano paraît deviner sa dimension anale, autrement dit l'immaturité persistante du développement psychosexuel – « Y distingue-t-on une verrue au bout ? » (v. 279), « Ou si quelque mouche, à pas lents, s'y promène » (v. 281), « Il vous dégoûte alors ? » (v. 284), « Malsaine / Vous semble sa couleur ? / [...] Sa forme, obscène ? » (v. 284-285) – prend le risque de tâter du nez sadique, de la rapière qui le redouble et l'idéalise, de l'épée toujours prête à « désentripaille[r] (v. 196) », à « découper » le ventre comme une « mortadelle d'Italie (v. 199) », frapper au « bedon » (v. 422) des hommes considérés dans leurs seules fonctions animales archaïques.

Cyrano exhibe aussi volontiers sa faculté poétique, son esprit, que sa rapière. La saillie spirituelle, l'ironie agressive, s'associe à la violence dans les menaces à Montfleury, au fâcheux, à Valvert ; la plaisanterie accompagne la gifle au mousquetaire (II, 11, v. 1173). En même temps que Cyrano réduit le corps de ses rivaux à l'objet ridicule, il les réduit au silence. Montfleury doit quitter la scène, le fâcheux balbutie, Valvert ne parvient qu'à éructer quelques injures. Le mutisme imposé à ses antagonistes les ramène à l'impuissance radicale et primitive de l'*infans*, à l'impuissance orale. La pièce associe enfin dans la figure du cuisinier

11 Sur l'idéalisation des objets et attributs des premières phases du développement psychosexuel, voir l'ouvrage classique de Chasseguet-Smirgel, Janine, *La Maladie d'idéalité, essai psychanalytique sur l'idéal du moi*, Paris, Éditions universitaires, coll. « Émergence », 1990.

Ragueneau, l'oralité pulsionnelle et la poésie qui apparaît comme sa tentative de sublimation. Le duel est sadique anal autant que phallique, l'esprit est sadique oral : Cyrano est infantile.

Mais les ruses du moi idéal n'échappent pas à l'idéal du moi. Cyrano veut être admirable en tout, mais il a beau faire, il reste laid. La lacune dans la maturation se révèle dans le défaut du visage. Le jugement cruel de l'idéal du moi lui dit : tu es immature, tu es laid[12], et le conduit à la mélancolie : « Mon ami, j'ai de mauvaises heures ! / De me sentir si laid, parfois, tout seul… » (I, 6, v. 526-527). Cyrano reste un enfant devant toutes les femmes, devant la servante dont les yeux « ne [le] détestaient pas » (v. 541), autant que devant Roxane. Le personnage figure ainsi un sujet qui alterne entre l'identification mégalomaniaque au moi idéal, et le jugement dépréciatif de l'idéal du moi, entre manie et mélancolie, entre être « tout » et n'être « rien » (V, 6, v. 2541-2542).

Il choisit donc la voie moyenne de l'imposture. La lacune dans le processus de maturation est figurée par le sentiment d'incomplétude partagé par les deux personnages : « Veux-tu me compléter et que je te complète ? » (II, 10, v. 1145), qui les conduirait à ne pouvoir être aimés d'une femme, l'un à cause de son manque d'esprit, l'autre à cause de son manque de beauté. L'imposture est alors le moyen d'agir comme si la lacune psychique n'existait pas.

> Dis, veux-tu qu'à nous deux nous la séduisions ?
> Veux-tu sentir passer, de mon pourpoint de buffle
> Dans ton pourpoint brodé, l'âme que je t'insuffle !… (II, 10, v. 1135-1137)

Elle consiste en premier lieu dans un pacte, voisin de celui que Vautrin conclut avec Lucien de Rubempré, à ceci près qu'il n'est pas question de passage à l'acte homosexuel entre Cyrano et Christian[13]. Cyrano est un Vautrin chaste. Son pacte est néanmoins diabolique

12 Anna Freud semble considérer comme un fait objectif la laideur de Cyrano quand elle écrit : « Il s'éprend de sa jolie cousine Roxane, mais conscient de sa propre laideur, renonce immédiatement à tout espoir d'être payé en retour » (Freud, Anna, *Le Moi et ses mécanismes de défense*, *op. cit.*, p. 122). L'ensemble du chapitre « Une forme d'altruisme » laisse toutefois entendre que les « cessions altruistes » sont toujours la conséquence d'une contrainte interne.

13 Sur la structure homosexuelle de la relation entre Cyrano et Christian, voir Chabot, Jacques, « Le nez de Cyrano, s'il eût été moins laid », dans *Lire avec Freud. Pour Jean-Bellemin-Noël*, Pierre Bayard (éd.) Paris, Presses universitaires de France, coll. « Écriture », 1998, p. 69-86, et Freud, Anna, *Le Moi et ses mécanismes de défense*, *op. cit.*, p. 124.

puisqu'il joue le rôle du tentateur offrant une solution magique pour séduire Roxane. Pour Cyrano il s'agit de s'emparer imaginairement par le biais de l'identification projective de la beauté du baron Christian de Neuvillette. S'agit-il de la figuration d'une solution névrotique pour contourner l'interdit œdipien et échapper à l'angoisse de castration dans la mesure où le personnage de Roxane représenterait la mère ? L'hypothèse correspond mal au héros de Rostand qui n'est pas seulement un Rodomont ou un Matamore mais est caractérisé par le passage à l'acte permanent, comme s'il se situait réellement par-delà tous les interdits. Cyrano n'a jamais peur. Il n'a que faire de la castration, il n'y croit pas, sinon il n'exhiberait pas sans cesse son esprit, son nez et sa rapière. Il entend faire – ou plutôt contre-faire – la Loi et assumer la fonction d'un grand castrateur : « [...] j'adresse un défi collectif au parterre ! » (I, 4, v. 221) ; « Que tous ceux qui veulent mourir lèvent le doigt » (v. 227). Il ne craint pas la castration comme un névrosé, il en nie le danger comme il nie tout danger, et ce déni est précisément la condition de sa jouissance. L'expédition biquotidienne des lettres d'amour à Roxane sous le feu des Espagnols en est l'expression la plus parlante dans son agitation maniaque, mais elle n'est qu'une des manifestations de ce dédain des conditions réelles de l'existence qu'il appelle son « panache » (V, 6, v. 2572). Cyrano est au-dessus de la réalité de sa naissance ; au-dessus de la réalité économique : il gaspille en un jour la pension paternelle d'un mois ; au-dessus des convenances sociales : il interrompt un spectacle de théâtre par caprice ; au-dessus des grands : il provoque de Guiche et même Richelieu, l'interdicteur du duel, en se battant sous ses yeux. Il prétend toujours se situer au-dessus du Père. Cyrano risque sa vie, défie le réel, dénie le réel chaque jour. Aussi l'accident qui le conduit à la mort est-il susceptible d'une double lecture : soit un lâche attentat commandité par des rivaux aussi haineux que terrorisés qui en fait un martyr de la véracité contre les faux semblants, soit une simple revanche du réel qui impose une fin vulgaire – tué par la chute d'une pièce de bois échappée de la main d'un laquais et non « D'un coup d'épée / Frappé par un héros » (V, 6, v. 2482-2483) – à celui qui s'était voulu au-delà de toute vulgarité, et vient attester qu'il a « tout manqué même [s]a mort » (v. 2487).

Si la séduction par le verbe est l'aspect érotique de la jouissance de Cyrano, la haine qu'il suscite, la « pistolétade excitante des yeux » (II, 8,

v. 1027) qu'il aime voir peser sur lui est son versant narcissique. Cyrano montre sa puissance, exhibe sa lame nue à qui veut la voir, et « son épée inspire une terreur profonde » (V, 2, v. 2297).

> Et bien ! oui, c'est mon vice.
> Déplaire est mon plaisir. J'aime qu'on me haïsse.
> Mon cher, si tu savais comme l'on marche mieux
> Sous la pistolétade excitante des yeux !
> Comme, sur les pourpoints, font d'amusantes taches
> Le fiel des envieux et la bave des lâches !
> [...]
> La Haine est un carcan, mais c'est une auréole ! (II, 8, v. 1024-1029 et 1041)

Cyrano ne cesse de s'exhiber afin de provoquer le regard de la haine. Il révèle la réussite de l'identification projective : c'est désormais autrui qui est mauvais – au sens kleinien –, qui est animé par les affects représentants des pulsions de mort : l'envie et sa manifestation extrême, la haine. Chez Cyrano, nulle envie n'est perceptible, seulement la mélancolie suivant une substitution caractéristique au XIXe siècle de la passion aristocratique à la passion démocratique et honteuse[14]. Et encore la tristesse mélancolique ne se laisse-t-elle percevoir que dans de rares instants. La plupart du temps, elle semble conjurée par son envers : l'agitation maniaque. La projection de l'envie est parfaitement réussie. Cyrano, qui, comme Richard III, a le sentiment d'être injustement disgracié, échappe à l'*invidia* dans la mesure où il parvient à réduire à l'état d'envieux tous les ennemis qu'il a lui-même créés, jusqu'à de Guiche, le grand seigneur qui « a trop réussi sa vie » (V, 2, v. 2314), et qui avoue *in fine* : « Oui, parfois, je l'envie » (v. 2313). La même logique projective est à l'œuvre quand celui qui s'est compromis dans une imposture pour séduire traque sans pitié toutes les formes d'impostures : « Il attaque les faux nobles, les faux dévots / Les faux braves, les plagiaires » (v. 2296-2297). La « cession altruiste » et la protection de Christian qu'elle implique sont également le propre d'une « identification avec l'objet envié[15] » qui suit la répression de

14 Selon Melanie Klein, l'envie est la représentation affective de la pulsion de mort. Le sujet tente donc sans cesse de la faire porter à autrui par les moyens de la projection et de l'identification projective. Sur la mélancolie comme masque de l'envie, voir Wilhelm, Fabrice, *L'Envie, une passion démocratique au XIXe siècle*, Presses de l'université Paris-Sorbonne, 2014.

15 « Dans la plupart des cas la personne qui sert de substitut fut autrefois enviée » (Freud, Anna, *Le Moi et ses mécanismes de défense*, *op. cit.*, p. 120).

l'affect[16] ; la « cession altruiste » n'offre pas seulement une jouissance pulsionnelle par procuration, elle évite également l'humiliation narcissique de l'envie grâce à l'identification.

À l'instant de sa mort, Cyrano affronte des spectres. Il ne s'agit pas des figurations de ses remords comme dans une tragédie de Shakespeare, mais bien sous une forme allégorique celles des vices, de tout ce mauvais qu'il a expulsé de lui-même pour la constitution de son moi idéal et qui fait retour de l'extérieur. La Mort, la « Camarde » ose enfin « regarder son nez » (V, 6, v. 2556), mais la niveleuse a beau lui imposer la castration et le ramener au destin commun, le panache soit l'illusion inhérente à la solution exhibitionniste[17] a néanmoins le dernier mot.

Le personnage de Cyrano paraît invraisemblable mais le spectateur suspend sans mal son incrédulité. Rostand le touche au plus profond, nous l'avons vu. La toute-puissance de l'épée met en scène un triomphe des pulsions sadiques et, par leur biais, de l'omnipotence infantile sur la réalité ; concurremment, les tristesses de Cyrano, le sentiment de sa laideur, de l'injustice qu'il subit, idéalisent les souffrances de l'enfant immature, ses blessures narcissiques œdipiennes en leur conférant une grandeur tragique. Mais l'idéalisation est aussi sociale, comme elle sera historique dans *L'Aiglon*. Le spectateur est en terrain connu, il reconnaît la littérature qu'il a étudiée à l'école, dont Rostand joue et se joue, il se reconnaît lui-même dans ses amours et ses idéaux déçus, il retrouve son âme de poète en Ragueneau, il voudrait bien serrer la main de Cyrano comme de Guiche. Le temps de la représentation, l'identification à l'*ethos* aristocratique

16 La neuvième scène du deuxième acte qui précède la proposition de Cyrano à Christian offre une saisissante figuration du phénomène de répression de l'affect.

17 Sur la violence inhérente aux pulsions visuelles, voir Bonnet, Gérard, *La Violence du voir*, Paris, Presses universitaires de France, coll. « Bibliothèque de psychanalyse », 1996. Par exhibitionnisme, je n'entends pas seulement les tendances exhibitionnistes infantiles, mais le *renversement en son contraire* de l'envie, en tant que représentant de la pulsion visuelle de mort qui veut faire disparaître (*in* de *in-videre* au sens privatif) l'objet qu'elle ne peut s'empêcher de regarder fixement (*in* de *in-videre* au sens intensif). La volonté de faire disparaître l'objet correspond à l'affect de haine. L'exhibitionnisme est donc le moyen d'opérer un triomphe narcissique sur l'objet envié. En s'exposant à la haine, le sujet prend certes le risque de sa vie, mais rien n'est trop coûteux pour le narcissisme.

et romantique vient compenser imaginairement les renoncements inhérents à l'aisance économique et à l'arrivisme social. *Ruy Blas* était en 1834 une fantaisie du peuple, *Cyrano de Bergerac*, en 1897, est un rêve éveillé du bourgeois.

Fabrice WILHELM
ELLIADD (EA 4661)
Université de
Bourgogne-Franche-Comté

L'ART DE LA POINTE, OU LE POÈME AIGUISÉ

Edmond Rostand écrivait à propos d'Hercule : « Et lui, qui, dans l'orgueil dont sa force l'enivre, / Eut parfois pour la Muse un regard dénigrant, / Rend justice au poète et connaît qu'il est grand [...][1] », soulignant l'équivalence entre la force physique, les exploits du demi-dieu et ceux, intellectuels, du rimeur. Ce poème s'inscrit dans une tradition littéraire cherchant à rétablir l'image ternie du versificateur, à reconnaître sa validité, tout autant que la pièce *Cyrano de Bergerac*, dans laquelle la figure éponyme se nomme justement « Savinien-Hercule » (I, 4, v. 389), puis « Hercule-Savinien » (V, 6, v. 2539)[2]. La mise en scène du poète, bretteur et philosophe historiquement célèbre, permet à Edmond Rostand d'interroger l'engagement poétique et sa légitimité dans les sociétés du XVIIe, du XIXe siècle et même au-delà, validité reconnue par Hercule. De quelle manière le héros rostandien représente-t-il alors une alternative aux poètes considérés « crottés » et « maudits » ? L'écriture poétique, dans *Cyrano de Bergerac*, s'apparente à une action militaire, permettant à la figure, un poète, de lutter contre la maladie du siècle, la neurasthénie, adversaire de l'enthousiasme. Ce duel quasi philosophique met en valeur son indépendance, participe à la création d'un tableau dramatique, visant à convaincre le spectateur de s'identifier à la cause défendue et, *in fine*, de s'y convertir.

1 Rostand, Edmond, « Les Douze Travaux », *Le Cantique de l'Aile*, v. 296-298, Paris, Charpentier et Fasquelle, 1922, p. 242.

2 Les références sont prises dans Guérin (éd.).

L'ART DE LA POINTE
OU LE POÈME AIGUISÉ

Cyrano de Bergerac est poète mais aussi cadet aux Gardes, apprenant le métier de la guerre, et bretteur, friand de duels et du maniement de l'épée. L'instrument de prédilection, appelé « colichemarde » (v. 95), « estoc » (v. 109), « glaive » (v. 120), « bistouri » (v. 231), « espadon » (v. 411), « broche » (v. 430) ou « épée » (v. 2481) souligne les multiples interprétations attribuées au combat. L'épée telle que définie par son utilisateur sert diverses fonctions : elle est arme de duel et de bataille d'épaisseur et de longueur variables. Elle est aussi, pour Cyrano, un instrument de chirurgie qui permet de couper, d'autopsier, de sonder les profondeurs du corps, de l'esprit humain et de la société. Elle sert également à embrocher et à « rôtir » non pas seulement la carcasse d'un animal pour le déguster, mais aussi celle des « fâcheux » s'opposant aux idéaux défendus par le bretteur[3]. Pour peu qu'il soit tranchant, aiguisé, l'outil permet à Cyrano de piquer à vif pour ne pas être piqué. La diversité des termes utilisés pour définir l'épée marque l'universalisation de la pratique poétique.

Le choix d'une deuxième profession – bretteur pour Cyrano ou même pâtissier pour Ragueneau – met en lumière le sort des poètes dans la société française. S'ils ne sont pas pris en charge par des mécènes, ils peuvent difficilement gagner leur vie et sont socialement déconsidérés. En étant soldat, Cyrano s'assure une indépendance littéraire et financière ainsi qu'un certain renom, même si les Gascons ont aussi mauvaise presse que les poètes. En effet, il s'interdit de prendre un patron et façonne ses vers comme bon lui semble, sans y « changer une virgule » (II, 7, v. 933). Il « musarde » car son épée « protectrice » sauvegarde sa licence poétique, défend ceux que la société musèle, et force au mutisme les déplaisants : elle libère la parole ou la réprime. En effet, dès que la verve cyranesque peine à se contenir, l'épée frémit, comme incontrôlable dans son fourreau. La parole poétique et l'ardeur au combat participent à l'expression franche de soi.

---

3 En anglais, le terme « rôtir », *to roast*, signifie « réprimander ou critiquer sévèrement ».

L'épée, cette « lame longue et effilée », porte aussi le nom de « brette », dont l'origine provient du XVIIe et du XVIIIe siècles et d'où le terme « bretteur » est dérivé. La « brette » s'avère également un « outil de maçonnerie à face armée de dents, employé pour dresser un crépi grossier[4] ». En d'autres termes, cet instrument denté était utilisé par des charpentiers, par des artisans. Si la « brette » se rapporte à l'artisanat, à la fabrication, elle peut s'apparenter à l'origine du terme poème, provenant du verbe grec *poiein* et signifiant « produire » ou « faire ». Partant de cette étymologie, la poésie est envisagée comme une action, comme un geste à part entière. C'est ce que théorise Maurice Blondel lorsqu'il écrit :

> [...] *poiein* s'applique à toutes sortes d'opérations, depuis celles qui modèlent de la glaise jusqu'aux réalisations les plus hautes de l'artiste ou du poète. Mettre les mains à la pâte, sculpter une Minerve, incarner la pure poésie dans la précieuse matière des mots évocateurs et des sons cadencés, c'est toujours exercer ce métier de fabrication idéaliste qui a fait définir l'homme : *homo faber*[5].

Tout comme l'artisan, le poète en écrivant, brette, agit, combat, façonne son poème. Ce rapprochement remet en question le concept platonicien selon lequel le rimeur ne serait que le réceptacle d'une révélation divine. Il souligne la maîtrise nécessaire du métier vu comme un art semblable à de l'improvisation, de la « musardise » participant non plus à la représentation mais à la construction de l'univers *in medias res*.

La création de nouvelles perspectives, signe de progrès, ne peut naître de règles préétablies. La rhétorique cyranesque ouvre l'esprit à une interprétation inédite du monde. Nombre de verbes figurant dans les tirades font état de cette ouverture par la lame (ou par l'âme poétique) : « pourfendre » (v. 119), « désentripailler » (v. 196), « amputer » (v. 316), « pointer » (v. 348), « larder » (v. 417), « couper » (v. 434), « ouverts à coups d'épée » (v. 691), pour n'en souligner que certains. Les exploits guerriers et poétiques du personnage sont le miroir d'une époque « ouverte » aux différentes possibilités d'explorations littéraires, selon la formule de Michel de Montaigne[6]. Ils reflètent aussi une fin de siècle en

4 *Dictionnaire Larousse de la langue française* en ligne, https://www.larousse.fr/dictionnaires/francais/brette/11101

5 Blondel, Maurice, *L'Action. Le problème des causes secondes et le pur agir* (1893), Paris, Presses Universitaires de France, 1949, t. I, p. 55.

6 Souiller, Didier, « D'un art poétique baroque », *Littératures classiques*, n° 36, « Le Baroque en question », 1999, p. 46.

transition, partagée entre l'idéalisme du symbolisme et le réalisme, le naturalisme issus du positivisme. La carrière de Cyrano, figure emblématique d'un XVIIe siècle multiple, semble donc servir cette recherche d'ouverture et d'harmonie.

Catulle Mendès s'exprime sur l'écriture dans *Cyrano* : « [...] de partout à la fois jaillissent, glissent, tintent et tintinnabulent, des scintillements de verbes qui s'entrechoquent, pareilles à des pointes d'épées [...][7]. » En affrontant l'acteur Montfleury et le parterre de l'hôtel de Bourgogne, le vicomte de Valvert et le comte de Guiche, Cyrano désarçonne par ses « jongleries verbales » qui pourfendent la médiocrité d'un « siècle gris, terne, triste », d'un « siècle bourgeois[8] ». Malgré un langage fleuri de néologismes, le bretteur cherche à viser juste. En effet, puisque, « à la fin de l'envoi, [il] touche, » la pièce respecte en tout point l'art de la pointe, cher aux écrivains du XVIIe siècle, et rappelle les propos du véritable Cyrano de Bergerac dans ses *Entretiens pointus* :

> La pointe n'est pas d'accord avec la raison : c'est l'agréable jeu de l'esprit, et merveilleux en ce point, qu'il réduit toutes les choses sur le pied nécessaire à des agréments, sans avoir égard à leur propre substance [...] ; cette étrange et prompte métamorphose se peut faire sans scrupule, et toujours on a bien fait, pourvu qu'on ait bien dit [...][9].

Paradoxalement, l'art de la pointe risque de vider les discours du bretteur de tout leur sens, de toute leur profondeur. En fait, selon Samuel Johnson, la pointe correspond, au XVIIe siècle, à l'esprit (*wit*), verve que le héros rostandien possède. Il constate : « Mais la pointe (*wit*) en faisant abstraction de son effet sur l'auditeur, peut être considérée [...] comme une sorte de *discordia concors* ; une combinaison d'images dissemblables ou une découverte de ressemblances occultes dans des choses apparemment différentes [...][10]. » En désaccord avec les mœurs de son époque, le personnage rostandien s'érige à coups de « non-mercis, » dont la construction est tranchante comme une lame. L'art de la répartie, art que ne possèdent ni le vicomte de Valvert ni Montfleury et que Cyrano déplore, accentue son opposition aux règles établies. Valvert, ce

7 Mendès, Catulle, « Premières représentations », *Le Journal*, 30 décembre 1899.
8 Bergerat, Émile, Préface, *La Nuit bergamasque. Théâtre en Vers 1884-1887*, p. 137.
9 Cité dans Souiller, Didier, « D'un art poétique baroque », art. cité, p. 56.
10 Cité *ibid.*, p. 51.

« bélître », n'a pas assez « de Nez » (I, 4, v. 301), comme Cyrano le dit du fâcheux. Il manque de perspicacité, de clairvoyance, d'intuition et sa réplique « est un peu court[e] » (v. 312). Comme Christian, il n'a pas assez d'esprit pour débattre.

L'art de la pointe – assurée par « l'improvisade » – illustre la constante mouvance des concepts, des atmosphères et des situations, nuances nécessaires à la vraisemblance. À ce monde kaléidoscopique correspond la fragmentation de l'alexandrin rostandien, haché, découpé par des césures. Cette dissection s'apparente au travail de l'épée[11] et montre un poète aux prises avec son temps et ayant recours à une « écriture-bravade[12] » dont les phrases « ne sont autre chose que des gestes dramatiques, des sortes d'envolées spirituelles de bras avec la pointe finale, » destinée à libérer l'émotion[13]. Un calembour du premier acte : « Je vous en prie, ayez pitié de mon fourreau / Si vous continuez, il va rendre sa lame » (I, 4, v. 206-207) rapproche l'épée de l'expression de l'âme. En effet, chaque âme possède sa propre interprétation du monde retranscrite dans une profession ou une tâche adéquatement exécutée. Il suffit de la révéler, de la libérer. Cyrano est un artisan-poète qui (re)compose le monde à la pointe de sa plume, avec panache. La lame raconte « l'histoire de son âme », et celle, universelle, des âmes[14].

11 Henri Bergson reconnaissait que la langue n'exprimait qu'imparfaitement la pensée, la trahissant et la traduisant : Cahen, Gérald, « L'Ironie ou l'art de la pointe », *Lignes*, Hazan, 1996, p. 5. URL : https://www.cairn.info/revue-lignes0-1996-2-page-10.htm (consulté le 27/09/2021).

12 Vernois, Paul, « Architecture et écriture théâtrales dans *Cyrano de Bergerac* », *Travaux de linguistique et de littérature de l'Université de Strasbourg*, vol. IV, nº 2, 1966, p. 120.

13 Boillot, Félix, « La construction de la phrase dans *Cyrano de Bergerac* », *Français Moderne*, vol. VII, 1939, p. 314.

14 En effet, Edmond Rostand, comme Théodore de Banville avant lui, raconte « l'histoire des cœurs » qui pourrait être renommée « histoire des âmes », une vérité personnelle reposant sur l'attitude d'un protagoniste face aux difficultés ambiantes.

« L'ÂME MOUSQUETAIRE » CONTRE LA MALADIE DU SIÈCLE

Les joutes verbales engagées par Cyrano servent également de parades fanfaronnes mobilisant l'attention, masquant les douleurs sentimentales tout en mettant en valeur la témérité d'un mousquetaire. Le Bret déclare justement que son ami, comme d'Artagnan, a « l'âme mousquetaire », cet esprit de contradiction et, surtout, d'exagération, qui le place toujours dans l'adversité. Cet être « hétéroclite » « ne vit pas comme les autres hommes » et son goût baroque « pour l'expérimentation et [sa] méfiance à l'égard des formes fixes[15] » font de lui un personnage de théâtre à part entière. Attiré par l'infinie possibilité des « vers qu'on ne finit jamais » ou qu'on modifie au gré des représentations, Cyrano (ré)invente la verve poétique comme l'action dramatique[16].

L'âme mousquetaire de Cyrano lutte contre ce qu'Edmond Rostand nomme « la maladie littéraire[17] », une neurasthénie, affection dont « [l]e relâchement de la volonté est un des signes les plus caractéristiques [...] ; le passage de la conception à la réalisation ne peut, chez le neurasthénique, s'exécuter sans effort, et cet effort, il se sent dans la presque impossibilité de l'entreprendre[18]. » L'art symboliste mesure l'écart entre le mot et la représentation juste de l'idée, prise de conscience qui paralyse l'élan créateur. Estimant que les concepts ne peuvent trouver de représentation adéquate à l'écrit, des auteurs comme Mallarmé préfèrent les mots suggestifs dont le lecteur se saisira pour se représenter le monde. Le spectacle requiert

15 Souiller, Didier, « D'un art poétique baroque », art. cité, p. 46.

16 Rostand, Edmond, « La Ballade des vers qu'on ne finit jamais », *Les Musardises 1887-1893*, Paris, Charpentier et Fasquelle, 1919, p. 119.

17 Dans une lettre à sa fiancée datant de 1888, le jeune auteur avoue : « Je suis dans un curieux état littéraire en ce moment. J'ai une foule d'idées qui grouillent, qui grouillent dans ma tête, sans savoir exactement lesquelles. À chaque instant j'ai envie d'écrivailler ; n'importe quoi. J'éprouve comme une souffrance de ne rien produire. Je sens en moi toutes sortes de choses qui ont besoin de s'en aller sous la forme de prose ou de vers, peu importe, vous connaissez ça ?... Et cet état s'accompagne d'un ennui, d'un dégoût de tout, d'un énervement très particulier... Oh ! le curieux malaise littéraire !... » (Rostand, Edmond, *Lettres à sa fiancée*, précédées de *Le Gant rouge*, Paris, Nicolas Malais, 2009, p. 12, correspondance datant de 1888).

18 Bourguignon, J., *La Neurasthénie : ses causes, ses symptômes, son traitement*, Paris [s.n], 1911, p. 9.

donc un effort de la part du lecteur. Héritier du symbolisme, Edmond Rostand cherche aussi l'harmonie du fond et de la forme. La tournure figée et évocatrice, jugée trop hermétique, il met en scène l'exécution du poème par l'entremise du geste militaire pour la démystifier. Car ce qui est représenté sur scène, c'est l'atelier du poète, c'est la stratégie poétique de Cyrano qui compose, découpe et trouve les rimes.

L'agencement du verbe est rendu palpable par les jeux de l'épée. Alors qu'il déclame la ballade du duel, la didascalie précise qu'« *il fait ce qu'il dit, à mesure* » (I, 4, v. 71). L'épée bat la mesure pour faciliter la versification, le choix du titre et de la rime (pour mettre en appétit). Cyrano se met ensuite à l'aise, tire son arme (supposons sa plume) et prévient son adversaire des coups portés. Il attaque, cherche à nouveau ses rimes et conclut en orateur, en anaplodiplose, en « bouclant la ligne qu'il a *ouverte* ». L'épée met en geste le poème qui, comme une *gesta* médiévale, « une action d'éclat accomplie », raconte la genèse du poème, modulable au fil du temps. Cette versatilité explique peut-être le succès de *Cyrano de Bergerac* au cours des décennies.

La pièce rappelle la naissance, au XIIIe siècle, d'une « poésie personnelle » et récitée qui est le cadre d'une « dramatisation du moi ». Elle s'oppose aux chansons de geste édifiantes, anonymes et au chant des troubadours, en ce sens qu'elle définit le « moi » à partir des circonstances de la vie des poètes qui la composent. La subjectivité de l'auteur s'affirme car le poète ne s'y confie pas. Il y a théâtralisation et exhibition d'un personnage qui correspond aux projections de l'auteur. Dans ce cas, la figure du poète – la représentation que le poète se fait de lui-même – est une fiction, une *vida*, une « pseudo-confidence d'une expérience personnelle[19] ».

Construite comme *gesta*, la pièce rostandienne affirme l'individualité de Cyrano qui ne correspond à aucun « type » représenté dans le théâtre du XVIIe siècle ou dans la *commedia dell'arte*. Bien que son long nez rappelle celui de Pantalonne, en combattant les idées reçues, les torts de son siècle, le personnage adopte une « attitude », montrant bien qu'à coup de batailles, il peut transcender sa condition – la laideur d'un attribut physique, le nez – qui pourrait paralyser l'élan créateur. Mais, au contraire, Ragueneau souligne que cette particularité échauffe l'exagération (I, 2, v. 113-116). De « crotté » et « maudit, » le poète devient respectable. Au

19 Zink, Michel, *La Subjectivité littéraire : autour du siècle de Saint Louis*, Paris, Presses Universitaires de France, 1985, p. 211.

deuxième acte, les mots de Cyrano dans sa lettre à Roxane contrastent avec ceux des poètes parasites reçus chez Ragueneau : le bretteur se nourrit de poésie, non de pâtisseries. De ce fait, le naturalisme zolien et le fatalisme des décadents semblent contestés. Le poète, s'il est le produit de son environnement, peut le dépasser en ferraillant et en poétisant. Cet optimisme enthousiaste – le fondement de l'âme mousquetaire – anéantit la « maladie du siècle » et s'ouvre à la création.

Afin d'éveiller l'émotion du public, l'« attitude », plutôt que le « caractère » ou la « condition », est privilégiée par Edmond Rostand. Robert Abirached explique :

> Quant au spectateur, enfin, il devient malaisé de le fondre dans une masse qu'il s'agirait d'instruire ou de moraliser : tout porte à s'adresser à lui individuellement pour l'émouvoir poétiquement, en lui donnant accès à une région de la vie dont il a été expatrié. Plutôt qu'à son intelligence, il faut alors faire appel à sa sensibilité et à son pouvoir de rêver, pour le sortir de son ghetto psychologique et briser le carcan social qui l'enserre. À l'instar du lecteur de poèmes ou du contemplateur de tableaux, il apprendra peut-être devant la scène à mettre en cause son être le plus intime[20].

Pour dépasser ses limites et inspirer le spectateur, la rhétorique cyranesque est d'abord destructive par « abnégation héroïque » puis constructive. Ce comportement constitue le fondement du panache qui est « souvent, dans un sacrifice qu'on fait, une consolation d'*attitude* qu'on se donne[21] ». Le combat mental de Cyrano, cet élan, cette ivresse mènent à un « état de grâce[22] », une catharsis qui survient « à la fin de l'envoi ». Son duel avec Valvert emporte la foule : « Ragueneau danse d'enthousiasme » (didascalie I, 4, p. 73) et admire encore l'exploit, le lendemain, « avec un enthousiasme croissant » (didascalie II, 3, p. 102)[23]. La lutte cyranesque entraîne les personnages secondaires, comme les spectateurs, au-delà d'eux-mêmes dans une communion assurée par le théâtre.

---

20 Abirached, Robert, *La Crise du personnage dans le théâtre moderne*, Paris Gallimard, coll. « Tel », 1994, p. 178.

21 Rostand, Edmond, *Discours de réception à l'Académie française, le 4 juin 1903*, Paris, Charpentier et Fasquelle, 1903, p. 34-35.

22 Forrier, Michel, *Chantecler, un rêve d'Edmond Rostand*, Paris, Orthez, éditions Gascogne, 2012, p. 163.

23 Dans *La Princesse lointaine* (I, 2), le frère Trophime corrobore ces propos en s'exclamant : « Ah ! l'inertie est le seul vice [...] ! / Et la seule vertu, c'est [...] l'enthousiasme » (Rostand, Edmond, *La Princesse lointaine*, *Théâtre Complet*, Paris, Omnibus, 2006, p. 748).

« CHANTER, C'EST MA FAÇON DE ME BATTRE ET DE CROIRE »

Le théâtre, comme le poème, est le champ de bataille propice à la mise en relief de combats d'idées invitant à une prise de position. Au deuxième acte de la pièce, un cadet de Gascogne, souhaitant que Cyrano raconte ses exploits poétiques et militaires à la porte de Nesle, explique : « Le récit du combat ! Ce sera la meilleure / Leçon (Il s'arrête devant la table où est Christian.) Pour ce timide apprentif ! » (II, 9, v. 1045-1046). Mais quelle est cette leçon d'âme révélée par la maîtrise de l'épée ?

En début de pièce, Cyrano annonce : « J'ai décidé d'être admirable, en tout, pour tout » (I, 5, p. v. 481). Afin de devenir digne d'admiration, la figure centrale doit se donner en spectacle pour convaincre et rallier les personnages secondaires et les spectateurs, d'où l'importance de la poésie et du théâtre, du fond et de la forme, de l'expression de l'âme par la lame. D'après le poète dramatique :

> Le véritable esprit [comparable à l'art de la pointe] est celui qui donne des ailes à l'enthousiasme. [...] Et voilà pourquoi il faut un théâtre où, exaltant avec du lyrisme, moralisant avec de la beauté, consolant avec de la grâce, les poètes, sans le faire exprès, donnent des leçons d'âme ! Voilà pourquoi il faut un théâtre poétique, et même héroïque ! [...] les personnages de théâtre sont les correspondants chargés de nous faire sortir de cet éternel collège qu'est la Vie – sortir pour nous donner le courage de rentrer ! et sans médire de ceux qui, dans notre intérêt, nous gâtent un peu nos dimanches, celui qui nous fait encore le mieux *sortir*, c'est un héros[24] !

Afin de délivrer le spectateur de sa routine accablante, Cyrano doit d'abord (re)conquérir l'espace scénique et le hors-scène. Par souci de sincérité et de vérité, il doit littéralement percer, mettre à jour la leçon d'âme dissimulée sous les apparences. Pour ce faire, comme il en est question dans le recueil *Le Vol de la Marseillaise*, Edmond Rostand met en scène un poème dramatique dont le but ultime, comme l'hymne en temps de guerre, est de s'emparer des âmes pour leur restituer une patrie, une appartenance. Le chant rostandien, selon Glen Fetzer, « facilite la prise

24 Rostand, Edmond, *Discours de réception à l'Académie française, le 4 juin 1903*, *op. cit.*, p. 32-33.

de possession[25] ». En effet, « l'être sublunaire » qu'est Cyrano se fait déjà connaître bien avant son apparition sur les planches : les personnages font monter la tension dramatique en début de pièce en insistant sur sa nature frondeuse.

Les paroles de Chantecler : « Chanter, c'est ma façon de me battre et de croire » peuvent s'appliquer aux gestes de Cyrano ayant recours au chant, issu de l'âme, pour enseigner. Au premier acte, sa voix, manifestation physique et symbolique de sa verve poétique, perce les coulisses pour se frayer un chemin vers la foule. « UNE VOIX, au milieu du parterre » (entrée I, 3, p. 45), venue assister à la représentation de *La Clorise*, devient « LA VOIX » (entrée p. 47). Les amis de Cyrano sont les premiers conquis. Ils le décrivent comme plus réaliste qu'un portrait de Philippe de Champaigne et tout aussi étrange que les gravures de Jacques Callot, peintre de dix-huit eaux fortes sur *Les Grandes Misères de la Guerre*. Ce portrait fait éclater le cadre « solennel » et rapproche la figure rostandienne du « fantasque et [du] fantastique » soulignant le côté révolutionnaire et frondeur du personnage qui, miroir de ce portrait, combat la gravité de son siècle et s'impose.

Au théâtre, l'action poétique et militaire s'unissent pour former un tableau dont la perspective perfore le cadre imposé par le quotidien. Elle a le pouvoir de chasser les mauvais acteurs, de rassurer les cadets affamés au siège d'Arras et se fait (re)connaître de Roxane, à la « lecture » d'une lettre de Christian dans la pénombre du dernier acte. Plus la pièce avance, plus la voix de Cyrano prend possession de l'espace scénique. Le pacte signé avec Christian pour créer un « héros de roman », une fois acté, n'est-il pas la conquête d'un espace supplémentaire par le chant ? La voix agit comme la brette : elle s'introduit dans le corps de Christian pour s'en emparer et indique au spectateur, par la pointe, la voie à suivre.

En effet, le héros, comme Villebois-Mareuil, doit réaliser un tableau original, qui prend vie sur scène et s'étend au-delà. La ballade du duel et la bataille contre cent à la porte de Nesle en sont des exemples. Pour la première, la didascalie précise : « Tableau. Cercle de curieux au parterre. Les marquis et les officiers mêlés aux bourgeois et aux gens du peuple ; les pages grimpés sur les épaules pour mieux voir [...] » (didascalie I, 4,

25 Fetzer, Glen, « Poésie et patrie chez Edmond Rostand », dans *Edmond Rostand. Renaissance d'une œuvre*, Actes du colloque international des 1er et 2 juin 2006, Guy Lavorel et Philippe Bulinge (éd.), Lyon, Université Jean Moulin, Centre d'études des interactions culturelles (CEDIC), 2007, p. 122.

p. 71) ; puis Cyrano, s'apprêtant à se rendre à la porte de Nesle : « Un cadre se prépare, exquis, pour cette scène » (I, 5, v. 606). Le panorama narratif a pour but de réunir les différentes couches sociales pour une expérience théâtrale totale. Il encourage les personnages et le spectateur à unir le geste héroïque à la parole poétique pour (r)établir une harmonie entre les contraires – entre la fiction et la réalité, entre le symbolisme et le réalisme, entre le sublime et le grotesque, entre l'ombre et la lumière, entre le poète et le monde : autant de possibilités qui se présentent à un multi-compétent, à un écrivain, un bretteur, un philosophe et un musicien… Dans un siècle qui l'enferme, l'influence du poète bretteur s'étend plus loin que les galeries du théâtre, pour s'ouvrir et accueillir l'univers.

L'art du tableau dans *Cyrano* permet de (re)conquérir la liberté dérobée et trouve son importance dans les éléments du décor. Pour celui de l'acte IV, qui doit mettre en scène un camp militaire à la bataille d'Arras, « *un horizon de plaine* » (tableau IV, p. 232), Edmond Rostand recommande aux directeurs de se pencher sur les œuvres de Jacques Callot et de Philips Wouwermans, qui, toutes deux, présentent jusqu'à la disposition des troupes au combat et la cavalerie à l'arrêt devant la tente de la cantinière ou, encore, le mouvement des troupes pendant la bataille et la composition des camps militaires. Les directeurs doivent s'inspirer des « gravures de batailles de l'époque » et voir des tableaux du peintre flamand Frans Van der Meulen pour donner à cette scène de la vraisemblance. L'aspect militaire du décor ancre la poésie dans le quotidien. Ces stratégies dramatiques aident le spectateur à comprendre la portée de la poésie et à s'approprier le destin du personnage central[26]. Le tableau créé par la chevauchée lyrique offre au public la possibilité de vivre la vertu curative du rêve poétique. Cette conduite libère le lyrisme : elle confirme l'adage selon lequel « un poète empêché est aussi un poète dépossédé[27] ».

C'est pourquoi la reprise des techniques de cape et d'épée – une forme historique populaire racontant les exploits d'un héros et l'ambiance d'une époque – illustrent, sous forme de tableaux, l'activité cérébrale d'un poète. Les rebondissements de la pièce, qui font l'attrait du genre, correspondent à une conduite de rimeur : l'attaque d'un acteur médiocre,

---

26 Rostand, Edmond, L.A.S (fin 1912), à Jean Coquelin ; 3 pages in-4. inv. 99-81 Mn 721, BNF Arts du Spectacle.

27 Pernot, Denis, « Rostand de Guerre », *Revue d'histoire littéraire de la France*, vol. CXVIII, 2018/4, p. 812.

la défense du poète « crotté », Lignière, la séduction d'une femme par l'entremise de l'écriture et d'exploits chevaleresques, la création d'un héros de roman, le réconfort poétique apporté aux soldats affamés par le siège d'Arras, le franchissement des lignes ennemies pour transmettre des missives à l'être cher, la déclamation de brillantes tirades pour dénoncer des adversaires, le refus de prendre patron sont autant de « bravades » (v. 1842) et de « mousquetades » (v. 1843). Issues du cerveau du poète, elles visent toutes un recouvrement physique de l'espace. Le combat n'est pas extérieur à Cyrano, il est inhérent à son âme et c'est son âme qui alimente l'imaginaire du public. En « entrepreneur de spectacle », le personnage est « son propre montreur[28] ». Le métier de poète, mal compris ou souvent bafoué, reprend ses droits au fil de ces duels.

La mauvaise réputation de la profession remonte à *Ion*, œuvre dans laquelle la recherche exclusive du savoir et de la vérité mène Platon à remettre en cause la place de la poésie et du poète dans la Cité grecque du IVe siècle. À travers *Ion*, le philosophe pointe du doigt les rhapsodes qui négligent le contenu au profit de la forme et ceux qui mettent en avant l'apparence du savoir, ce qui explique leur exclusion de la République. La leçon transmise par le Cyrano de Rostand est que la poésie est un engagement personnel pour le collectif : la représentation d'une réalité poétique agit comme témoignage auprès des spectateurs qui, à leur tour, s'engageront selon leurs convictions. En guise de pied de nez à Émile Magne, estimant que *Cyrano* ne respecte pas exactement l'histoire, Edmond Rostand répond : « Qu'un vain paperassier cherche, gratte, s'informe, / Même quand il a tort, le poète a raison[29] », montrant ainsi qu'il existe une multitude de vérités que chacun, en tant que poète, peut défendre et imposer pour l'avancée du monde. Le versificateur regagne ainsi sa place de valeureux citoyen dans la république.

Géraldine VOGEL
Université de Strasbourg

28 Vernois, Paul, « Architecture et écriture théâtrales dans *Cyrano de Bergerac* », art. cité, p. 117-118.
29 Rostand, Edmond, « Dans la Crypte des Capucins à Vienne », *L'Aiglon*, préface de Patrick Besnier, Paris, Gallimard, coll. « Folio », 1986, p. 388.

POÉTIQUE DU SOUFFLEUR

S'il est admis que *Cyrano de Bergerac* comporte un discours étendu sur le théâtre et ses pouvoirs[1], moins courant est le fait que cette pièce renferme également un faisceau non moins cohérent d'idées et de propositions sur la poésie, conçue à la fois comme univers de langage, éthique du sensible et vision du monde. Le vers et ses ressources attestent avec assez de netteté que le choix adopté par Rostand outrepasse largement le cadre restreint du théâtre versifié proprement dit, comme il excède pour une bonne part les limites imparties au poème dramatique par le théâtre dit « poétique » des années 1890-1900. *Cyrano de Bergerac* invite à réévaluer les rapports intimes du théâtre et de la poésie en rehaussant le fait poétique d'un relief censé lui conférer à la fois consistance existentielle et visibilité historique.

Car le discours sur la poésie se décline selon des situations dramatiques qui possèdent pour la plupart leur coloration et leur tonalité spécifiques ; il se diffuse en outre dans une aire d'accueil et de réception qui permet d'en situer plus précisément les résonances et d'en apprécier avec justesse les visées pragmatiques et polémiques. Le personnage éponyme de la pièce – membre de la compagnie des Gardes, mais surtout et d'abord poète, philosophe et libre penseur – offre à l'attention du lecteur un terrain d'enquête privilégié : en lui convergent et se combinent des accents et des formules qui, liés en gerbe, forment comme un idiome singulier voué à promouvoir une certaine idée de la poésie ou plus exactement un état d'existence placé sous le signe électif des Muses, à l'exclusion de tout autre allégeance, excepté l'amour. Il serait sans doute exagéré de dire que cette pièce est aussi, d'une certaine façon, l'essor d'une parole enfin dégagée des ruses du monde et des chicanes de la réflexion, la venue progressive d'un verbe retrempé à sa source native et éclairé des feux de sa propre

1 Je renvoie sur ce point à Bourgeois, Jean, « *Cyrano de Bergerac* d'Edmond Rostand : le théâtre dans le théâtre », *Revue d'histoire littéraire de la France*, vol. CVIII, 2008/3, p. 607-620.

aurore. Le « bretteur » bruyant et le « rimeur » provocateur cèdent le pas à l'homme aux aveux tardifs et devenus presque impossibles. Ainsi le « Grand riposteur du tac au tac » (V, 6, v. 2537)[2] pourrait accéder *in fine* à un dire selon le cœur quoique encore retenu au bord du néant : « Je vous dois d'avoir eu, tout au moins, une amie, avoue-t-il à Roxane. / Grâce à vous une robe a passé dans la vie » (v. 2516-2517).

Tout vient trop tard dans *Cyrano de Bergerac* – et ce temps hors du temps, proprement désynchronisé, est ce qui rend le mieux compte de la situation de la poésie dans la pièce et à l'extérieur de la pièce, dans l'histoire de cette comédie héroïque située entre 1640 et 1655 et aux frontières d'un texte qui se veut aussi miroir accusateur d'un moment de déclin poétique, celui du symbolisme et de ses suites dans les années 1890-1900. On comprendra mieux dès lors que Cyrano soit à la fois le poète armé, « versé dans les colichemardes » (I, 2, v. 95), et le répétiteur des grands lieux de la poésie française, dont il est l'orchestrateur dévoué. Un terme le définirait sans doute idéalement, comme il permettrait du même mouvement de qualifier Rostand écrivain : celui de « souffleur ». À la scène 6 de l'acte V, Cyrano déclare : « Oui, ma vie, / Ce fut d'être celui qui souffle – et qu'on oublie ! » (v. 2496-2497). Empruntée au lexique technique du théâtre, la métaphore désigne un emploi qui peut sembler subalterne, mais qui en vérité concourt à l'efficience de la parole scénique et à l'entretien de l'illusion théâtrale. De même, le souffleur poétique serait celui qui énonce le texte sans tenir le rôle, restant en retrait, dans l'ombre du corps et de la voix. Voix elle-même discrète, effacée et comme inaudible, mais suffisamment sûre et infaillible pour dire les mots avant l'heure, anticipant la profération d'un court laps salvateur. Car la voix du souffleur est, poétiquement, le continuum d'une mémoire des textes, le tracé d'une histoire revivifiée des œuvres et des génies.

On s'attachera ainsi à suivre dans ses grands déplacements ce courant régénérateur de la poésie éternelle, telle qu'il se dessine dans la pièce de Rostand. Des vertus du grotesque – nécessairement rapportées à une certaine verve héroïque et sublime – à la quête inlassable d'un second « souffle », signe d'une renaissance contemporaine du moi, *Cyrano de Bergerac* revisite les allées de la poésie française du XVIe au XIXe siècle, tout en explorant les possibles d'une parole lyrique, suspendue entre sincérité et illusion, pureté et artifice, transparence et opacité.

2 Les références sont prises dans Guérin (éd.).

VERTUS DU GROTESQUE

« Tout, dans *Cyrano*, est rétrospectif, écrit Jules Lemaître en 1898 ; tout, et même le romantisme moderne qui vient s'ajuster si aisément aux imaginations du romantisme de 1630[3]. » Quelques années plus tard, Henri Ghéon fait chorus : « Comment saluer en *Cyrano de Bergerac* l'avenir du théâtre quand tout le passé s'y condense[4] ? » Si aux yeux des observateurs avisés manque à cette pièce la force de rupture qui caractérise les « œuvres inauguratrices », en revanche tous s'accordent à penser que la tradition s'y manifeste en un concentré démonstratif et facilement ingérable. Mais de quelle tradition s'agit-il ? Comme le rappelle Jeanyves Guérin, prévaut au tournant du siècle l'appréciation selon laquelle *Cyrano* ne serait que l'ultime gerbe du drame romantique et qu'en somme la poésie qui le modèle tout en le teintant des couleurs d'un romanesque pittoresque et sentimental proviendrait également des propositions esthétiques des années 1830-1840[5].

Nourricière à plus d'un titre, la « filière » romantique des Hugo, Dumas, Musset, Banville et Gautier retient des auteurs – auxquels on pourrait ajouter Nerval, par exemple – qui auront été les artisans d'une réévaluation enthousiaste des apports du Moyen Âge, de la Renaissance et de l'âge baroque. Non seulement la génération de 1830 s'est employée à ressusciter le passé – pour y puiser les germes d'un renouveau, voire les moyens d'un dépassement – mais de plus elle a, dans la grande majorité des options esthétiques qui s'offraient à elle, abrogé le décalogue des principes classiques et privilégié l'inflexion du grotesque dès lors conçue comme une signature moderne. Le débat est connu qui structure puissamment la préface de *Cromwell* (1827) et se poursuit en d'utiles et brillantes ramifications dans le *Choix des poésies* de la Renaissance procuré par Nerval en 1830. Il s'agit principalement de renouer avec les lignes de force d'une poésie nationale, dont les racines sont à chercher non dans

3 Lemaître, Jules, « Revue dramatique », *Revue des Deux Mondes*, 1er février 1898, p. 700. Cité dans Guérin (éd.), Préface, p. LXXXII.

4 Ghéon, Henri, « Le lyrisme de M. Rostand », *Nos directions*, Paris, Gallimard, 1911, p. 192. Cité dans Guérin, Jeanyves, *« Cyrano de Bergerac » d'Edmond Rostand*, Paris, Presses Sorbonne Nouvelle, coll. « Un auteur, une œuvre », 2018, p. 117.

5 *Ibid.*, p. 117-118, et Guérin (éd.), Préface, p. XCI-XCVI.

le terreau des œuvres classiques, censées illustrer la grandeur et le génie d'un peuple, mais dans des pratiques et des filiations plus marginales, plus souterraines aussi, et le plus souvent durablement ensevelies dans l'oubli. Aussi la question que Nerval rappelle en 1830 laisse-t-elle planer l'augure d'une autre histoire de la poésie, prenant sa source à l'amont des réformes entreprises par Malherbe et Boileau : « Il s'agite actuellement en littérature une question fort importante : on se demande si la poésie moderne peut retirer quelque fruit de l'étude des écrivains français, antérieurs au dix-septième siècle[6]. » L'interrogation porte sur l'éminence et la pertinence des modèles ; elle engage une perspective critique susceptible de dessiner d'autres généalogies et d'inventer de nouveaux gisements, d'idées et de formes. Car, comme le souligne encore Nerval, « il faut l'avouer, avec tout le respect possible pour les auteurs du Grand Siècle, ils ont trop resserré le cercle des compositions poétiques [...] : au point qu'il ne nous reste que deux partis à prendre, ou de les surpasser [...], ou de poursuivre une littérature d'imitation servile qui ira jusqu'où elle pourra[7] ».

Le constat révèle une situation de crise – crise des modèles et des valeurs – au lendemain de la Révolution et à l'heure où se renouvelle, après Chateaubriand et le premier Hugo, l'entreprise d'édification d'une littérature nationale. Il importe de revitaliser la poésie en supprimant « les limites de l'art[8] ». Les initiatives qui en résultent, loin de promettre la renaissance par la rupture, privilégient l'invention des liens ténus ou subtils, parfois improbables, qui unissent le présent à une mémoire anté-classique. En 1830, cette querelle d'autorité réclame la promotion d'un cadre de référence esthétique entièrement refondé mais toujours prompt à se greffer sur le tronc immémorial de la « vieille littérature nationale[9] ». Gautier revendique par exemple le patronage du « bon Alain Chartier » et de « Rutebeuf le conteur » et célèbre « Maître Clément Marot, madame Marguerite, / De ses jolis dizains la muse favorite[10] ». S'inscrivant dans

6 Nerval, Gérard de, Introduction, *Choix des poésies de Ronsard, Du Bellay, Baïf [...]*, Jean-Nicolas Illouz et Emmanuel Buron (éd.), *Œuvres Complètes*, t. I, Paris, Classiques Garnier, 2011, p. 69.

7 *Ibid.*, p. 71.

8 Hugo, Victor, Préface, *Les Orientales*, *Œuvres poétiques*, t. I, Pierre Albouy (éd.), Paris, Gallimard, coll. « Bibliothèque de la Pléiade », 1964, p. 578.

9 Nerval, Gérard de, Introduction, *Choix des poésies de Ronsard, Du Bellay, Baïf [...]*, *op. cit.*, p. 104.

10 Gautier, Théophile, « Intérieurs », V (initialement publié dans *Poésies*, 1830), repris dans *Œuvres poétiques complètes*, Michel Brix (éd.), Paris, Bartillat, 2004, p. 111.

le sillage de Villon et de Rabelais, « cet Homère moqueur », il justifie son choix en énonçant des arguments qui deviendront dans *Cyrano de Bergerac* – plus d'un demi-siècle plus tard – les ferments d'un *aggiornamento* poétique enlevé sur le fond d'un débat littéraire autant qu'idéologique. Tout conduit ainsi à préférer aux sobres ornements de la rigueur classique, « les tours hardis et forts, / Mais naïfs cependant et placés sans efforts, / L'originalité, la puissance comique / Qu'on trouve en ces bouquins à couverture antique, / Dont la marge a jauni sous les doigts studieux / De vingt commentateurs, nos patients aïeux[11] ». Relisant les maîtres de 1830, Rostand a retenu d'eux une leçon d'insoumission et d'originalité, faisant de la satire et de la réécriture les instruments d'un retournement par lequel les valeurs rassises et les effigies calcifiées s'effacent devant la tonicité d'un verbe rajeuni, frondeur et décidé, mais irrigué toujours d'une verve filiale, ingénieusement remémorative.

Le personnage du poète escrimeur – démarqué certes du profil biographique et bien réel de Savinien de Cyrano – doit d'abord être cerné comme l'incarnation de cet élan d'affranchissement d'obédience romantique. Rostand en trouve les composantes principielles dans la notice que Théophile Gautier consacre à l'auteur de *L'Autre Monde* dans *Les Grotesques* (1844). Cyrano de Bergerac prend place dans une « collection de têtes grimaçantes », il vient augmenter la galerie des auteurs dont les noms, rappelle Gautier, ont été « momifiés dans quelque hémistiche de Boileau[12] », et que la plume de l'écrivain se propose d'exhumer. Si le propos avoué vise à fixer le portrait passablement fané de ces « écrivains dédaignés[13] », tributaires des modes de leurs temps, et à raviver l'espace d'une lecture de « pauvres gloires éclopées[14] », en profondeur l'ambition poursuivie par Gautier est de rendre compte d'une esthétique en actes, « vivante et contemporaine, qui ne sent pas le collège et les férules du régent de rhétorique[15] », et susceptible par conséquent d'offrir à la génération de 1840 quelques exemples de conduite ou d'inconduite, quelques cas particuliers de liberté joueuse et d'ironie salutaire. L'ouvrage apparaît comme un éloge à peine dissimulé de l'irrégulier et du difforme – de

11 *Ibid.*, p. 111.
12 Gautier, Théophile, *Les Grotesques* (1844), Paris, Michel Lévy, 1853, p. V-VI.
13 *Ibid.*, p. XIV.
14 *Ibid.*, p. XV.
15 *Ibid.*, p. XIV.

là le titre de « grotesques » qui annonce une théorie des singularités et promet des mélanges inédits et des saveurs relevées : « Le ragoût de l'œuvre bizarre vient à propos raviver votre palais affadi par un régime littéraire trop sain et trop régulier ; les plus gens de goût ont besoin quelquefois, pour se remettre en appétit, du piment des concetti et des gongorismes[16]. » C'est dire assez que Cyrano de Bergerac, maître « des sonnets et des petits vers, et des grands coups d'épée[17] », émerge de ce « fatras et de cet oubli » comme la tête armée d'un poète insoucieux du beau style, tant il est vrai que de l'épée à la plume se communique ce « même caractère de hardiesse extravagante et spirituelle ». Et Gautier d'ajouter : « chaque phrase est un duel avec la raison[18]. »

On ne reprendra pas ici la longue énumération des traits stylistiques outranciers et des irrégularités rhétoriques propres aux écrits de Cyrano, tels que Gautier les relève[19]. Tous concourent à afficher, non sans une forme de provocation jubilatoire, « tout ce que le mauvais goût espagnol a de démesuré, le mauvais goût italien d'ingénieux et de chatoyant, le mauvais goût français de froid et de maniéré[20] ». Cette confluence de mauvais goût ne doit pas cependant occulter l'essentiel qui est d'œuvrer par tous les moyens – mais d'abord avec les instruments *ad hoc* du grotesque – à la faillite des esthétiques épurées et des langues châtiées afin de laisser advenir, au nom du droit imprescriptible d'être soi, de sentir et de penser par soi, cette liberté de ton qui fait éclore tantôt des scandales, tantôt des miracles. Est poésie, dès lors, toute activité de langage qui s'emploie à favoriser l'essor d'un *ethos* rebelle, non assimilable, prompt à dénoncer les ridicules des poseurs à perruques de marbre et les fausses vérités des législateurs dogmatiques, en puisant sans relâche dans les richesses oubliées d'un âge d'avant les réformes et d'avant les amputations. C'est pourquoi – reprenant à son compte une analyse centrale dans la pensée critique de Nerval – Rostand fait don à son Cyrano du génie poétique repris à sa source, c'est-à-dire retrempé dans les eaux profondes du génie du peuple et les gisements précieux de la satire[21].

16 *Ibid.*, p. XII.
17 *Ibid.*, p. 187.
18 *Ibid.*, p. 193.
19 Voir notamment *ibid.*, p. 194.
20 *Ibid.*, p. 194.
21 Voir sur cette question Nerval, Gérard de, Introduction, *Choix des poésies de Ronsard, Du Bellay, Baïf [...]*, *op. cit.*, p. 103-104.

IL Y A MÉLANGE ET MÉLANGE

Rien n'étonne moins que les termes par lesquels, dans la phase d'exposition de la pièce, le personnage de Cyrano est à la fois annoncé et dépeint : celui-ci se résume d'abord au mot « hétéroclite », qui désigne à la fois ce qui est bizarre, composite, et ce qui, pour cette même raison, échappe à la règle commune, à la norme ou à la convention. Le portrait que Ragueneau offre de Cyrano à la scène 2 de l'acte I vaut précisément comme un médaillon concentrant les aspects divers d'un homme d'emblée soustrait à l'emprise de l'art classique et de ses exigences de maîtrise et d'équilibre : la référence à Philippe de Champaigne n'est avancée que pour mieux être supplantée par l'allusion à Jacques Callot, maître des grotesques à l'eau-forte et grand imagier des caprices (v. 104-106). Cette stratégie substitutive est commune aux romantiques de 1830 ; elle trouvera dans le prologue de *Gaspard de la Nuit* de Bertrand une reformulation particulièrement éloquente[22]. L'évocation du personnage – typiquement artialisée par un énonciateur au demeurant rôtisseur et poète lui-même – ne recule cependant pas devant les facilités de la farcissure. Si Cyrano est gratifié des épithètes qui déclinent les différentes résonances sémantiques de l'hétéroclite (« Mais bizarre, excessif, extravagant, falot », v. 105), très vite son profil de « fol spadassin » se complique des qualités empruntées à la fierté gasconne, à la tradition populaire (« Mère Gigogne ») et à la *commedia dell'arte* (v. 111-113). Enfin, le détail du « nez » démesuré – point sur lequel, rappelons-le, Gautier ouvre sa notice des *Grotesques*[23] – donne lieu à un néologisme fantaisiste (« pareil nasigère », v. 115) que Rostand se plaît à faire rimer avec un verbe qui en est le commentaire métapoétique : « Oh ! non, vraiment, il exagère ! » (v. 116).

22 Voir Bertrand, Aloysius, Prologue, Préface et Dédicace, *Gaspard de la Nuit*, Max Milner (éd.), Paris, Poésie/Gallimard, 1980, p. 58-82. Je me permets de renvoyer également à Scepi, Henri, « Les stratégies du prologue dans *Gaspard de la Nuit* », dans *Lectures de Gaspard de la Nuit de Louis (« Aloysius ») Bertrand*, Steve Murphy (éd.), Presses universitaires de Rennes, 2010, p. 55-67.

23 « Certains physiologistes prétendent que la longueur du nez est le diagnostic de l'esprit, de la valeur et de toutes les belles qualités, et que l'on ne peut être un grand homme si l'on n'a un grand nez » (Gautier, Théophile, *Les Grotesques*, *op. cit.*, p. 181).

Le discours chargé de brosser le portrait de Cyrano se teinte lui-même des traits disparates qui composent le personnage. Celui-ci est un être mêlé, bigarré. Venant en écho de la première occurrence, le terme « hétéroclite » est réemployé à la scène 4 de l'acte I, qui met Cyrano en présence d'un fâcheux : « Qu'a-t-il d'hétéroclite ? » (v. 281), demande Cyrano en manière de bravade, en parlant de son nez. Parce qu'il illustre une disgrâce et semble marquer aux yeux du commun une grave infirmité, le nez de Cyrano devient le support d'un brillant jeu de langage destiné à assurer à celui qui s'y adonne avec malice une fonction de pouvoir éminente, couronnée, en bonne logique comique, par le congé donné au fâcheux. Compte moins dans ce cas précis l'autoportrait avantageux que le bretteur offre de lui-même que l'affirmation d'une positivité inaliénable du nez devenu l'indice d'une capacité de sentir et d'éprouver intuitivement par soi-même les voies de la vérité. C'est toute la différence qui sépare un « Déplorable maraud » à « la face sans gloire » (v. 297) de l'homme doué « De lyrisme, de pittoresque, d'étincelle, / De somptuosité, de Nez enfin [...] » (v. 300-301).

Loin d'illustrer une manière de poésie à coups de gifle et à coups de pied, la célèbre tirade du nez recentre le propos sur des enjeux de style, de sorte qu'il serait légitime de l'appeler la tirade des styles. Si elle témoigne d'une indéniable habilité rhétorique, elle invite également – par la systématicité du procédé qui l'anime – à évaluer les propriétés d'une poétique du mélange, à commencer bien sûr par l'aptitude à étonner, à surprendre – et à suspendre – les routines de la pensée et du jugement par l'enchaînement inattendu ou la simple collocation de termes, d'expressions et de formules mal appariés. C'est pourquoi ce qu'enseigne la tirade de la scène 4 de l'acte I ne peut en aucune manière se réduire à quelques ressorts psychologiques ou affectifs. L'enjeu est proprement langagier et regarde les pouvoirs de la parole dès lors qu'elle se voit dotée d'une capacité à réagencer l'ordre du réel et à déplacer la hiérarchie des valeurs. C'est à une pragmatique du dire qu'ouvre l'art du mélange tel que Cyrano le pratique en poète soucieux de ses effets. En inventoriant les différents « tons » sur lesquels la proposition constative « Vous avez un nez très grand » peut être énoncée, il illustre non seulement le talent du diseur, qui sait varier les intonations et les formulations, mais aussi les inventions extravagantes du poète baroque qui, d'une seule réalité, sait tirer une infinité de possibles verbaux, noyant ainsi l'étalon du réel dans une multiplicité de comparaisons et de sentences possédant chacune sa valeur et sa pertinence. Aussi, au vicomte qui n'en croit pas ses oreilles, Cyrano reproche de n'être pas poète, de n'avoir ni lettres ni esprit, et d'être *in fine* totalement dépourvu d'« invention » (« Eussiez-vous eu, d'ailleurs, l'invention qu'il faut », v. 359). Le terme désigne, dans la division ordinaire des parties de la rhétorique classique, la puissance d'imagination nécessaire à l'éclosion des fictions et des fables. Bref, le ressort même de la poésie. Là où semblait l'emporter en toute gratuité le goût de la fantaisie et des « folles plaisanteries », l'usage du mélange fait valoir un mode de l'identité poétique conçue comme morale du style et forme de vie.

C'est dire que l'homme hétéroclite, loin de se disperser dans la poussière de ses *disjecta membra*, apparaît comme une force de recentrement. Il n'a recours aux aveuglements de l'éparpillement que pour mieux relever – et dénoncer – les lieux communs et les platitudes qui scellent le bon goût en validant la convention. Par un renversement paradoxal, propre aux antinomies constitutives du grotesque, la poétique du mélange se retourne en éthique de la pureté – ou de l'élégance, si cette dernière est bien, comme le laisse entendre Cyrano au vicomte, une manière distinctive de fonder un dire qui soit aussi un agir : « Moi, c'est moralement que j'ai mes élégances » (v. 369). Si le spadassin cocasse fait figure aux yeux du gentilhomme indigné de « hobereau [...] qui n'a même pas de gants ! / Et qui sort sans rubans, sans bouffettes, sans ganses » (v. 367-368), c'est moins en raison d'un sens inné de la provocation qu'en vertu d'une exigence plus proprement éthico-poétique : récuser l'encombrement des « vains ornements » qui embarrassent la parole et l'aggravent d'un poids d'artifice inutile. La poésie dès lors se donne comme une opération de mise à nu des postures et des leurres. L'horizon qui est le sien, en dépit des apparences contraires, est et reste celui de la vérité. Les moyens de la complication maniérée, les ruses de l'amplification et de l'emphase, les raffinements du paradoxe et les images hardies – autant de symptômes de la bizarrerie et de l'exubérance grotesque – ne tiennent que d'être au service d'un projet de mise au net. Aussi les vers 375-382, qui achèvent la tirade de Cyrano au vicomte dans la scène 4 de l'acte I, doivent être lus non seulement comme la déclaration d'indépendance d'un esprit élevé et héroïque, mais aussi, et d'abord selon nous, comme l'ambition résolue d'un discours sans attifements, ayant acquis la forme visible, presque matérielle, d'une âme qui se redresse et qui foudroie.

L'entrée en scène de Cyrano résonne bien, dans cette perspective, comme un coup de tonnerre dans le ciel sans grâce de la convention ; le personnage – d'abord une voix anonyme – fait littéralement irruption dans l'épaisseur figée d'un discours qui se boursoufle dans les rotondités encombrantes de Montfleury. L'acteur malmené a beau se récrier et appeler à son secours Thalie, l'intrus qui a d'abord promis de l'« essoriller » et de le « désentripailler » déclare :

> Si cette Muse, à qui, Monsieur, vous n'êtes rien,
> Avait l'honneur de vous connaître, croyez bien
> Qu'en vous voyant si gros et bête comme une urne,
> Elle vous flanquerait quelque part son cothurne (v. 201-204).

On s'avise ainsi sans délai que l'intervention tapageuse de Cyrano, avant de viser la nullité de *La Clorise* de Baro, cible une façon de dire le texte, une élocution qui engage toute une éthique de la parole au théâtre. Il en va d'un impératif de *correctio*, certes, mais les moyens employés ne manquent pas de surprendre. Montfleury est bruyamment congédié, parce qu'il a le tort d'être « un acteur déplorable qui gueule / Et qui soulève, avec des "han !" de porteur d'eau, / Le vers qu'il faut laisser s'envoler » (v. 245-246). Rostand assurément se souvient des termes de la lettre de Cyrano « Contre le gras Montfleury, mauvais auteur et comédien », dans laquelle l'intéressé est comparé à « une longe de veau qui se promène sur des lardons[24] ». La légèreté revendiquée atteste dès lors que les modes du dire décident de la nature atmosphérique et aérienne de la poésie. Elle vaut aussi comme garantie d'une liberté reconquise, ainsi que le suggère la catachrèse « laisser s'envoler » : le vers qui vole est précisément celui qui s'accorde aux allures imprévues de la vie, aux grâces de l'instant – en cela comparable à cette beauté fugitive que Cyrano voit en Roxane : « Elle fait de la grâce avec rien, elle fait / Tenir tout le divin dans un geste quelconque… » (I, 5, v. 505-506).

C'est bien cet élan de liberté qui fait de la poésie dans *Cyrano* un combat toujours recommencé, une lutte en faveur des « minutes heureuses » de l'existence. De là l'insistance de l'équivalence entre poésie et

24 Cyrano de Bergerac, Savinien, *Lettres diverses*, dans *Voyage dans la lune (L'Autre Monde ou les Empires et États de la Lune)*, Maurice Laugaa (éd.), Paris, Garnier-Flammarion, 1970, p. 147.

escrime, vers et épée – qu'illustre avec le brio que l'on sait la « *Ballade du duel qu'en l'hôtel bourguignon / Monsieur de Bergerac eut avec un bélître* » (I, 4, v. 403-435). La nature oppositionnelle du rapport individu/collectivité révèle une donnée significative du substrat politique de la poésie : l'offense est offensive, l'affront est affrontement, et il n'est pas un mot qui ne sorte armé en guerre de la bouche de celui que l'on traite de « bouffon », mais qui se revendique « poète », en vertu précisément du ferment de haine qui en lui soulève et solidarise les puissances du langage (II, 8, v. 1025-1041)[25].

L'ESPOIR D'UN SECOND SOUFFLE

Qu'on ne se méprenne pas toutefois sur le caractère essentiel de ce principe de haine. Si le goût du duel et les provocations hautaines qui l'accompagnent peuvent sembler – aux yeux de Le Bret par exemple – l'alibi de la faiblesse et le signe d'une vulnérabilité de cœur, ils témoignent surtout d'une situation de la poésie que la pièce de Rostand s'emploie à refigurer tantôt sous l'angle du statut du poète, tantôt à l'aune d'une régénération espérée de la parole lyrique.

On n'évoquera que rapidement les moments clés où, dans la pièce, se font jour les relations antagonistes que le poète entretient avec le pouvoir et l'autorité. On pourra se reporter par exemple à l'échange entre de Guiche et Cyrano à la scène 7 de l'acte II et à la proposition du comte de placer ce dernier sous sa bienveillante protection – amorce de la longue tirade justificative de la scène 8 du même acte, qui signe un refus radical et sans condition de toute espèce de soumission au pouvoir et aux puissances de l'argent. Cyrano répugne à « Dédier, comme tous ils le font, / Des vers aux financiers » (v. 970-971) et à « Avoir son encensoir, toujours, dans quelque barbe » (v. 981). Chantre de la « liberté libre », il renouvelle le credo du poète rebelle à tout enrégimentement, et toujours prêt à en découdre : « Pour un oui, pour un non, se battre – ou faire

25 Voir « Le Duelliste », *ibid.*, p. 165 : « à la vérité, ce m'est une consolation bien grande d'être haï parce que je suis aimé ; de trouver partout des ennemis parce que j'ai des amis partout, et de voir que mon malheur vient de ma bonne fortune [...]. »

un vers ! » (v. 1003). En des accents parents de ceux de Musset dans *La Coupe et les Lèvres*, il célèbre les vertus d'une *mediocritas* élevée au rang d'une sagesse suffisante[26].

Si le divorce entériné entre le poète et la communauté de ses semblables reconduit un lieu commun du romantisme – de la condition de poète « maudit » aux sociabilités fluctuantes de la Bohème – il renvoie aussi, comme le rappelle justement Jeanyves Guérin[27], à des réalités d'époque. *Le Capitaine Fracasse* de Gautier, les *Scènes de la vie de Bohème* de Murger, mais aussi et plus discrètement *Sylvie* de Nerval ou *Les Amours jaunes* de Corbière peignent une situation d'isolement et de pauvreté héroïquement retournée en preuve de pureté par ceux qui en pâtissent, mais toujours, dans le même temps, dénoncée par les mêmes comme l'effet d'un triste acharnement du sort. Le comportement de Cyrano, qui ne dîne que d'un grain de raisin, d'un verre d'eau et de la moitié d'un macaron, à la scène 4 de l'acte I, aussi bien que le tableau des poètes affamés de la scène 4 de l'acte II, prolonge pour l'illustrer la filiation de la satire IV de Mathurin Régnier « À Monsieur Motin », également connue sous le titre « La Poésie toujours pauvre[28] ». Mais cet état d'indigence signale aussi une carence essentielle : le manque de la poésie à elle-même, corrompue qu'elle est par les artifices mondains et les stratégies de l'heure. Faisons l'hypothèse que Rostand, tout en épuisant un *topos* relevant de la tradition – de Villon aux romantiques – invite par là également à recentrer l'attention sur une problématique contemporaine : la poésie des années 1890 a faim d'elle-même, elle souffre d'une situation de pénurie et de crise, diagnostiquée en 1896 par Mallarmé en un célèbre libelle. Nul doute cependant que l'auteur de *La Princesse lointaine* (1895) n'aborde autrement « l'exquise crise, fondamentale[29] ».

---

26 On rapprochera par exemple le célèbre vers de Musset « Mon verre n'est pas grand, mais je bois dans mon verre » (Musset, Alfred de, *La Coupe et les Lèvres*, *Poésies*, Paris, Gallimard, coll. « Bibliothèque de la Pléiade », 1951, p. 166) de la formule « Sois satisfait des fleurs, des fruits, même des feuilles, / Si c'est dans ton jardin à toi que tu les cueilles ! » (II, 8, v. 1008).

27 Guérin, Jeanyves, *« Cyrano de Bergerac » d'Edmond Rostand*, *op. cit.*, p. 53.

28 Cette satire est insérée dans Nerval, Gérard de, *Choix des poésies de Ronsard, Du Bellay, Baïf [...]*, *op. cit.*, p. 371-378.

29 « La littérature ici subit une exquise crise, fondamentale » (Mallarmé, Stéphane, *Crise de vers*, *Œuvres Complètes*, t. II, Bertrand Marchal (éd.), Paris, Gallimard, coll. « Bibliothèque de la Pléiade », 2003, p. 204).

En effet, comme je l'ai rappelé ailleurs[30], *Cyrano de Bergerac* se fait l'écho, indirectement, du débat qui traverse la poésie de la fin du XIXe siècle. Rostand sollicite une attention particulière – et une écoute rompue aux partitions subtiles. Le renouement affiché avec la veine des poètes oubliés de la fin de la Renaissance et du XVIIe siècle français, l'élection combative des « grotesques », bref ce retour à la tradition souterraine de la « vieille littérature nationale » sur laquelle nous avons insisté conspire à raviver un partage établi dans l'esprit des lecteurs et des spectateurs de 1897. Car cette filiation séminale s'oppose frontalement à la poésie dite symboliste, considérée par ses détracteurs comme une importation désastreuse de l'idéalisme allemand, en un mot une poésie fondée sur une métaphysique inspirée de Hegel, de Schopenhauer et de Hartmann, et génératrice d'œuvres à peine compréhensibles, toutes passées au double filtre de l'Inconscient et de la doctrine du Néant. Tel est, on le sait, l'argument principal de ceux qui, dans les années 1890, entendent se délivrer des impasses d'un langage saturé d'idées abstraites et de constructions artificielles. Nombreux sont les observateurs qui déplorent les excès de « cette *inflation* verbale, rhétorique, imaginative, philosophique, qui caractérise l'esprit décadent[31] » et qui tissera la toile de fond des écritures symbolistes. Verlaine lui-même, toujours en position de rupture par rapport aux écoles et aux courants dominants, déclarera à Jules Huret en 1891 : « Le symbolisme ?… comprends pas… Ça doit être un mot allemand… hein[32] ? » En 1896, Proust fait paraître dans *La Revue blanche* son article « Contre l'obscurité ». Il attaque de front les héritiers et les disciples, qui n'existent que de faire fructifier un fonds inerte de formules hermétiques, tout un glossaire fossilisé, coupé des intuitions sensibles et des énergies profondes de l'être[33].

Il serait tentant dans ces conditions de transposer le discours de Cyrano en faveur d'une poésie sans apprêt, portée par les seules injonctions du cœur et de la nature, et d'y appliquer une lecture d'époque :

30 Voir Scepi, Henri, « Edmond Rostand : les états de la poésie », *Revue d'histoire littéraire de la France*, vol. CXVIII, 2018/4, p. 789-804 et en particulier p. 797-798.

31 Schmidt, Albert-Marie, *La Littérature symboliste*, Paris, Presses universitaires de France, 1959, p. 50.

32 Huret, Jules, *Enquête sur l'évolution littéraire*, Daniel Grojnowski (éd.), Paris, José Corti, 1999, p. 109.

33 Voir Proust, Marcel, « Contre l'obscurité », dans *La Revue blanche*, anthologie, Olivier Barrot et Pascal Ory (éd.), Paris, UGE, coll. « 10/18 », 1989, p. 69.

on y verrait ainsi que le poète au « pentacrostiche » (II, 7, v. 876) illustre furtivement – et son éphémère présence sur scène suffit à l'attester – les raffinements inutiles d'une versification qui s'épuise, de même que les accents inspirés par le réveil de la poésie gasconne contrefont plaisamment la syntaxe diluée de la première des *Ariettes oubliées* de Verlaine :

> Ce n'est plus, sous ses doigts
> Le fifre aigu des camps, c'est la flûte des bois ;
> Ce n'est plus le sifflet du combat, sous ses lèvres,
> C'est le lent galoubet de nos meneurs de chèvres (IV, 3, v. 1796-1799)

Pour le dire autrement, on constaterait que Rostand laisse sourdre une autre « musique », bien différente de celle que les symbolistes et leur séquelle se sont attachés à diffuser. Car il s'agit de faire advenir un autre verbe, une parole retrempée aux eaux lustrales du sensible, un lyrisme pur, enté sur les mélodies intimes du moi. On reconnaît là l'unique devoir de Cyrano – qui fait tout l'honneur du poète escrimeur et toute l'infortune de l'amant malheureux. Si la règle est : « N'écrire jamais rien qui de soi ne sortît » (II, 8, v. 1006), force est de constater que l'impératif d'originalité est commun aux symbolistes comme à ceux qui aspirent à s'en démarquer. Il y a loin cependant du projet à sa réalisation. Et toute la pièce de Rostand peut être lue comme une longue et vaine tentative d'émancipation par quoi le poète cherche à se dire et, ce faisant, à fonder une parole singulière, souveraine et irréductible. L'échange avec Roxane, une fois conclu le pacte qui fait de Cyrano la voix de Christian, ne manque de rappeler que cet élan du dire est sans cesse différé. S'il importe de laisser « le ciel / Nous désarmer de tout notre artificiel » (III, 7, v. 1428-1429) et de s'en remettre aux parfums de la Nature, l'aveu qui prélude à cette déclaration rappelle tout le poids antérieur d'une éloquence empruntée : « Mon langage jusqu'ici jamais n'est sorti / De mon vrai cœur… » (v. 1400-1401). Douée d'un effet de double entendre, l'affirmation révèle cependant que la parole entravée ne peut aussi simplement se délivrer. Car parler au plus fort de l'émotion – « Je parlais à travers… […] le vertige où tremble / Quiconque est sous vos yeux » (v. 1402-1403) – équivaut à parler toujours un peu de travers, à la fois maladroitement et de biais, selon des itinéraires compliqués et bifurqués. Trouver la voie directe reste l'horizon impossible de ce lyrisme en quête de pureté et de vérité. Le propos rejoint, on le sait, les entreprises de réforme et de rénovation de la poésie dans l'après-symbolisme, à l'heure où, sous la double influence de Bergson et de Nietzsche, on s'emploie à favoriser le retour à l'harmonie élémentaire et au sens de la vie. Maurice Le Blond préconise, en 1896, la voie du « naturisme » susceptible selon lui de régénérer l'individu dans « l'étreinte universelle » de la Nature[34], tandis que Gide et ses *Nourritures terrestres* ambitionne, avec d'autres moyens et une autre philosophie, d'ouvrir le chemin à une nouvelle efficience de la parole poétique, délivrée du démon des livres et regonflée des sensations revivifiées du corps.

Nul doute que l'odyssée de la poésie dans *Cyrano* ne résonne de ces programmes. S'il adopte souvent le ton du conquérant, Rostand se garde bien cependant de crier victoire. Son Cyrano échoue à atteindre la parole rêvée : le souffleur ne parvient pas à inventer un second souffle libérateur. Toujours mu par une exigence de vérité – par un idéal de concordance du moi avec son langage –, le poète bretteur, en lutte contre « Les faux braves, les plagiaires, – tout le monde ! » (V, 2, v. 2296), se voit condamné à souffler ses mots et ses notes comme autant de bulles éphémères et labiles : « Car nous sommes ceux-là qui pour amantes n'ont / Que du rêve soufflé dans la bulle d'un nom ! » (II, 10, v. 1154-1155). Détachée du registre baroque, l'image révèle le destin du poète souffleur : osciller entre le désir du réel et les chatoiements illusoires du langage.

Henri SCEPI
Centre de Recherches
sur les Poétiques du XIXe siècle
(CRP19, EA 3423)
Université Sorbonne Nouvelle

34 Le Blond, Maurice, *Essai sur le naturisme*, Paris, Mercure de France, 1896, p. 14 *sqq.* Voir aussi Mendès, Catulle, *Rapport sur le mouvement poétique français de 1867 à 1900* (1903), Genève, Slatkine Reprints, 1979, p. 198-199. Sur ces débats, propres à une période de transition, je renvoie au livre capital de Décaudin, Michel, *La Crise des valeurs symbolistes. Vingt ans de poésie française 1895-1914*, Genève, Slatkine Reprints, 1981.

LE LYRISME DE LA VERSIFICATION HEUREUSE

LE MIRACLE *CYRANO*

On le sait et on ne le répétera jamais assez : le triomphe de *Cyrano de Bergerac*, dès le soir de la générale, le 27 décembre 1897, est resté un mystère – ou plutôt un miracle, au sens technique que lui donne Pascal : à savoir « un effet qui excède la force naturelle des moyens qu'on y emploie ». Quelle disproportion, en apparence, entre la pièce mélodramatique de Rostand, qui semble ressusciter avec retard la versification flamboyante d'un Hugo (avec toutes les facilités que l'on imputait généreusement au grand homme, bien avant sa panthéonisation), et l'euphorie collective qui fait aussitôt crier au génie ! Jules Renard prend note, le 3 janvier 1898, de cet emballement de l'enthousiasme et de ses propres efforts pour le tempérer :

> – Il n'y a qu'un poète : c'est Rostand ! dit Mme Muhlfeld.
> Je suis obligé de protester, parce que le voilà plus grand que Victor Hugo et qu'on tire, de son triomphe, des conséquences absurdes. *Cyrano*, un magnifique anachronisme, et pas plus. Rostand n'aura aucune influence sur la poésie, excepté sur les poètes médiocres qui voudront avoir son succès[1].

Cyrano, un simple anachronisme ? Mais la notion commode d'anachronisme, que l'on dirait tout droit sortie des manuels trop raisonnables de l'histoire littéraire scolaire, a-t-elle même un sens en art ? De fait, le même Jules Renard avait écrit le lendemain de la générale, lorsque l'excitation de l'événement n'était pas encore retombée :

---

1 Renard, Jules, *Journal*, Léon Guichard et Gilbert Sigaux (éd.), Paris, Gallimard, coll. « Bibliothèque de la Pléiade », 1965, p. 457.

> Ainsi, il y a un chef-d'œuvre de plus au monde. Réjouissons-nous. Reposons-nous. Flânons. Allons de théâtre à théâtre écouter les dernières niaiseries : nous sommes tranquilles. Quand il nous plaira, nous retrouverons le chef-d'œuvre. On peut s'y appuyer, s'y abriter, s'y sauver des autres et de soi-même[2].

Renard, l'ami à la fois admiratif et jaloux des dons poétiques qu'il est le premier à reconnaître à Edmond Rostand, offre avec son journal le meilleur guide pour enregistrer et comprendre l'événement, et nous le retrouverons donc au fil de ces pages. D'ores et déjà, la contradiction flagrante qui ressort de ces deux premières citations traduit parfaitement une sorte de flottement esthétique : on est tout prêt à applaudir le tour de force théâtral réussi par Rostand, mais on ne sait pas bien à quoi l'attribuer, ni même quelle est sa vraie valeur. Peut-être n'en a-t-il aucune. D'où le conseil faussement bienveillant donné le 30 décembre 1897 par Léon Blum, alors critique brillant et redouté de *La Revue blanche*, à Jules Renard : « Vous devriez [...], vous qui avez de l'influence sur Rostand, l'empêcher de faire autre chose que du théâtre. Surtout, qu'il ne publie pas ! Il se perd. La désillusion est trop forte[3]. »

On devine ce que de tels jugements laissent entendre : Rostand ne serait pas un véritable écrivain, son succès ne serait pas authentiquement « littéraire », simple effet de miroitement culturel comme en produirait le monde du spectacle – et qui, avec ses effets trop faciles, perturberait seulement de façon éphémère et superficielle les hiérarchies poétiques. La seule publication de vers dans la *Revue de Paris* (c'était de cela qu'il s'agissait dans le propos de Blum) suffirait à révéler la supercherie.

Mais l'idée même de supercherie ne tient pas un seul instant devant l'effet tangible, évident, prodigieux, produit par la pièce de Rostand. Beaucoup plus tard, en 1910, Jules Renard fera cette remarque très juste, que tous les critiques littéraires, d'hier ou d'aujourd'hui, gagneraient à méditer : « Tout de même, pour mépriser Rostand, il faut l'éplucher ; alors, ça ne compte pas[4]. » Le mot de « miracle », indiscutablement plus valorisant, ne fait d'ailleurs pas plus avancer le problème pour lequel nous essaierons ici d'esquisser une solution – à savoir l'écart abyssal entre la réception publique de la pièce – aujourd'hui comme hier – et la perplexité persistante de la critique, qu'il s'agisse de la critique des

2 *Ibid.*, p. 451.
3 *Ibid.*, p. 454.
4 *Ibid.*, p. 1267.

revues, qui domine le monde littéraire de la Troisième République, ou de la critique universitaire, remarquablement discrète sur le cas Rostand depuis plus d'un siècle[5].

Bien sûr, de multiples circonstances permettent de comprendre que la conjoncture historique favorisait un tel phénomène. Rappelons-les, pour mémoire. Depuis la débâcle de 1870 et l'effondrement du Second Empire face à l'offensive prussienne, la Troisième République a engagé un long processus de redressement national, qui passe par l'obsession de la Revanche, par l'exacerbation de l'orgueil national et de l'esprit de compétition face aux grands concurrents européens (le Royaume-Uni et l'Allemagne), par la constitution d'un grand récit national auquel l'École républicaine se charge d'apporter sa caution officielle. L'histoire de Cyrano de Bergerac arrive donc à point nommé et vaut à son auteur de recevoir au débotté la légion d'honneur de Georges Cochery, ministre des finances, le soir de la générale. Cyrano, cadet du roi, résiste victorieusement au siège d'Arras, qui met aux prises, déjà, la France et son voisin germanique (représenté par la famille des Habsbourg, qui règne sur l'Espagne et le Saint-Empire romain germanique) ; cadet de Gascogne et fier de ses racines, il symbolise ce patriotisme des provinces qui est le trait caractéristique principal de la Troisième République (par opposition aux républiques précédentes, d'essence républicaine et jacobine) ; homme du XVIIe siècle, il représente cet âge d'or de la monarchie française que l'idéologie républicaine, paradoxalement, aimait tant exalter ; enfin et surtout, il incarne ce sens du libre panache qui, de Bayard au pont de Garigliano à Bonaparte au pont d'Arcole, est censé faire la force du peuple français – alors que les Anglais de Wellington ou les Prussiens de Bismarck ne vaudraient que par leur sens de l'ordre et leur renoncement à la liberté individuelle. Et puis Cyrano fait des alexandrins comme il respire. Or l'alexandrin est par excellence le vers français : les Allemands ont une poésie essentiellement iambique (rythmique et non syllabique) ; l'alexandrin est l'instrument et le signe du génie français. Dans ses *Dix ans de bohème*, en 1888, Émile Goudeau,

5 À noter, cependant, la récente thèse, monumentale, de Carітté, Clémence, « *Cyrano de Bergerac* » *d'Edmond Rostand. Une pièce « mythique » au cœur de l'atmosphère fin de siècle* (thèse de doctorat en Littérature française et comparée, sous la direction de Sophie Basch, Sorbonne Université, 2018, 1262 p.). 2018 est d'ailleurs l'année du cent-cinquantenaire de la naissance et du centenaire de la mort de Rostand, double commémoration qui a replacé le dramaturge dans la lumière de l'actualité.

versificateur impénitent et fondateur de la revue *Le Chat noir*, haut lieu éditorial de la bohème fin de siècle, avait déjà parlé de ces nouveaux poètes (« ceux d'après la guerre [de 1870] »), qui voulaient « ranimer l'impassible muse, lui rendre les muscles et les nerfs, et la voir marcher, moins divine, plus humaine, parmi les foules devenues souveraines[6] ».

Rostand appartient donc à cette génération qui s'est passionnée pour la virtuosité poétique, héritant d'un demi-siècle, commencé avec Hugo, de passion versificatrice, mais en lui donnant une signification politique nouvelle. Le schéma caricaturalement historique, qui voudrait que le vers libre ait détrôné le vers syllabique dès la fin de siècle, ne doit pas faire illusion. La poésie régulière est plus que jamais la religion nationale ; Mallarmé lui-même, dans *Crise de vers*, venait de rendre, précisément en 1897, son célèbre arrêt : « [...] je demeure convaincu que dans les occasions amples on obéira toujours à la tradition solennelle [l'alexandrin], dont la prépondérance relève du génie classique[7] » ; et cette religion a un Dieu, Victor Hugo, lui qui était, selon la formule lumineuse du même Mallarmé, « le vers personnellement[8] ». Au moment de la première de *Cyrano*, la suprématie poétique de Hugo est donc une évidence pour tous, et c'est toujours à lui que reviennent, inévitablement, tous les admirateurs de Rostand. Mais c'est aussi le Victor Hugo des *Orientales* que revendiquaient, comme maître absolu, les Parnassiens – du moins les Parnassiens originels, encore proches de la bohème parisienne sous le Second Empire, et non pas les poètes académiciens de la Troisième République, accablés d'honneurs officiels. Il n'y a donc aucun sens de se demander si Rostand est, comme poète, romantique ou parnassien, car on ne fait là que désigner par deux mots faussement antagonistes la même passion poétique, saisie à deux moments de son développement. Quant au personnage de Cyrano lui-même, *Les Grotesques* de Théophile Gautier, dès 1844, en ont fait une figure familière à la jeunesse bohémienne, qui se l'est immédiatement appropriée comme l'un des leurs, pour sa fantaisie joyeuse et ses jeux d'équilibrisme poétique. Témoin cet article du critique Alfred Busquet[9], publié dans le *Messager des théâtres*

6 Goudeau, Émile, *Dix ans de bohème* (1888), Michel Golfier et Jean-Didier Wagneur (éd.), Seyssel, Champ Vallon, 2000, p. 89-90.

7 Mallarmé, Stéphane, *Œuvres complètes*, t. II, Bertrand Marchal (éd.), Paris, Gallimard, coll. « Bibliothèque de la Pléiade », 2003, p. 207.

8 *Ibid.*, p. 205.

9 Je remercie Jean-Didier Wagneur de m'avoir signalé cet article.

et des arts le 5 février 1851, qui parle des *Scènes de la vie de bohème* de Murger mais que l'on appliquerait aussi bien aux jongleries de Rostand :

> La Bohême parle entre elle un langage particulier, emprunté aux causeries de l'atelier, au jargon des coulisses et aux discussions des bureaux de rédaction, tous les éclectismes de style se donnent rendez-vous dans cet idiome inouï où les tournures apocalyptiques coudoient le coq-à-l'âne, où la rusticité du dicton populaire s'allie à des périodes extravagantes sorties du même moule où Cyrano coulait ses tirades matadors [...].

Mais Rostand n'est pas un bohémien, parce qu'il est un grand bourgeois ; sous le regard sociologiquement acéré de Renard, il est ce poète « qui va dans le monde, qui ne boit pas de bocks dans les brasseries avec les bohêmes, mais aime mieux dîner avec les gens riches[10] ». C'est d'ailleurs pourquoi il s'intéresse au théâtre, grand divertissement bourgeois qui connaît alors, à Paris, son âge d'or. Non pas avec les auteurs symbolistes, les seuls dont on entretienne encore la mémoire, mais avec les pièces à succès de Donnay, Lavedan, Porto-Riche, Hervieu : Paris est alors, avec Londres et Vienne, l'une des trois capitales mondiales du théâtre, avant que New-York ne vienne les concurrencer dans l'entre-deux-guerres, avec l'*aura* acquise par Broadway. Le théâtre du très bourgeois Rostand respire ce brio artistique qui caractérise la culture élitaire de la fin de siècle.

Car, là encore, c'est un trait d'époque, essentiel pour comprendre le phénomène *Cyrano* : en cette période à laquelle Émilien Carassus a très justement associé le mot de « snobisme[11] », les élites sociales, bourgeoises ou aristocratiques, se sont prises de passion pour la haute littérature, au moment même où la Troisième République choisissait d'inculquer le culte de cette même littérature à tous les écoliers de France[12]. *Cyrano* fut aussi le produit de ce moment exceptionnel d'unanimisme littéraire, né de la rencontre entre l'idéologie républicaine et le dilettantisme des élites, sur fond de roman national et de culte des grands auteurs : Rostand, autre mot de Jules Renard faisant mouche, fut « le poète des foules qui se croient d'élite[13] ». À cet égard, il n'est pas insignifiant que,

---

10 Renard, Jules, *Journal*, *op. cit.*, p. 458.

11 Voir Carassus, Émilien, *Le Snobisme et les lettres françaises, de Paul Bourget à Marcel Proust*, Paris, Colin, 1966.

12 Voir Thiesse, Anne-Marie, *La Fabrique de l'écrivain national*, Paris, Gallimard, 2019.

13 Renard, Jules, *Journal*, *op. cit.*, p. 830.

issu d'une longue lignée de notables marseillais, il soit un homme de la province, assez indifférent aux querelles esthétiques sur-jouées par les avant-gardes parisiennes. Il n'est pas anachronique ; il est au contraire parfaitement représentatif d'un univers poétique en passe de devenir la norme scolaire française.

« LA VIE EN BEAU » (BAUDELAIRE)

Voilà l'ensemble des circonstances qui peuvent justifier d'un point de vue historique le triomphe sur la scène parisienne, en 1897, d'une pièce aussi singulière que *Cyrano*, mais qui ne permettent absolument pas de comprendre en quoi consiste cette singularité en elle-même. Il faut toujours se méfier des fausses explications historiques ; la chronique culturelle est encombrée d'œuvres artistiques en tout genre, ayant fait événement mais tout de suite ramenées au rang d'anecdotes journalistiques : ainsi, pour en rester au théâtre, la *Lucrèce* de Ponsard qui, en 1843, est censée avoir détrôné Victor Hugo au moment de la création des *Burgraves* mais qui, ni pire ni meilleure qu'une autre tragédie en vers, n'intéresse plus que les spécialistes. Or le remarquable, pour *Cyrano*, n'est pas tant le triomphe prodigieux de 1897 que son succès continuel depuis plus d'un siècle auprès de tous les publics, qui sont étrangers à la Troisième République et parfaitement indifférents à ses enjeux ou à son climat idéologique. Il faut donc maintenant regarder la pièce elle-même, et commencer par relever plusieurs bizarreries corrélées entre elles.

La première, dérogeant au système classique des genres dramatiques, est que *Cyrano*, alors qu'elle est désignée sous l'appellation de « comédie héroïque » et qu'elle comporte de magnifiques scènes franchement comiques, se termine tragiquement par la mort de son héros éponyme (d'ailleurs préparée, à l'acte IV, par la mort de son jeune premier, Christian). On évoque souvent, à ce propos, l'esthétique du drame romantique et le mélange du comique et du tragique, théorisé par Victor Hugo dans la préface de *Cromwell* (1827). Mais le parallèle est trompeur. Les pièces de Hugo sont des drames, seulement ponctuées de scènes plus légères – où l'irruption de la tonalité comique dans le drame avait précisément une fonction de contraste perturbateur (et provocateur, aux yeux des classiques). Au contraire, *Cyrano* est une vraie comédie, perçue comme telle et débutant d'ailleurs par le festival de bons mots et de fantaisie scénique qu'offre la représentation à l'hôtel de Bourgogne – mais, allant à l'encontre des principes les plus élémentaires, une comédie qui se termine mal. Plus précisément, même si la dramaturgie respecte globalement l'alternance attendue entre les tableaux comiques et les scènes plus sérieuses ou intimistes, la tonalité semble s'assombrir au fil des actes – comme dans une pièce dont on baisserait progressivement la lumière jusqu'au noir total, symbolisé par la mort de Cyrano. Et c'est justement ce changement insensible de registre qui rend si intense le pathétique de la scène finale, où il faut être bien endurci pour ne pas se sentir près de verser une larme.

Pour autant, on ne peut pas dire que le comique tourne au tragique, parce que cet enténèbrement graduel est pour ainsi dire compensé par le sentiment d'embellissement généralisé dont jouit l'univers de la fiction, si bien que même la mort apparaît désirable. Le panache de Cyrano ne lui donne pas seulement le moyen de faire face courageusement à tous les dangers, mais il bonifie et ennoblit tout ce qu'il touche. Presque tous les personnages avec lesquels il interagit en sortent grandis, meilleurs qu'ils n'étaient : Christian, de bellâtre mal dégrossi qu'il était, devient un amoureux héroïque ; de Guiche échange son allure de séducteur mondain pour celle d'ami chevaleresque et désintéressé ; Roxane elle-même, d'abord précieuse ridicule et superficielle, découvre les profondeurs de l'amour vrai. Et cette triple transfiguration découle, pour ainsi dire magiquement, de l'*aura* qui émane de Cyrano, seul personnage à rester fidèle à lui-même d'un bout à l'autre de la pièce – si l'on excepte Ragueneau et Le Bret, figures secondaires et amis fidèles. Car *Cyrano* est d'abord et avant tout une histoire d'hommes, où les femmes semblent avoir pour utilité principale de donner l'occasion à la virilité héroïque de se sublimer, à la guerre comme en amour. Au passage, à plaindre la fin stoïque de Cyrano, le lecteur ou le spectateur en oublie que le sort le plus injuste et le plus pitoyable est incontestablement celui de Roxane : victime du stratagème peu honorable et moralement pervers manigancé par Cyrano puis, à cause de ce stratagème, doublement veuve (d'abord de Christian, ensuite de Cyrano lui-même) et condamnée à une virginité sacrificielle que Rostand ne prend même pas la peine de déplorer. Manifestement, en 1897, il ne saurait y avoir d'héroïsme que masculin.

Si le dénouement ne peut évidemment pas être qualifié de comique, le tragique de la situation finale est donc effacé par l'allégresse inconscience que suscite, chez le public, l'impression d'avoir affaire à un monde supérieur, où toutes les choses paraissent épurées, spiritualisées, idéalisées. Aristote disait, dans la *Poétique*, que le comique représentait les hommes pires qu'ils ne sont (alors que le tragique les rendrait meilleurs). C'est sans doute vrai du comique satirique, celui d'Aristophane par exemple, auquel songe Aristote. Mais il y a un comique de la pure fantaisie, de l'imagination en liberté, qui a une puissance d'embellissement bien supérieure à celle du tragique, parce qu'il y mêle une gaieté insouciante qui met l'esprit pour ainsi dire en apesanteur. C'est cette joie intérieure que procure sourdement *Cyrano* au lecteur ou au spectateur, et celui-ci la rend à son auteur par un sentiment de gratitude d'autant plus fort qu'il n'en comprend pas tout à fait la cause. Avec les mots de Jules Renard, écrits le lendemain de la générale : « Comme je suis heureux ! Que je me porte bien[14]. » Nous tenons enfin le miracle *Cyrano*, qui tient en un mot : la pièce de Rostand rend heureux, elle communique une exultation joyeuse qui esthétise tout ce qu'elle touche. Elle a trouvé le secret qui avait échappé au « mauvais vitrier » de Baudelaire, incapable de placer aux fenêtres « des verres roses, rouges, bleus, des vitres magiques, des vitres de paradis », et auquel le poète répétait furieusement : « la vie en beau ! la vie en beau[15] ! » Chez Rostand, la comédie ne fait pas seulement rire ; aussi et surtout, elle embellit la réalité, même lorsqu'elle est triste à pleurer.

Mais à quoi tient donc cette force euphorisante d'embellissement dont profitent tous les protagonistes ? La réponse est évidente : ils parlent en vers ; même dans la violence ou le chagrin, ils y mettent un souci de la forme, un plaisir communicatif de faire entendre les douze syllabes de l'alexandrin jusqu'à la rime, qui subliment tous leurs malheurs. Là encore, il est impossible de ne pas y voir l'écho des profondes leçons de Victor Hugo qui, dans la préface de *Cromwell*, donnait comme modèle idéal un vers « *aussi beau que de la prose* », « all[ant] de haut en bas, des idées les plus élevées aux plus vulgaires, des plus bouffonnes aux plus graves, des plus extérieures aux plus abstraites, sans jamais sortir des

14 *Ibid.*, p. 451.

15 Baudelaire, Charles, « Le Mauvais Vitrier » (*Le Spleen de Paris*, IX), *Œuvres complètes*, Claude Pichois (éd.), Paris, Gallimard, coll. « Bibliothèque de la Pléiade », 1975-1976, t. I, p. 285-287.

limites d'une scène parlée », et qui appelait de ses vœux, pour réaliser cet idéal, un homme « qu'une fée aurait doué de l'âme de Corneille et de la tête de Molière[16] » – autant dire Rostand. Et c'est précisément ce prosaïsme, volontaire mais artistiquement poétisé, qui vaudra à Hugo comme à Rostand les doutes persistants sur la qualité réelle de leurs vers – comme si l'efficacité même de leur poésie devait la rendre suspecte.

Il y a cependant une différence capitale entre Hugo et Rostand, qui touche à la poétique propre de *Cyrano de Bergerac*, à ce qui fait sa valeur singulière. Chez Hugo, les personnages parlent en vers parce que c'est leur langage naturel, parce que leur auteur a décidé que, au théâtre, il était normal de s'exprimer en alexandrins, en vertu de « la limite infranchissable qui [...] sépare la réalité selon l'art de la réalité selon la nature[17] ». Le cas de Cyrano est très différent : il est poète, il sait qu'il est poète et que la poésie n'est pas la prose, son but et son bonheur suprême consistent précisément à donner à la vie, par la grâce de la versification, ce supplément d'âme dont le langage ordinaire est rigoureusement privé. C'est pourquoi, au-delà du franc comique de la dramaturgie, le tableau d'ouverture à l'hôtel de Bourgogne, avec sa célèbre tirade des nez, offre d'emblée la clé de toute la pièce. Bien sûr, l'issue du combat entre Cyrano et le vicomte ne fait pas de doute ; mais le vrai suspens porte sur la victoire poétique attendue : comment Cyrano parviendra-t-il à boucler sa ballade ? Et son véritable héroïsme est autant celui du poète que du bretteur, selon l'équivalence entre l'escrime poétique et l'escrime militaire qui est un lieu commun au XIXe siècle. Car les vers vont par deux (à cause de la rime), comme les duellistes : Baudelaire parlait déjà de sa poésie d'une « fantasque escrime, / Flairant dans tous les coins les hasards de la rime[18] ». Chaque rime que Cyrano trouve est comme un coup d'épée, une parade ou une attaque réussie. D'ailleurs, à la suite de cette tirade des nez, toutes les grandes scènes de la pièce sont des vrais spectacles poétiques à l'intérieur de la fiction dramatique, qu'il s'agisse de la présentation des cadets dans la rôtisserie, de la scène du balcon (où le personnage-Christian laisse littéralement la place à l'auteur-Cyrano), des variations du même Cyrano sur le voyage lunaire,

16 Hugo, Victor, Préface de *Cromwell* (1827), *Œuvres complètes, Critique*, Jean-Pierre Reynaud (éd.), Paris, Laffont, coll. « Bouquins », 1985, p. 29.

17 *Ibid.*, p. 25.

18 Baudelaire, Charles, « Le Soleil » (*Les Fleurs du Mal* [1861], LXXXVII, v. 5-6).

si magnifiquement fantaisistes que de Guiche, auditeur ébloui, en oublie son rôle d'amant corrupteur, de l'enfilade de bons mots poético-gastronomiques que, pendant le siège d'Arras, les cadets improvisent à l'arrivée des victuailles distribuées par Ragueneau. Tout se passe comme si, entraînés par la verve magique de Cyrano, les autres personnages ne se contentaient plus d'être spectateurs de ses improvisations poétiques, mais devenaient eux-mêmes poètes, se mettaient eux-mêmes à faire des vers, consciemment et artistiquement.

Telle est la vertu secrète de *Cyrano de Bergerac*, si mal comprise des esthètes qui, depuis 1897, n'ont cessé de faire la fine bouche sur la versification (jugée facile) de Rostand. Car le vers n'est pas seulement le matériau de la pièce, il en est le sujet véritable. Tous les personnages, petits ou grands, nobles ou ridicules, gentils ou méchants, communient ensemble autour du plaisir partagé de la poésie, et sont transfigurés par lui. C'est l'émotion poétique qui, à force d'admiration, hausse au-dessus de leur condition la pédante Roxane, le gauche Christian, le comique Ragueneau, le prétentieux et sournois de Guiche – et, en tout premier lieu, le hâbleur Cyrano. Il est d'ailleurs une autre particularité de Rostand, par rapport à Hugo, qui prouve chez lui le primat du poétique sur le théâtral. Victor Hugo, on le sait, est celui qui, selon sa propre formule, a « disloqué ce grand niais d'alexandrin[19] », a brisé le rythme du vers en effaçant la césure et, en particulier, en partageant un seul alexandrin entre plusieurs répliques (et personnages). Cependant, chez lui, l'alexandrin reste généralement plus perceptible à l'oreille. Rostand, au contraire, dans ses scènes comiques, pulvérise littéralement le vers, radicalisant de façon systématique la dislocation hugolienne. Soit, exemple parmi beaucoup d'autres, cet échange entre Lignière et la « distributrice de douces liqueurs », à l'acte I : « *La Distributrice [...].* Orangeade ? *Lignière.* Fi ! *D.* Lait ? *L.* Pouah ! *D.* Rivesalte ? *L.* Halte ! » Ici, l'alexandrin est à peu près inaudible comme tel et le premier plaisir, pour le spectateur comme pour les comédiens (s'ils y parviennent), consiste précisément à imposer malgré tout la présence du vers, si bien que c'est au moment où la poésie semble le plus se défaire à l'oreille qu'elle est la plus agissante formellement : il faut d'ailleurs bien avouer que la lecture (voire le décompte syllabique sur les doigts...) est indispensable, si bien que les mises en scène de la pièce tendent souvent à concentrer les effets de

19 Hugo, Victor, « Quelques mots à un autre », *Les Contemplations*, I, I, 26, v. 84.

diction poétique sur les tirades et à traiter ces échanges rapides comme des moments de simple comédie. À rebours du jugement méprisant de Blum, les œuvres de Rostand doivent se lire comme de vrais textes poétiques, et ont été écrites comme telles.

L'ART DE LA RIME SELON ROSTAND, ENTRE COMIQUE ET LYRISME

Il n'y a donc pas de sens de s'en prendre à la versification de Rostand, à ce qui ne serait que des vers de mirliton pour tous ceux qui veulent faire la fine bouche, puisque la pièce entière nous parle et veut nous convaincre de ce charme magique (ou plutôt artistique) de la poésie, qui métamorphose tout ce qu'elle touche, à commencer par la versification. Jules Renard, toujours : il y a bien sûr des ficelles, dans les vers de Rostand, mais « les ficelles y sont d'or[20] » et ce sont des ficelles « pour attacher tous les oiseaux, des aigles et des chardonnerets[21] ». C'est le sens profond de la scène finale, dans le parc du couvent, qui serait bien lourdement mélodramatique sans la morale poétique qu'il délivre. Car si Cyrano a enfin le droit de *dire* sa lettre-poème, c'est que, précisément parce qu'il va mourir, il peut en être pleinement l'auteur, puisque toute sa vie aura été constamment guidée par la volonté farouche de pouvoir être auteur, de dire haut et fort ses vers, de quelque manière qu'on les reçoive. D'où encore la signification des derniers mots : « Quelque chose que sans un pli, sans une tache, / J'emporte malgré vous, [...] et c'est [...] mon panache. » Non pas seulement le panache du cadet de Gascogne, du soldat courageux, du Français idéal, ce qui serait d'une grandiloquence assez insupportable, mais du poète Cyrano – et, bien sûr, dans l'ombre de son personnage, du poète Edmond Rostand aussi, ne renonçant jamais, malgré les critiques, à faire ses vers (trop ?) éblouissants.

Il serait en effet bien malvenu, pour un « panache », d'avoir une tache, surtout au moment de franchir le seuil « bleu » de la maison de « Dieu », le bleu renvoyant implicitement à la couleur de la vierge

20 Renard, Jules, *Journal*, *op. cit.*, p. 616.
21 *Ibid.*, p. 816.

Marie, immaculée par prédestination – « Dieu »/« bleu » est le couple de rimes précédant la paire « tache/panache ». Il est temps d'y venir : la rime est l'instrument primordial de la poétique du vers chez Rostand. Cette particularité marque d'ailleurs peut-être la principale différence avec Victor Hugo, qui est, au moins en apparence, à l'avantage du poète romantique. Hugo avait été à l'initiative d'une véritable réinvention artistique de l'alexandrin qui, par réaction à la fluidité abondante et monotone de la poésie classique, avait permis de densifier le vers, de compacter le sens, de donner à chaque syllabe comptée de l'alexandrin une force sémiotique qui allait de pair avec le dérèglement du métronome métrique – la rime étant donc seulement, comme syllabe, *prima inter pares*. Puis, après Hugo, les autres maîtres versificateurs du XIXe siècle (Baudelaire, Rimbaud, Mallarmé et quelques autres) avaient suivi la même voie[22]. Or il est indéniable que, chez Rostand, c'est le mot à la rime qui concentre la signification et l'effet (poétique ou dramatique), et c'est ce rôle écrasant de la rime, atténuant inévitablement la portée des onze ou douze syllabes précédentes, qui semblent surtout servir à préparer l'effet final. Bien sûr, on pourrait invoquer ici l'influence de la poésie parnassienne, et rappeler la formule provocatrice de Théodore de Banville, dans son *Petit Traité de poésie française* (1871) : « *on n'entend dans un vers que le mot qui est à la rime*, et ce mot est le seul qui travaille à produire l'effet voulu par le poète[23]. » Surtout, la survalorisation poétique de la rime est, à toute époque, un trait caractéristique de la poésie comique ou parodique. Or, à mesure que l'on avance vers la fin du siècle, le soupçon d'artificialité qui pèse sur la versification syllabique et qu'aggrave le byzantinisme de la poésie d'obédience symboliste, vient renforcer le parfum de parodie (ou d'auto-parodie, même voilée, comme Mallarmé sait très bien faire) qui émane d'elle et contribue à son charme ambigu. Les jeux rimiques de *Cyrano de Bergerac*, dont la tirade des nez offre le plus réjouissant festival, participent de ce sentiment, éprouvé d'emblée par le public, que la pièce, quel qu'en soit le dénouement, est bien une « comédie », même héroïque.

Mais il reste alors une dernière question, qui est le vrai problème que pose l'esthétique de Rostand : comment une pratique du vers qui

---

22 Voir Vaillant, Alain, *L'Art de la littérature*, Paris, Classiques Garnier, 2016 (en particulier le chapitre « Le lyrisme du vers », p. 63-83).

23 Banville, Théodore de, *Petit Traité de poésie française*, Paris, Lemerre, 1871, p. 53.

paraît d'essence comico-parodique peut-elle renforcer, paradoxalement, l'émotion poétique qu'elle suscite également avec tant de force[24] – du moins selon l'hypothèse que nous avons développée jusqu'à présent – ? Pour y répondre, il faut d'abord faire un détour par la théorie du comique (et du rire en général), dont les mécanismes sont bien connus[25]. Le déclenchement du rire dépend de quatre conditions : 1) Il implique la perception d'une incongruité, qui attire l'attention en créant un effet de surprise : dans *Cyrano*, c'est toujours la discordance des deux mots à la rime, ou l'introduction pour le deuxième d'un vocable faisant figure d'intrus sémantique ou stylistique, qui provoque la rupture comique. 2) Il s'accompagne d'un processus d'amplification, ou d'expansion, qui va permettre de donner la plus grande ampleur au rire, d'en accroître autant que possible la durée et l'efficacité : c'est le rôle évident des tirades à effet dans la pièce. 3) Lorsque le comique est provoqué volontairement, le rieur, par un phénomène de subjectivation, recherche la complicité de celui qui l'a fait rire en s'identifiant à lui : ici, le lecteur devine Rostand, on l'a vu, derrière le masque de Cyrano. Dès 1895, donc avant l'écriture de la pièce, Renard avait noté dans son Journal, en offrant un portrait par anticipation du personnage à venir : « Rostand fait des haltères avec sa tristesse[26] ». 4) Le rire n'est possible que s'il est préparé, si le rieur y est prédisposé parce qu'il y retrouve quelque chose de connu ; le rire est toujours rire de reconnaissance. Le mécanisme du rire procède donc en deux temps : quelque chose nous prépare à rire, puis une deuxième chose nous le confirme, d'où l'explosion du rire. C'est le principe de l'histoire drôle, avec sa phase de préparation et sa chute, qui suit des procédures parfaitement balisées. Or c'est exactement ce qu'il se passe pour la poésie comique ou parodique, grâce aux rimes. Dès le premier mot à la rime, le lecteur ou le spectateur attend plus ou moins consciemment l'arrivée du deuxième, et l'excitation joyeuse de l'attente annonce la libération du rire, à condition que le mot à la rime

24 Pour une réponse différente à cette question, voir Degott, Bertrand, « Le comique en vers chez Rostand : le sous-rire du lecteur », *Études françaises*, vol. LI, n° 3, p. 77-97. URL : https://www.erudit.org/fr/revues/etudfr/2015-v51-n3-etudfr02276/1034132ar/ (consulté le 27/09/2021). Dans le même numéro d'*Études françaises*, on trouvera une réflexion plus théorique sur les liens entre lyrisme et comique : Bernardet, Arnaud, « L'aporie lyrique du comique : éléments de réflexion critique », p. 143-164.

25 Pour une analyse systématique des mécanismes comiques, voir Vaillant, Alain, *La Civilisation du rire*, Paris, CNRS éditions, 2016.

26 Renard, Jules, *Journal*, *op. cit.*, p. 307.

offre le plaisir d'incongruité espéré. En d'autres termes, chaque couple de vers comiques, grâce à la rime, déclenche le mécanisme entier du comique, allant de l'effet d'attente à son comblement presque immédiat, douze syllabes plus loin : c'est justement parce que le rire résulte de la jouissance d'une satisfaction que le plaisir qu'il induit est si fort.

Cependant, l'effet de répétition induit par la rime n'est pas exploité seulement dans un contexte comique. Au contraire, le retour de sons, de mots ou de vers identiques, voire le recours à des refrains constitue le procédé de base de la poésie lyrique. « Le Lac » de Lamartine, qui est pour le lecteur français le prototype de l'élégie romantique, repose entièrement sur l'entrelacs des résonances orchestrées par le poème, qui figurent formellement, par une série d'effets rythmiques ou lexicaux, la nostalgie du « je » : ce dernier, à défaut de revivre son amour perdu, s'offre le plaisir voluptueux de sa remémoration. Mais l'émotion lyrique de la répétition n'a pas besoin d'être explicitement thématisée, comme c'est le cas pour « Le Lac » de Lamartine, fait pour ressusciter par la force de l'évocation le souvenir de la femme morte. Car toute la poésie implique formellement le retour du même, dont la rime constitue, pour la poésie régulière, le procédé matriciel. En linguiste, Roman Jakobson avait déjà noté, dans son célèbre article « Linguistique et poétique » (1960), que la poésie pouvait se définir par la projection des équivalences sur l'axe syntagmatique – en termes clairs, par la systématisation des répétitions en tout genre, à la surface du texte. Mais il n'avait pas à rechercher, dans la perspective linguistique qui était la sienne, la raison cognitive de ce principe de récurrence, que l'on peut formuler ainsi : le retour du même, qui est pour ainsi dire exhibé et dramatisé par sa position finale à la rime, est source de plaisir, par les ondes émotionnelles qu'il suscite dans des zones du psychisme largement inaccessibles à la pensée consciente. Il en va comme du plaisir inconscient éprouvé à la rencontre d'un lieu, d'un paysage, d'un visage connus : indépendamment des souvenirs qui s'y rattachent, il naît du soulagement et de la joie nés de la répétition de ce qui est déjà familier. La poésie est la forme discursive qui ordonne et formalise cette jouissance de la reconnaissance et, bien sûr, la rime est la plus simple manière de la procurer, indépendamment des effets secondaires (rythmiques ou sémantiques) qui lui sont habituellement associés. Le plaisir de la répétition a quelque chose de primaire, presque de primitif, mais il tire sa puissance de sa primitivité même.

C'est sans doute ce qui explique que tant de praticiens ou de théoriciens contemporains de la poésie l'ont enveloppé de justifications autrement subtiles et ont fini par nous rendre incompréhensible voire invisible, de façon générale, le principe de régularité (rythmique ou syllabique) qui régit toute poésie et, en particulier, le charme si singulier émanant de la poésie de Rostand.

En effet, nous touchons enfin à la raison du miracle *Cyrano*. La rime (et, avec elle, la poésie) est, on vient de le voir, soit comique, soit lyrique. Mais rien n'empêche qu'elle soit à la fois comique *et* lyrique, selon les deux faces, apparemment opposées, de la même émotion : or Rostand les réunit par la grâce de sa virtuosité et nous fait comprendre ce qu'est par essence la poésie, précisément parce qu'il semble s'y cantonner au mode mineur. Avant lui, toute la modernité du XIXe siècle avait pris progressivement conscience de cette parenté du plaisir comique et du sentiment poétique. Pour la prose, Flaubert avait parlé avec beaucoup d'émotion du « comique arrivé à l'extrême, le comique qui ne fait pas rire, le lyrisme dans la blague », qui était « ce qui [lui] fai[sait] le plus envie comme écrivain[27] ». Et, pour la poésie, on perçoit souvent, dans les rimes d'un Hugo ou d'un Rimbaud – « ah ! quelles rimes ! », écrit Arthur en marge de son *Chant de guerre parisien* –, le sourire de ceux qui ont compris, selon la formule de Baudelaire, que le « comique absolu » était « l'apanage des artistes supérieurs[28] ». Mais, chez tous ces poètes de notre Panthéon littéraire, le comique intervient encore seulement en contrepoint, comme une note discrètement discordante – discrétion qui leur a justement valu leur place au Panthéon. Rostand est le premier parmi les poètes à avoir assumé, avec sa versification humoristique et sa fantaisie poétique, toutes les conséquences de cette équivalence troublante entre le comique et le lyrisme, sans avoir honte de ses extravagances

27 La réflexion figure dans une lettre de Flaubert à Louise Colet, datée du 8 mai 1852 (Flaubert, Gustave, *Correspondance*, t. II [juillet 1851-décembre 1858], Jean Bruneau [éd.], Paris, Gallimard, coll. « Bibliothèque de la Pléiade », 1980, p. 85). Bernard Vouilloux me signale très justement que Rostand, dans son discours de réception à l'Académie française, avait expressément condamné la blague, « impertinence dont croient se rajeunir les plus bourgeoises sagesses » (Rostand, Edmond, *Discours de réception à l'Académie française, le 4 juin 1903*, Paris, Charpentier et Fasquelle, 1903, p. 34). Assurément, la blague a perdu, à la fin du siècle, la valeur qu'elle avait encore autour de 1850, celle d'une protestation romantique contre l'esprit de sérieux. Voir notamment Preiss, Nathalie, *Pour de rire ! La blague au XIXe siècle*, Paris, Presses universitaires de France, 2002.

28 Baudelaire, Charles, « De l'essence du rire » (1855), *Œuvres complètes*, *op. cit.*, t. II, p. 536.

rimiques : en suggérant non pas que le comique pouvait être poétique (ce que feront les surréalistes, et qui est une autre façon de le réduire), mais que la poésie et le comique s'alimentaient à la même source, qui n'est rien d'autre que la conscience heureuse du plaisir qu'ils procurent et que tous les discours sur le Beau ont fini par recouvrir. Et alors, le cœur léger, après avoir bien ri, « on va pouvoir encore parler d'amour, se dévouer individuellement, pleurer sans raison, et s'enthousiasmer pour le seul plaisir d'être lyrique[29] ».

Alain VAILLANT
Centre des Sciences de la Littérature
en langue Française (CSLF, EA 1586)
Université Paris Nanterre

29 Renard, Jules, *Journal*, *op. cit.*, p. 451.

UN ALEXANDRIN DE COMÉDIE

Cyrano de Bergerac a été créé au théâtre de la Porte Saint-Martin, à la toute fin du mois de décembre 1897. Cet établissement proposait aux Parisiens et aux Parisiennes de la Belle Époque des pièces à grand spectacle, avec force comédiens et décors : des « drames romantiques », à commencer par ceux de Hugo ; des « drames historiques » consacrés à Jeanne d'Arc ou Cléopâtre ; des « drames » tout courts, souvent signés par Victorien Sardou, un auteur habitué des lieux ; des adaptations libres de Shakespeare, comme celle de *Macbeth* par Jean Richepin ; des transpositions de romans d'Alexandre Dumas ; et des œuvres plus inclassables comme *La Montagne enchantée*, une « pièce fantastique » de Moreau et Carré. Ces représentations visaient avant tout à divertir et elles étaient, d'un point de vue socio-culturel, les équivalents de ce qu'est aujourd'hui, à plus grande échelle, l'industrie cinématographique.

Baptisée « comédie héroïque », *Cyrano* ne déroge pas à la règle. Écrite pour plaire et amuser, la pièce présente des effets de reprise qui sont caractéristiques du vaudeville, de l'opérette ou du théâtre de boulevard, comme dans cet échange entre Roxane et de Guiche, à la scène 2 de l'acte III, autour du « régiment » et des « gardes » :

ROXANE, *indifférente.*

Bravo.

DE GUICHE

Du régiment des gardes.

ROXANE, *saisie.*

Ah ! des gardes ?

DE GUICHE

Où sert votre cousin, l'homme aux phrases vantardes.
Je saurai me venger de lui, là-bas.

ROXANE, *suffoquée.*

Comment !

Les gardes vont là-bas ?

DE GUICHE, *riant.*

Tiens ! c'est mon régiment ! (v. 1246-1249)[1]

Ce procédé, qui consiste à répéter les mêmes mots sur des tonalités différentes, imprime *de facto* un tempo enlevé à la pièce, tout en offrant aux comédiens l'occasion de souligner ces virevoltes verbales, qui passaient pour des « mots d'esprit » et régalaient le public.

Le fait que la pièce soit en vers et non en prose conduit souvent Rostand à prendre la rime en otage pour amener ou amplifier un effet, comme avec ce glissement de l'« ivrogne » au « bourgogne » (le vin) puis à la « Bourgogne » (la région) :

UN HOMME, *tirant une bouteille de sous son manteau et s'asseyant aussi.*

[...] Un ivrogne

Doit boire son bourgogne...

(Il boit.)

à l'hôtel de Bourgogne ! (v. 11-12)

ou encore :

LA DISTRIBUTRICE, *passant devant lui avec un plateau.*

Orangeade ?

LIGNIÈRE

Fi !

LA DISTRIBUTRICE

Lait ?

LIGNIÈRE

Pouah !

LA DISTRIBUTRICE

Rivesalte ?

LIGNIÈRE

Halte !

(À Christian.)

Je reste encore un peu. – Voyons ce rivesalte ? (v. 71-72)

1 Les références sont prises dans Besnier (éd.).

où l'appétence de Lignière pour le vin de « rivesalte » est telle qu'elle résonne dans le « halte » qu'il profère, dont on ne sait s'il s'adresse à la distributrice ou bien à lui-même puisque, sur le point de rejoindre d'Assoucy au cabaret au prétexte qu'« on meurt de soif ici », il décide soudain de rester à l'hôtel de Bourgogne.

Certaines rimes, par ailleurs, sont cocasses en elles-mêmes, comme ici entre « farce » et « parce » :

BELLEROSE

Nous allons revenir après notre repas.
Répéter pour demain une nouvelle farce.
(Jodelet et Bellerose sortent, après de grands saluts à Cyrano.)

LE PORTIER, *à Cyrano.*

Vous ne dînez donc pas ?

CYRANO

Moi ?... Non.
(Le portier se retire.)

LE BRET, *à Cyrano.*

Parce que ?

CYRANO, *fièrement.*

Parce...
(Changeant de ton en voyant que le portier est loin.)
Que je n'ai pas d'argent !... [...] (v. 445-448)

La rime en « parce » constitue un fort enjambement, puisqu'elle partage sur deux vers la locution « parce que », et, à ce titre, elle est de fait une bonne « farce », en regard des usages, puisqu'une conjonction n'apparaît jamais à la rime dans la poésie littéraire sérieuse. Tout aussi fantaisiste est la rime en [bobo] dans cet extrait de la scène 6 de l'acte II :

ROXANE

Il est fier, noble, jeune, intrépide, beau...

CYRANO, *se levant tout pâle.*

Beau !

ROXANE

Quoi ? Qu'avez-vous ?

CYRANO

Moi, rien... c'est... c'est...

(Il montre sa main, avec un sourire.)
C'est ce bobo. (v. 803-804)

Pareilles facéties sont nombreuses dans la pièce, et typiques d'un théâtre populaire, où l'on recherche constamment le « bon mot ». Elles conduisent l'auteur à ne pas toujours respecter les conventions graphiques qui, si elles étaient encore observées par des poètes comme Paul Valéry, avaient été déjà malmenées dans les années 1870 et 1880 par des auteurs tels que Rimbaud ou Laforgue. Rostand fait ainsi rimer « flan » et « flanc » (v. 718-719) ou « crapaud » et « peau » (v. 974-975), sans souci des consonnes graphiques finales, ou encore « toit » avec « toi » :

À ce palais de croûte, il faut, vous, mettre un toit…
Et toi, sur cette broche interminable, toi, (v. 624-625)

Cette dernière citation illustre aussi la pratique récurrente chez Rostand du « chevillage », le fait d'ajouter un mot ou deux afin d'atteindre aux douze voyelles numéraires qu'exige l'alexandrin, sans que cela apporte une information nouvelle. Même si les deux occurrences de « toi » demandent à être dites sur des tons différents et constituent un « trait d'esprit », elles servent aussi à donner au vers ses douze syllabes. On trouve dans *Cyrano* des dizaines d'exemples similaires, parmi lesquels :

Ah ! Ah ! Bravo ! très bien ! bravo ! \ Pas de bravos ! (v. 239)
Messieurs… Messieurs… Messieurs… \ Ah ! dans quels jolis draps… (v. 958)
Ha ! ha ! ces lignes-là sont… hé ! hé ! mais bien mièvres ! (v. 1231)
Une femme ! une femme ! il n'y a qu'une femme (v. 1266)
N'importe : je me bats ! je me bats ! je me bats ! (v. 2566)

« Ah ! », « Ha ! », « hé ! », « Bravo ! », « Messieurs… », « Une femme ! » ou « je me bats ! » sont repris autant que nécessaire pour atteindre le nombre de syllabes souhaité. Les interjections sont souvent employées à ce petit jeu, et l'exemple le plus criant s'en trouve au premier acte, avec une graphie qui oppose « Ha ! », expression du rire, à « Ah ! », expression de l'étonnement :

CRIS DE JOIE

[...] Il est chauve !...

Bravo, les pages !... Ha ! ha ! ha !...

LE BOURGEOIS, *furieux, montrant le poing.*

Petit gredin !

RIRES ET CRIS, *qui commencent très fort et vont décroissant.*

HA ! HA ! ha ! ha ! ha ! ha !

(Silence complet.)

LE BRET, *étonné.*

Ce silence soudain ?...

(Un spectateur lui parle bas.)

Ah ?... [...] (v. 168-171)

Cheviller en répétant des monosyllabes est un procédé facile, que les manuels de versification condamnaient, mais dont Rostand ne se prive pas, et dont le public de la Porte Saint-Martin, venu pour s'amuser et non pour jouer au cuistre, ne s'offusquait guère. Il semble même que l'auteur se soit amusé à le mettre en abyme dans cet échange entre les deux protagonistes :

ROXANE

Quels mots me direz-vous ?

CYRANO

Tous ceux, tous ceux, tous ceux

Qui me viendront [...] (v. 1441-1442)

Le comble du procédé est atteint dès les premiers vers de la pièce lorsque, juste après que deux clients de l'hôtel ont évoqué les noms de Rotrou et de Corneille, une bande de pages lance cet alexandrin-farce bien peu cornélien, « Tra la la la la la la la la la la lère... » (v. 17), qui n'est presque que chevilles.

Plus rarement, Rostand allonge sa phrase par un pléonasme, comme dans « Laissez un petit mot d'écrit l'avertissant » (v. 165), où « d'écrit » est redondant avec « petit mot », mais procure les deux syllabes manquantes. Ou encore il joue avec les diérèses, comme dans « Il faut évacuer la salle !... / Évacuez !... » (v. 263), où le verbe « évacuer/évacuez » se lit [evakye] (et non [evakɥe]) et procure un effet comique par l'allongement de sa finale, qui donne presque à entendre ce qu'est une « évacu-ation » (rappelons que le sens premier est « rejeter par les voies naturelles »). Ce procédé induit souvent une prononciation comique, par exemple dans « Attention ! nos précieuses prennent place » (v. 55), dont les deux diérèses, [atɑ̃sijɔ̃] et [pʁesijøzə], miment la préciosité prêtée aux personnages ; dans « Toute blême a suivi ton duel !... \ Toute blême ? » (v. 544), où [dyɛl] fait entendre la du-alité inhérente au du-el ; ou dans « Ouais ?... \ Notre démon est doux comme un apôtre ! » (v. 1168), où [uɛ] souligne le ton goguenard du mousquetaire qui acquiesce.

Avant de poursuivre signalons néanmoins un vers fautif dans l'édition de référence, « Qu'est-ce que c'est encore que cette égratignure ? » (v. 781), qui compte treize syllabes numéraires, et aurait dû être orthographié « Qu'est-ce que c'est *encor* que cette égratignure ? », conformément au texte original, et en vertu d'une licence orthographique à laquelle Rostand recourt à de nombreuses autres reprises dans la pièce.

L'auteur n'est pas plus sérieux avec les enjambements, qu'il multiplie à l'envi, comme la rime « farce : : parce » l'illustrait déjà, et qu'il exploite à diverses reprises à des fins sémantiques, comme dans :

> DE GUICHE
> [...] Je monte
> Sur scène. Venez-vous ? [...] (v. 151-152)
>
> CYRANO
> [...] Je tire
> Ma lettre si je sens seulement qu'il y a
> Le moindre espoir !... [...] (v. 745-747)
>
> LA VOIX DE ROXANE, *par la fenêtre.*
> [...] Je passe
> Une mante ! [...] (v. 1182-1183)

L'action de « monter sur scène » est mimée par la forte discordance entre le verbe et son complément, la phrase enjambant d'un vers à l'autre comme l'acteur grimpe les marches qui mènent à l'estrade. Sans être aussi visuelles, les actions de « tirer (une) lettre » ou de « passer une mante » sont pour le moins évoquées en filigrane, le temps de saisir la missive pour la produire ou celui de prendre le vêtement pour l'enfiler étant en quelque sorte inscrit dans la pause qui sépare le verbe de son complément, la fin d'un vers du début du suivant.

En ce qui concerne la métrique de l'alexandrin, Rostand est le plus souvent respectueux de la scansion binaire héritée des classiques, puisqu'environ 95 % de ses dodécasyllabes préservent la possibilité d'une coupe après la sixième syllabe, sur ce modèle :

> Jusqu'à ce que Phœbus + recommence son orbe,
> J'ai donc sur mes talons + ces joueurs de théorbe,
> De tout ce que je fais + harmonieux témoins !...
> Ce fut d'abord charmant, + et ce l'est déjà moins. (v. 1202-1205)

Dans des échanges tels que celui-ci :

> LE CUISINIER
> De combien ?
> RAGUENEAU
> De trois pieds.
> *(Il passe.)*
> LE CUISINIER
> Hein !
> PREMIER PÂTISSIER
> La tarte !
> DEUXIÈME PÂTISSIER
> La tourte !

le fait que quatre personnages se partagent l'alexandrin, et que celui-ci soit « disloqué » entre leurs diverses réparties ne change rien à sa structure métrique profonde. Si, d'un point de vue prosodique, il y a autant de groupes accentuels qu'il y a de répliques, d'un point de vue métrique l'unique césure tombe après les « trois pieds » qui terminent le premier hémistiche : « De combien ? De trois pieds. + Hein ! La tarte ! La tourte ! » Il en est ainsi de la plupart des alexandrins que se partagent deux ou plusieurs interlocuteurs, sur des tempos très divers.

La césure n'est pas non plus menacée par une construction comme celle-ci :

> ROXANE, *tombant assise sur le banc, – à part.*
> Christian !
> DE GUICHE
> Qu'avez-vous ?

ROXANE, *toute émue.*
Ce… + départ… me désespère ! (v. 1250)

Si le déterminant démonstratif « ce » ne saurait *a priori* apparaître devant la césure, il préserve ici son autonomie prosodique puisqu'il est séparé du nom qu'il détermine par une pause que notent les trois points, et que la comédienne est censée marquer en récitant le vers. La césure sixième renforce la ponctuation et accentue encore l'hésitation et la retenue de Roxane. Rostand exploite ce procédé à plusieurs reprises, et aussi avec des pronoms (ex. : « C'est mieux ! De sorte qu'il… + strangula comme rien… », v. 1372) et des prépositions (ex. : « Raillé de quoi ? Mais de… + d'un élan !… Oui, mon cœur », 1412). L'astuce n'est pas nouvelle puisque Racine l'emploie déjà dans sa comédie *Les Plaideurs* (Gouvard, 2000, p. 107).

Rostand traite avec la même liberté les fins de vers, où l'on trouvera aussi bien un pronom : « […] Alors, – vous allez vous / Venger de mon cousin ?… […] » (Roxane, v. 1253-1254), un article : « […] Cousine, c'était une / Fâcheuse. […] » (Cyrano, v. 2378-2379), ou une préposition :

CHRISTIAN
[…] Je ne veux pas de cet amour !
Moi, je veux être aimé plus simplement pour…

ROXANE
Pour
Ce qu'en vous elles ont aimé jusqu'à cette heure ? (v. 2141-2143)

Dans ces configurations, la différence avec l'enjambement à la césure tient à ce que le dramaturge ne cherche plus à légitimer la discordance par des points de suspension, la fin de vers constituant en elle-même une pause suffisante pour retarder l'instanciation de l'expression subséquente, à laquelle le pronom, le déterminant ou la préposition aurait dû se rattacher, aussi bien d'un point de vue syntaxique que prosodique.

Toutefois, si une très grande majorité des 2 500 alexandrins que compte la pièce préserve une coupe sixième, ce n'est pas le cas de tous. On trouve en effet 57 vers, soit un peu plus de 2 %, qui présentent sur leur sixième syllabe un déterminant ou un pronom, sans que des points de suspension indiquent une interruption du discours. 36 d'entre eux sont très clairement des ternaires (NB : Pour faciliter la lecture, les changements de locuteurs, quand il y en a, ne sont plus mentionnés ci-après) :

– Et le théâ+tre ! Vous l'aimez ? + Je l'idolâtre. (v. 83)
Avait l'honneur + de vous connaî+tre, croyez bien (v. 202)
Je vous… Miâou ! + Je vous ordon+ne de vous taire ! (v. 220)
De la *Clori+se* ! Je m'entê+te… Vieille mule, (v. 249)
Que n'est le mien… + quand je lui mets + cette rallonge ! (v. 272)
Mais à la fin + il nous ennuie ! + Il fanfaronne ! (v. 308)
Je l'ai laissé + dans la figu+re de quelqu'un. (v. 387)
– Ce que c'est que + de la laisser + inoccupée ! –
Ay !… Qu'avez-vous ? + J'ai des fourmis + dans mon épée ! (v. 392-393)
J'ai pris… Lequel ? + Mais le plus sim+ple, de beaucoup. (v. 480)
La plus brillan+te, la plus fi+ne, la plus blonde ! (v. 499)
Mais ton coura+ge ! ton esprit ! + – Cette petite (v. 539)
Ne vois-tu pas + comme ils s'empif+frent ? Je le vois… (v. 731)
Oui… Vous veniez + tous les étés + à Bergerac !… (v. 771)
Oh, n'est-ce pas + que vous allez + me le défendre ? (v. 836)
Peut-on rentrer ? + Oui… Le voilà ! + Mon capitaine… (v. 848)
Sur le chapi+tre des moulins ! + Chapitre treize. (v. 953)
Qu'un moulinet + de leurs grands bras + chargés de toiles (v. 956)
Et dans ses voi+les des soupirs + de vieilles dames ? (v. 985)
Va, Cyrano ! + Et ce disant, + je me hasarde, (v. 1084)
Mais tous ces nez + que vous m'avez… + Je les retire ! (v. 1109)
Plus fin diseur + de ces jolis + riens qui sont tout. (v. 1213)
N'y peut entrer. + Mais les bons Pè+res, je m'en charge !… (v. 1282)
Que de parler + comme un billet + doux de Voiture ! (v. 1427)
Je vais venir, + et vous le mande + auparavant (v. 1553)
Je vous l'envoie ; + Il vous déplaît. + Résignez-vous. (v. 1569)
De me manquer + tous les matins ! + C'est un peu rude, (v. 1720)
Je me doutais + que ce serait + pour aujourd'hui. (v. 1917)
On a tiré + sur mon carrosse ! + Une patrouille ! (v. 1939)
L'ergot tendu + sous la dentelle + en tuyau d'orgue, (v. 1968)
Chaque lanterne + est un petit + garde-manger ! (v. 2034)
À cet amour ? + Je ne veux pas + de cet amour ! (v. 2141)
Un médecin ? + Il en vint un + par complaisance. (v. 2350)
Chacun de nous + a sa blessu+re : j'ai la mienne. (v. 2433)
Je ne veux pas + que vous pleuriez + moins ce charmant, (v. 2545)
Jamais, jamais ! + – Ah ! te voilà, + toi, la Sottise ! (v. 2564)

(Rappel : Une coupe métrique se place toujours après la voyelle accentuée d'un polysyllabe, jamais après un « e » post-tonique numéraire. Par exemple, dans « La plus brillante, la plus fine, la plus blonde ! » (v. 499) la scansion ne saurait être « La plus brillante, + la plus fine, + la plus blonde ! », puisque cela impliquerait une prononciation (grotesque) de « brillanteuh » et « fineuh ». La seule scansion conforme à la prosodie du français est « La plus brillan+te, la plus fi+ne, la plus blonde ! » En revanche, si le « e » post-tonique est élidé, comme celui de « carrosse » dans « On a tiré sur mon carrosse ! Une patrouille ! »

(v. 1939), la coupe se note « On a tiré + sur mon carrosse ! + Une patrouille ! » puisque le « -e » de « carrosse » n'est pas instancié.)

Le rythme ternaire était apparu au théâtre, dans les drames de Victor Hugo, et il s'était peu à peu imposé dans les années 1860 et 1870 comme un mètre de substitution au 6/6 (Gouvard, 2008). Il n'est donc pas surprenant que Rostand recoure de préférence à cette scansion lorsqu'un alexandrin présente sur sa sixième syllabe un déterminant ou un pronom proclitique.

Si l'alexandrin ainsi « entravé » n'est pas 4/4/4, il est alors 4/8, pour 11 occurrences :

Allez courir + tous les cabarets : *le Pressoir* (v. 162)
Est mon secret… + Mais vous nous privez sans scrupule (v. 248)
Je me le paye, + en me le chantant à moi-même ! (v. 937)
Qu'est-ce que c'est + que cet homme-là ? C'est un homme (v. 1072)
Je vous dirai… + Que vous m'adorez… oui, je sais.
Diable ! et ma voix ?… + S'il la reconnaissait ? Cric ! crac ! (v. 1589)
J'ai les dents lon+gues ! Tu n'en mordras que plus large. (v. 1763)
J'ai faim ! Ah çà ! + mais vous ne pensez qu'à manger ? (v. 1781)
De grands servi+ces. Les renseignements qu'il porte (v. 1879)
Une peti+te… Vous êtes gai, mon garçon ! (v. 2054)
Devant moi ? Mais… + Il ne me fera pas de peine ! (v. 2188)

Cette scansion 4/8, appelée « semi-ternaire » en ceci qu'elle procède d'un effacement de l'une des coupes du ternaire, s'observe également dans les pratiques des poètes fin de siècle, tout comme son envers, le 8/4 (Gouvard, 2015, p. 117 *sqq.*), que l'on trouve dans six autres vers :

Attendez ! Je vais lui lancer + un de ces traits !… (v. 310)
Oui, oui. Vous serez son ami ? + Je le serai. (v. 838)
Des épîtres à des Chloris… + de nos caboches, (v. 1153)
Il est pauvre. Qui vous l'a dit ? + Monsieur Le Bret. (v. 2267)
La chronique de la semaine, + et… Tiens, Le Bret ! (v. 2292)
Sa science… dans son déli+re ! Copernic (v. 2532)

Seuls quatre alexandrins n'admettent ni la coupe ternaire, ni l'une des deux coupes semi-ternaires, sans qu'il soit possible de leur attribuer une scansion qui leur serait commune – laquelle serait difficilement perceptible, compte-tenu du très petit nombre d'occurrences concernées :

Me servir toutes ces folles plaisanteries, (v. 361)
– Peut se rompre, – si nous survivons ! \ Il s'obstine !… (v. 2176)

Elle essaye de vous convertir ? \ Je m'en garde ! (v. 2393)
J'aperçois toute la généreuse imposture : (v. 2462)

Par ailleurs, 24 alexandrins présentent une préposition monosyllabique sur leur sixième syllabe qui empêche elle aussi une coupe médiane. Parmi eux, 13, soit plus de 55 %, sont des ternaires :

On ne commen+ce qu'à deux heu+res. Le parterre (v. 4)
– On a des cho+ses à vous di+re. Des ?... Des choses ! (v. 550)
De Saint-Amand ! + Et dans ces vers + de Chapelain (v. 754)
Puis... je voulais... + Mais pour l'aveu + que je viens faire, (v. 768)
Oh ! C'est trop fort ! + Et celle-ci ! + Non ! montrez-la ! (v. 782)
Tous les blancs-becs + qui, par faveur, + se font admettre (v. 828)
Tremblé pour lui ! + Non sans raison ! + Mais j'ai songé (v. 831)
J'ai tellement + pris pour clarté + ta chevelure (v. 1451)
Mais veux passer ! + C'est à Paris + que je retombe ! (v. 1615)
À l'heure où l'on+de par la lune + est attirée, (v. 1676)
Je me reti+re sous ma ten+te, – comme Achille ! (v. 1748)
De dénouer + et de laisser + couler à terre (v. 1855)
Et ce n'est plus + que pour ton â+me que je t'aime ! (v. 2132)

Sur les 10 restants, 4 sont 4/8 :

On ne peut fai+re, sans défuncter avant l'âge, (v. 1056)
J'ai quelque cho+se, dans les talons, qui me gêne !... (v. 1760)
Il les joindra ; + mais pour revenir sans encombre, (v. 1886)
Oh ! oh ! Sœur Marthe + est dans la stupéfaction ! (v. 2399)

et les autres sont 8/4 :

Celui de l'Hôtel de Bourgogne ! + Ah !... Le duel !... (v. 661)
C'est me perdre que de cesser + de rester coi ! (v. 1111)
Cousin ! Nous allons chez Clomire. + Alcandre y doit (v. 1296)
Oui, tout autre, car dans la nuit + qui me protège (v. 1406)
N'est-ce pas ? comme dans le conte, + et les laquais (v. 1940)
Par derrière, par un laquais, + d'un coup de bûche ! (v. 2486)
Quelque chose que sans un pli, + sans une tache, (v. 2571)

Hormis les déterminants, les pronoms proclitiques et les prépositions monosyllabiques, quelques autres termes grammaticaux jouent un rôle similaire d'entrave à la césure médiane, comme (sans être exhaustif) : (i) le relatif « qui », lequel, placé sur la sixième syllabe, induit soit un mètre ternaire :

...Ma pauvre enfant, + vous qui n'aimez + que beau langage, (v. 816)
Ah ! que de cho+ses qui sont mor+tes... qui sont nées ! (v. 2469)

soit un mètre semi-ternaire, que ce soit le 4/8, « Ce sont vos let+tres qui m'ont grisée ! Ah ! songez » (v. 2098), ou le 8/4, « Ah ! Ah ! Ah ! Celui qui posta + ces gueux, ma foi, » (v. 942) ; (ii) l'adverbe « très » en position de complément de l'adjectif, qui s'accompagne lui aussi du 4/4/4 :

C'est un gredin ! + C'est très commo+de. Nous disions ?... (v. 1882)
Sont très coquet+tes ! Très gourman+des ! Et très bonnes (v. 2246)

ou du 4/8 avec « Cela dut ê+tre très difficile !... Pas trop » (1953) ; (iii) l'auxiliaire « avoir », qui est une fois sur deux associé à du ternaire :

C'est un pari + que j'ai gagné + sur d'Assoucy. (v. 1196)
Ah ! qu'il est beau, + qu'il a d'esprit + et que je l'aime ! (v. 1210)
Lui seul, depuis + qu'elle a pris cham+bre dans ce cloître, (v. 2253)
– Mes écheveaux ! + – L'heure a sonné ? + Ceci m'étonne ! (v. 2366)

et une fois au 8/4, « Car tu trembles ! car j'ai senti, + que tu le veuilles » (v. 1475) ; (iv) ou encore le semi-auxiliaire « aller » qui, lui aussi, admet des scansions ternaires :

Chacun son tour ! + Je vais donner + des numéros ! – (v. 223)
Permets-moi donc + d'aller coucher + sous... sous ton toit ! (v. 572)
Emportez-la ! + Je vais charger ! + Son sang ! ses larmes !... (v. 2223)
Merci, ma sœur. + Il va venir. + Là... L'heure sonne. (v. 2365)

et, ponctuellement, une mesure 8/4 : « Sa fenêtre ! Je vais mourir ! + Baissez la voix ! » (v. 1349).

Dans la célèbre tirade du « nez », un alexandrin attire l'attention par une autre configuration fantaisiste : « Appelle Hippocampelephantocamélos » (v. 334). Rostand se joue de la règle héritée des classiques qui interdisait qu'un mot débordât les limites hexasyllabiques de l'hémistiche, de telle sorte que tous les lexèmes de sept syllabes et plus ne pouvaient être employés dans un poème en alexandrins, et ce, alors même que Cyrano parodie le ton des pédants. La propension de ces derniers à émailler leurs discours de dérivés savants pour se prêter une autorité factice est ainsi soulignée non seulement par le choix même du terme pseudo-savant d'Hippocampelephantocamélos, mais aussi par le fait que l'interminable agglutination d'étymons grecs est brisée par la césure, ou la césure effacée par leur prolifération, selon que le comédien opte pour une diction respectueuse ou non du mètre de l'alexandrin : un mot faussement savant donne ainsi, dans un cas comme dans l'autre, un vers faux.

Le même procédé est à l'œuvre dans ce passage de l'acte II :

> Que vous n'en eussiez pas articulé le quart
> De la moitié du commencement d'une, car
> Je me les sers moi-même, avec assez de verve, (v. 362-364)

La scansion binaire « De la moitié du co+mmencement d'une, car », très discordante, est à l'image des enjambements de vers à vers « le quart # de la moitié » et « car # je me sers ». Elle souligne l'euphonie entre les deux finales d'hémistiche, « co- / car », tout en amplifiant la cacophonie des [k] d'« articulé » et « quart » du vers précédent. Dans une répartie qui met en avant l'articulation et la « verve », ces discordances entre la phrase et la structure du vers et l'effet de prosaïsme qui s'ensuit produisent un effet de contraste entre le propos et sa forme qui invite au rire.

À côté de ces trouvailles ponctuelles, on relève néanmoins 54 alexandrins qui, s'ils présentent sur leur sixième position une syllabe prétonique de polysyllabe, comme les deux vers qui viennent d'être cités, reçoivent pour leur part des mètres de substitution, avec toujours une préférence pour le ternaire, pour 43 occurrences, soit plus de 80 % :

> Hep ! Avez-vous + des sarbaca+nes ? Et des pois ! (v. 22)
> Attention ! + nos précieu+ses prennent place :
> Barthénoïde, + Urimédon+te, Cassandace, (v. 55-56)
> Le pâtissier + des comédiens + et des poètes ! (v. 75)
> Rimeur ! Bretteur ! + Physicien ! + Musicien ! (v. 101)
> Et quel aspect + hétérocli+te que le sien ! (v. 102)
> Plus fier que tous + les Artabans + dont la Gascogne (v. 111)
> Sur son chemin. + Prévenez-le ! + Mais où le voir ? (v. 161)
> – Le Cardinal ! + – Le Cardinal ! + – Le Cardinal ! (v. 173)
> C'est inouï ! + C'est scandaleux ! + C'est vexatoire ! (v. 217)
> – J'inscris les noms ! + – Approchez-vous, + jeunes héros ! (v. 223)
> Empanaché + d'indépendance + et de franchise ; (v. 376)
> – Et la moitié + d'un macaron ! + Mais c'est stupide ! (v. 459)
> Le Cardinal… + Il était là, + le Cardinal ? (v. 468)
> J'ai décidé + d'être admirable, + en tout, pour tout ! (v. 481)
> Oui, quelquefois, + je m'attendris, + dans le soir bleu ; (v. 517)
> Que pour marcher, + à petits pas, + dans de la lune, (v. 522)

Mais je vais ê+tre frénétique + et fulminant ! (v. 561)
– Ah ! Vous aimez + les gâteaux frais ? + J'en suis férue ! (v. 756)
Et les maïs, + les cheveux blonds + pour vos poupées ! (v. 773)
Car le passé + m'encouragea + de son parfum ! (v. 790)
Vient de la part + du maréchal + de Gassion ! (v. 878)
Me direz-vous ?... + Embrasse-moi. + Je suis son frère. (v. 1101)
Il me faudrait + de l'éloquen+ce ! Je t'en prête ! (v. 1129)
Que chaque jour + je t'apprendrai ?... + Tu me proposes ?... (v. 1133)
Je n'ai jamais + espéré tant ! + Il ne me reste (v. 1471)
Quel est ce jeu + renouvelé + de Diogène ? (v. 1494)
Je t'aime, et si... + « *Mademoisel+le, Les tambours* (v. 1549)
Digne seigneur !... + Je l'avais dit. + J'étais sans crainte ! (v. 1574)
Digne seigneur ! + Résignez-vous ! + Je me résigne ! (v. 1579)
Houüh ! Houüh ! Eh bien ! + Vous devinez ? + Non ! La marée !... (v. 1675)
Quelle famine ! + Ah ! maugrébis + des coups de feu !... (v. 1714)
Ah ? J'ai payé + ma compagnie, + elle est à moi. (v. 1841)
Ils n'ont pas vu... + la galanti+ne !... Je t'en prie (v. 2024)
D'une voix que + je t'ignorais, + sous ma fenêtre, (v. 2103)
Mais... Je lisais, + je relisais, + je défaillais, (v. 2113)
L'un de nous deux ! + Ce sera toi ! + Mais... je l'espère ! (v. 2180)
Affreux ? Affreux ! + Défiguré ? + Défiguré ! (v. 2190)
Toumbé dèssus ! + Ecrasas lous ! + Un air de fifre ! (v. 2232)
N'est-ce pas, Mè+re Margueri+te de Jésus, (v. 2247)
La solitu+de, la fami+ne, c'est Décembre (v. 2301)
Que dites-vous ?... + C'est inuti+le ?... Je le sais ! (v. 2557)
Les Préjugés, + les Lâchetés !... + Que je pactise ? (v. 2563)

Et les 11 restants sont tous 8/4 :

Ah ! voici la distributrice !... + Oranges, lait, (v. 30)
Ah !... Lignière ! Pas encor gris !... + Je vous présente ? (v. 39)
Découper cette mortadel+le d'Italie ! (v. 199)
Et l'argent qu'il va falloir ren+dre ! Bellerose, (v. 256)
De lyrisme, de pittores+que, d'étincelle, (v. 300)
La plus belle ?... Tout simplement, + qui soit au monde ! (v. 498)
S'il était aussi maldisant + que bien coiffé ! (v. 819)
Quelque chose d'épouvantable ! + Embrasse-moi ! (v. 1099)
Et tenez pour tout assuré, + Mademoiselle, (v. 1571)
Les faux braves, les plagiai+res, – tout le monde. (v. 2297)
L'exhorter à la péniten+ce. Elle l'exhorte ! (v. 2369)

Rostand joue aussi avec la distribution des « e » à l'intérieur du vers. On trouve sous sa plume des alexandrins binaires tels que « Avoir l'œil qui regarde bien, la voix qui vibre, » (v. 1001), avec un accent prosodique sixième, mais sans que le « e » post-tonique soit effacé, ce qui donne une scansion : « Avoir l'œil qui regar+de bien, la voix qui vibre ». Un classique aurait élidé le « -e » de « regarde » afin que la voyelle qui suit l'accent ne fût pas numéraire et, surtout, n'ouvrît pas le second hémistiche. Rostand procède ainsi à diverses reprises, comme dans :

Maintenant, tu vas ê+tre calme ? Maintenant… (v. 560)
Avoir l'œil qui regar+de bien, la voix qui vibre, (v. 1001)
Voici donc les mauvai+ses têtes ?… Oui, messieurs, (v. 1830)
Je n'obéis qu'aux or+dres de guerre. Ah ?… Ma foi ! (v. 1842)
Il a crié : Servi+ce du Roi ! Hein ? Du Roi !… (v. 1930)

et près de la moitié des vers ainsi configurés pourraient être ternaires :

Est envahie ! + On casse tout ! + C'est magnifique ! (v. 865)
De n'aimer plus… + quand… j'aime plus ! + Tiens ! mais c'est mieux ! (v. 1366)
C'est maintenant + que j'aime mieux, + que j'aime bien ! (v. 2146)
Quoi, mon amour ? + *Baguette haute !* + Il n'est pas mort ?… (v. 2205)

Cette infraction aux usages classiques est toutefois moins audacieuse que celle qui consiste à placer un « e » post-tonique sur la sixième syllabe, comme dans « – Que tous ceux qui veulent mourir lèvent le doigt » (v. 227). Cette configuration entraîne toujours une scansion ternaire, que ce soit avec des lexèmes :

Eau de framboise, + aigre de cè+dre… Place, brutes ! (v. 31)
– Que tous ceux qui + veulent mourir + lèvent le doigt. (v. 227)
Avec des vers, + faire cela ! + Pas autre chose. (v. 646)
Bref, dédaignant + d'être le lier+re parasite, (v. 1013)
– Mais j'ajoutai : + Marche, Gascon, + fais ce que dois ! (v. 1083)

ou avec des termes grammaticaux :

Les beaux rubans ! + Quelle couleur, + comte de Guiche ? (v. 147)
Vous composer + une ballade. + Une ballade ? (v. 397)
Jeter ce sac, + quelle sotti+se ! Mais quel geste ! (v. 451)
Courûtes-vous + quelque péril ? + Aucun péril. (v. 668)
Préférer faire + une visi+te qu'un poème, (v. 997)

Il en va de même du seul vers qui présente sur sa sixième position la première voyelle du déterminant « une », suivie de son « -e » numéraire sur la septième : « Car vous tremblez, + comme une feuille + entre les feuilles ! » (v. 1474).

Il apparaît donc que, lorsque l'alexandrin de *Cyrano* n'est pas binaire, il est très majoritairement ternaire et, dans une moindre mesure, semi-ternaire (pour des compléments sur la métrique de Rostand, voir Cornulier 2021). Dans ce contexte, et compte tenu de ce que la pièce a été écrite pour être dite et non lue, un certain nombre d'alexandrins qui ne présentent pas sur leur sixième syllabe de termes grammaticaux, de syllabes prétoniques de polysyllabes, ou de « e » post-toniques, peuvent néanmoins avoir été composés et être lus, et récités, comme des ternaires. C'est le cas par exemple de :

Pas celui-ci !... + *« Le blond Phœbus... »* + Pas celui-là ! (v. 652)
M'ont renseignée... + Il est cadet ? + Cadet aux gardes. (v. 809)
Mais, Cyrano !... + Christian, veux-tu ? + Tu me fais peur ! (v. 1138)
Ne troublât pas + les beaux discours, + – petit brutal ! (v. 1301)
Improvisez. + Parlez d'amour. + Soyez splendide ! (v. 1307)
Tiens, Cyrano ! + Bonjour, cousin ! + Bonjour, cousine ! (v. 1542)
– Il nous taquine ! + – Il est gentil ! + – Nous l'aimons bien ! (v. 2256)
C'est pour cela + qu'il est si pâle ! + Au réfectoire (v. 2389)

De tels alexandrins pourraient être 6/6, mais rien n'interdit non plus, par analogie avec le mètre de substitution prédominant, qui est actualisé une bonne centaine de fois par ailleurs dans la pièce, d'y voir aussi des 4/4/4, surtout lorsque les changements de locuteurs coïncident avec cette scansion, comme dans :

CHRISTIAN, *très étonné.*

Tiens, Cyrano !

ROXANE

Bonjour, cousin !

CYRANO

Bonjour, cousine ! (v. 1542)

Une partie des alexandrins qui composent *Cyrano* ont ainsi une métrique incertaine ou, pour le dire plus justement, ambivalente. Composée par un auteur qui avait déjà acquis une bonne expérience du théâtre et de la mise en scène, et qui connaissait bien les comédiens et leur jeu, la « comédie héroïque » de Rostand est une œuvre où la verve, le mot d'esprit et le tempo l'emportent sur la rigueur de la composition – comme si l'effet visé, et son efficience sur un public qui ne demandait qu'à se divertir, excusait les libertés et les facilités qu'il se permettait.

Jean-Michel GOUVARD
Université de Bordeaux Montaigne (France)
Institute of Modern Languages Research (UK)

RÉFÉRENCES BIBLIOGRAPHIQUES

Cornulier Benoît de, 2021, « Métrique de l'alexandrin à propos du *Cyrano* de Rostand (1899) ». URL : hal-03320999f, https://hal.archives-ouvertes.fr/hal-03320999 (consulté le 25/08/2021).

Gouvard Jean-Michel, 2000, *Critique du vers*, Paris, Champion.

Gouvard Jean-Michel, 2008, « L'alexandrin d'*Hernani*. Étude des procédés de dislocation du vers dans le théâtre de Hugo », dans *Jean Bodel, Adam de la Halle, Des Périers, Viau, Voltaire, Hugo, Bernanos*, Christelle Reggiani, Claire Stolz et Laurent Susini (éd.), Presses Universitaires de Paris-Sorbonne, p. 163-193.

Gouvard Jean-Michel, 2015, *La Versification française*, Presses Universitaires de France, coll. « Quadrige ».

INTERJECTIONS ET ONOMATOPÉES

> À la rentrée [II, 1], quand vous embrassez Christian, que les *Hein ? Oh ! Ah !* partent bien coup sur coup. Le *Hein ?* avec l'interrogation de gens qui n'en peuvent croire les yeux. Le *Oh !* avec stupeur indignée. Le *Ah !* avec accablement, désespoir. Et bien ensemble[1].

La catégorie grammaticale de l'interjection, qui a connu récemment un regain d'intérêt auprès des linguistes, est d'une remarquable complexité : « Les mots qui nous intéressent, écrit Marcela Swiatkowska, ont plusieurs étiquettes dans la littérature linguistique : onomatopées, exclamations, cris, particules énonciatives, formules, jurons, mots-phrases, phrasillons, modalisateurs, marqueurs métadiscursifs[2] ». Si nous y associons la notion d'onomatopée, c'est qu'elle permet de saisir l'interjection entre tradition et renouvellement : d'une part, les interjections dites primaires, qui sont aussi les plus fréquentes (*ah, oh, hein*, etc.), sont généralement d'origine onomatopéique[3] ; d'autre part, dans la mesure où la langue ne cesse d'accueillir des cris et des bruits, c'est aussi à l'onomatopée que la classe des interjections doit de rester une liste ouverte. Les interjections sont au théâtre des mots « jetés entre » – entre deux répliques, entre deux parties d'une même réplique, entre

---

1 Lettre de Rostand à Coquelin, citée dans Lorcey, Jacques, *Edmond Rostand*, préface de Jean Piat, t. I, *Cyrano – L'Aiglon (1868-1900)*, Anglet, Atlantica et Séguier, 2004, p. 287.

2 Swiatkowska, Marcela, « L'interjection : entre déixis et anaphore », *Langages*, 40e année, n° 161, « L'Interjection : jeux et enjeux », 2006, p. 48 et 49.

3 Les interjections dites secondaires sont formées par conversion (*Bon*, v. 1308 ; *Peste*, v. 2055 ; *Tiens*, v. 586).

deux moments de l'action théâtrale –, et elles confèrent ainsi au dialogue sa dimension émotionnelle, sensible, sinon musicale. Si leur abondance dans *Cyrano* a été maintes fois soulignée, c'est surtout pour être aussitôt dénigrée, par Jeanyves Guérin par exemple :

> Rostand n'a pas lésiné sur les holophrases qui fonctionnent comme des chevilles. […] À la différence des classiques, il utilise une large panoplie d'interjections, souvent empruntées à la vie quotidienne. […] La collection des possibles doit être complète et mérite d'être inscrite au livre des records littéraires[4].

Plutôt que de les recenser à notre tour comme chevilles poétiques ou comme papillons littéraires, nous en interrogerons ici les enjeux métriques, dramatiques et esthétiques. Nous verrons dans quelle mesure elles contribuent à animer le dialogue mais aussi à caractériser les personnages, enfin nous observerons certaines de leurs spécificités en régime versifié[5].

FRÉQUENCES ET VARIATIONS

Sur notre relevé d'occurrences[6], seules huit interjections offrent un total supérieur à 15 : *ah* exclamatif ou interrogatif (122 occurrences[7]), *oh* (66 occ.[8]), *eh bien* exclamatif ou interrogatif (27 occ.[9]), *Dieu / mon Dieu / grand Dieu* (26 occ.[10]) mono- ou dissyllabique, *hein* interrogatif

4 Guérin, Jeanyves, « *Cyrano de Bergerac* » *d'Edmond Rostand*, Paris, Presses Sorbonne Nouvelle, coll. « Un auteur, une œuvre », 2018, p. 79.

5 Merci à Morgan Guyvarc'h pour sa relecture attentive et ses nombreuses suggestions : cet article lui doit beaucoup.

6 Nos relevés étant faits à partir de l'édition Lafitte (1910), certaines distorsions peuvent apparaître avec Besnier (éd.).

7 On pourrait ajouter à ce relevé 1°) 3 cas de redoublement (exprimant « la surprise, l'ironie, la satisfaction » selon le *TLF*), 2°) 2 cas de triplement (accompagnés alors de la didascalie *Riant*), 3°) les 18 occurrences de la variante *ha*.

8 On pourrait ajouter à ce relevé 1°) 6 cas de redoublement (marquant la surprise ou l'admiration), 2°) 5 occurrences de la variante *ho*.

9 *Eh bien ?* n'a que 5 occurrences, toutes en mots-répliques.

10 13 *mon Dieu*, et 6 *grand Dieu* ; *Dieu* apparaît d'ailleurs le plus souvent en collocation avec *ah* ou *oh*.

et exclamatif (23 occ.[11]), *quoi* interrogatif et exclamatif (21 occ.[12]), *chut* (18 occ.), *tiens* (16 occ.[13]).

Afin de mettre ces premiers chiffres en perspective, il nous a paru intéressant de les confronter à cinq autres pièces du XIXe siècle, trois en vers et deux en prose : 1°) *Marion de Lorme* (1831) de Victor Hugo, dont l'action est contemporaine de celle de *Cyrano de Bergerac*, *Tragaldabas* (1875) d'Auguste Vacquerie, où la critique voyait un modèle des *Romanesques*, et *Chantecler* (1910) ; 2°) un drame héroïque de Paul Meurice, *Fanfan la Tulipe* (1858)[14], et *La Tosca* (1887) de Victorien Sardou.

Interj.	*Cyrano*	*Marion de Lorme*	*Tragaldabas*	*Chantecler*	*Fanfan la Tulipe*	*La Tosca*
ah	122	74	38	129	179	143
oh	66	33	16	92	129	71
eh bien	27	18	17	19	72	18
Dieu +	26	27	4	10	19	27
hein	23	2	0	9	5	4
quoi	21	12	11	27	4	4
chut	18	1	2	20	4	4
tiens	16	3	4	17	13	4
	PIÈCES EN VERS				PIÈCES EN PROSE	

Les écarts significatifs concernent les *hein* dans *Cyrano*, les *chut* dans les deux pièces de Rostand, et plus généralement *ah* et *oh*[15].

Pour nous en tenir à ces deux dernières, d'une fréquence nettement supérieure dans les pièces en prose, leur poids avoisinant dans les deux pièces de Rostand pourrait souligner l'effort de prosaïsation qui caractérise ce dernier, au reste fidèle à l'exigence de naturel propre aux romantiques.

11 *Hein !* ne présente que 3 occurrences.

12 *Quoi !* ne présente que 6 occurrences. On ne relève bien sûr, au titre du *quoi* interrogatif, que les cas où le mot exprime la surprise du locuteur.

13 Nous ne comptons pas les cas où *tiens* peut se comprendre comme impératif de *tenir*.

14 Merci à Patrick Besnier de nous avoir suggéré cette pièce en prose, voisine de *Cyrano de Bergerac* quant à la thématique et/ou aux registres, mais aussi contemporaine par la reprise qu'en fait Coquelin.

15 Ces six pièces ne sont pas de longueur tout à fait égale : *Tragaldabas* compte 1 936 vers, *Marion de Lorme* 2 044, *Chantecler* 2 709 ; en nombre de caractères, les deux pièces en prose sont également plus courtes que *Cyrano* ou *Chantecler*.

Il paraît donc difficile d'expliquer la fréquence des interjections dans *Cyrano de Bergerac* par la seule obligation de cheviller le vers, même s'il est vrai que celui-ci conditionne leur placement. La plupart des occurrences – 74,6 % des *ah* contre 63,6 % des *oh*[16] – occupent les positions 1 et 7 de l'alexandrin : ces deux positions-clés, en début de vers et après la césure, confirment la scansion 6-6, qui reste la référence pour Rostand. Pour autant, si l'on observe les choses à partir du dialogue, on retrouve des pourcentages comparables, puisque 77 % des *ah* contre 68 % des *oh* ouvrent ou constituent une réplique ; et ceci appelle une explication qui n'engage plus le vers mais l'écriture dramatique.

En tant que modalisateur, l'interjection traduit la subjectivité de l'énonciateur, mais elle peut également prendre en compte le co-énonciateur, et plus largement les circonstances de l'acte énonciatif, c'est-à-dire le contexte linguistique et/ou situationnel. Dans la mesure où elle est proprement « interjetée », elle exprime à la fois une réaction à ce contexte et une subjectivité propre à l'énonciateur[17]. On conçoit dès lors qu'elle puisse ouvrir une réplique (59 % des *ah* contre 46 % des *oh*), pour en programmer l'intention ou l'émotion, voire la constituer à elle seule en tant que mot-réplique (18 % des *ah* contre 21 % des *oh*). La lecture ne peut d'ailleurs qu'être frappée par l'abondance des points d'exclamation et des points de suspension, en particulier dans la périphérie des interjections. Chacune d'elles, en effet, ne peut être pleinement comprise qu'à travers la situation d'énonciation : c'est ce qu'on appelle leur fonctionnement indexical.

À deux reprises, dans *Cyrano de Bergerac*, *ah* et *oh* donnent lieu à des variations[18]. La plus significative se situe lorsque Cyrano scande l'aveu de Roxane par huit *ah* successifs en mot-réplique (II, 6, v. 791-803). Les variations ici ne tiennent pas tant au placement du monosyllabe (6 fois en début de vers, 1 fois en position 9 et une fois à la rime) qu'aux émotions que sa répétition inspire : leur progression tant que le quiproquo

16 Les chiffres sont 65+26/122 pour *ah* et 26+16/66 pour *oh*, soit 53 % des *ah* contre 39 % des *oh* en position 1, 21 % des *ah* contre 24 % des *oh* en position 7.

17 « [L]'interjection réalise en fait deux fonctions : celle d'accuser la prise en compte par un locuteur de l'information (ou d'un événement) et celle d'articuler son attitude vis-à-vis de cette information […] » (Swiatkowska, Marcela, « L'interjection : entre déixis et anaphore », art. cité, p. 54).

18 Voir Besnier, Patrick, « Les variations Hugo d'Edmond Rostand », *L'Année Hugo*, n° 1, 2002, p. 141-144.

se maintient et la rupture quand Roxane dit *beau*, que Cyrano ne peut que répéter également jusqu'au funambulesque *bobo*. La charge émotionnelle des *ah* fait ressortir par contraste ce mélange de comique et de pathétique propre à Rostand, cette mièvrerie aussi qu'on peut lui reprocher. Certes moins spectaculaire, la seconde série de variations met en opposition *ah* et *oh*. Au point de partir pour Arras, de Guiche vient prendre congé :

ROXANE

Vous partez ?

DE GUICHE

Pour la guerre.

ROXANE

Ah !

DE GUICHE

Ce soir même.

ROXANE

Ah !

DE GUICHE

J'ai

Des ordres. On assiège Arras.

ROXANE

Ah !… on assiège ?…

DE GUICHE

Oui… Mon départ a l'air de vous laisser de neige.

ROXANE, *poliment.*

Oh !… (III, 2, v. 1241-1244)

Des marques d'indifférence réitérées par Roxane à sa protestation civile (didascalie « *poliment* »), Rostand souligne le contraste en changeant d'interjection[19].

Pour en finir avec cette défense et illustration de *ah* et *oh*, il faudrait encore souligner qu'elles figurent en première position également pour exprimer, souvent en mot-réplique, l'émotion collective, les exclamations de la salle (v. 39, 40, 260) du parterre (v. 233, 239), des loges (v. 237),

19 Ailleurs, ce sont *heu* et *hou* qui s'opposent dans le discours de la Duègne (II, 5, v. 750) et nous reviendrons sur l'opposition entre *paf* et *pif* (II, 9, v. 1091).

des précieuses (v. 252) ou de la foule (v. 436) dans l'acte I, des cadets dans l'acte II (v. 1167), etc.

On notera enfin – sans y chercher la portée des *oui* raciniens – que deux pièces de Rostand s'ouvrent sur un *ah* exclamatif[20].

INTERJECTIONS CARACTÉRISANTES

Une autre fonction de l'interjection (d'autant qu'elle est stéréotypisante) est de caractériser celui ou celle qui la profère.

Ainsi les jurons en *-dious* font-ils du locuteur un Gascon. L'entrée en scène des cadets (II, 7, v. 853-855) est l'occasion pour Rostand de marquer le terrain. De ce festival d'interjections censément gasconnes (« sang de Dieu », « mille dieux », « tête de Dieu », « mort de Dieu », « par la tête de Dieu »), seul *mordious* est attesté dans les dictionnaires courants[21] ; c'est aussi la seule que Rostand réinvestit, dans le récit de la porte de Nesle (v. 1071 et 1075) et à l'ouverture de l'acte IV (v. 1711). Par contraste, de Guiche, puis Roxane utilisent *Morbleu* (v. 1605 et 2037), qui en est la variante parisienne. À noter que, lorsque Cyrano utilise *cadédis*, variante de *capdedious*[22], c'est avec *l'accent de Bergerac*, dans son récit de voyage à de Guiche (III, 13, v. 1669).

Sans forcer trop, on pourrait dire que l'interjection propre à Christian est *hélas*[23]. Deux de ses répliques (v. 128 et 1110) s'y réduisent en effet, marquant de façon réitérée son impuissance à séduire Roxane par l'esprit et la parole. La deuxième, surtout, mérite un examen de détail :

---

20 « Ah ! Monsieur Percinet, mais comme c'est donc beau ! » et « Ah ! c'est exquis ! », s'exclament respectivement Sylvette (*Les Romanesques*, I, 1) et la Poule blanche (*Chantecler*, I, 1).

21 Dans le *TLF*, par exemple, *mordious* est donné comme une variante régionale, propre aux pays de langue d'oc (*s.v.* MORDIEU). Dans *Le Capitaine Fracasse* (1863), qui commence en Gascogne, *capdédious* et *mordious* sont proférés respectivement par maître Chirriguirri et par le Tyran (chap. 3 et 4).

22 Frédéric Mistral donne en effet *cadedis* comme spécifiquement gascon (*Lou Tresor dóu Felibrige* ou *Dictionnaire provençal-Français*, 1878, *s.v.* CAP-DE-DIÉU).

23 *Hélas* a 6 occ. dans *Cyrano*, 7 dans *Tragaldabas*, 3 dans *Chantecler*, 1 seule dans *Fanfan la Tulipe* et *La Tosca*. Avec 17 occ. dans *Marion de Lorme* et 27 dans *Bérénice*, c'est plutôt une interjection tragique.

CYRANO
Roxane attend ce soir une lettre…

CHRISTIAN
Hélas !

CYRANO
Quoi !

CHRISTIAN
C'est me perdre que de cesser de rester coi !

CYRANO
Comment ?

CHRISTIAN
Las ! je suis sot à m'en tuer de honte ! (II, 10, v. 1110-1112)

Face à un Cyrano variant interjections secondaires et émotions (*Quoi ! Comment ?*), Christian ne parvient qu'à s'en faire l'écho (un monostiche amphigourique lui permet d'obtenir la rime à *Quoi*) ou à se répéter lui-même (*Hélas !* > *Las !*). Il est en effet le personnage pathétique de la pièce (en cela pareil au duc dans *L'Aiglon*) ; certes son trouble fait provisoirement sourire mais on en sourit moins à l'acte IV lorsque, après avoir été dite par Le Bret, puis par Carbon, l'interjection revient dans une réplique de Cyrano :

CYRANO, *lui mettant la main sur l'épaule.*
Christian ?

CHRISTIAN, *secouant la tête.*
Roxane !

CYRANO
Hélas !

CHRISTIAN
Au moins, je voudrais mettre
Tout l'adieu de mon cœur dans une belle lettre ! (IV, 4, v. 1915-1916)

Or Christian peut d'autant moins écrire cette lettre qu'elle est déjà écrite puisque Cyrano la lui remet. Aussi ne dira-t-il pas *adieu* : pas plus que pour ses *hélas* il ne serait pris au sérieux. Dans l'univers rostandien, les routines conversationnelles ne suffisent pas. Ce qui importe, c'est de trouver les mots qui tout à la fois inspirent l'émotion et la mettent à distance ; les sentiments importent moins que l'aptitude à les dominer par le langage. En ce sens, l'interjection *adieu* fait l'objet, nous semble-t-il, d'un traitement comparable à celui d'*hélas*. Dans *Cyrano*, *adieu* est d'abord, comme *bonsoir* (v. 138, 461), une simple formule d'au revoir, une routine conversationnelle : Roxane prend congé de Cyrano, des précieuses, d'un Christian qui la déçoit (v. 844, 1328, 1343), de Guiche abrège sa visite à Roxane (v. 2313). Cyrano est le seul à employer l'interjection dans ce qu'elle dit de définitif, mais ce n'est qu'après s'être montré – aidé en cela par les instruments de musique – le maître de la nostalgie (« Adieu rêves, regrets, vieille province, amour… / Ce qui du fifre vient s'en va par le tambour ! », IV, 3, v. 1813-1814). Et pourtant l'adieu qu'il « *crie* » à Roxane à la fin de l'acte IV (v. 2227) n'a aucune chance d'être entendu, autant parce qu'il se perd dans les bruits de la bataille que parce que Roxane est « *évanouie* ». Christian ne parvient pas plus à dire l'adieu qu'il souhaite, que Cyrano à faire entendre le sien, mais le génie de Rostand consiste à récupérer ces deux échecs pour en faire un adieu où l'émotion éclate d'autant mieux qu'elle est contenue par la théâtralité.

« *Roxane, adieu, je vais mourir !…* » (V, 5, v. 2440), tel est le début de la lettre. Non seulement Cyrano réitère par son truchement le dispositif de l'acte III (ce n'est pas la voix de Christian que Roxane entend, mais celle de Cyrano, et elle ne s'y trompe pas), mais cette lettre contient une mise en scène de soi aux accents romantiques (le locuteur rapporte sa propre voix) : « *Et je crie : / Adieu !…* » (V, 5, v. 2449-2450). Cette lecture devient ainsi l'occasion d'une dramatisation complexe des adieux, Rostand y laissant résonner tout à la fois la voix prêtée à Christian, la voix théâtralisée du Cyrano d'Arras et, plus théâtralisée encore, la voix de Cyrano mourant qui les assume toutes. Comme c'est souvent le cas, le « procédé du théâtre dans le théâtre[24] » est ici l'occasion d'un dévoilement : rien ne donne mieux l'illusion de la sincérité, que cet adieu fabriqué de toutes pièces, construit sur des mensonges qu'il fait éclater comme des bulles baroques[25].

---

24 Pour une étude plus large, voir Bourgeois, Jean, « *Cyrano de Bergerac* d'Edmond Rostand : le théâtre dans le théâtre », *Revue d'Histoire littéraire de la France*, vol. CVIII, 2008/3, p. 607-620.

25 Ainsi que l'écrit Anne Ubersfeld, « le "théâtre dans le théâtre" dit non le réel, mais le vrai, changeant le signe de l'illusion et dénonçant celle-ci dans tout le contexte scénique qui l'entoure » (Ubersfeld, Anne, *Lire le théâtre*, t. I, Paris, Belin, coll. « Lettres Sup », 1996, p. 39).

QUATRE INTERJECTIONS REMARQUABLES EN RÉGIME VERSIFIÉ

On n'utilise pas les mots de la même manière en prose et en vers. Nous aimerions insister sur quatre interjections qui nous paraissent propres à caractériser la versification de Rostand dans *Cyrano de Bergerac*.

Il s'agit tout d'abord de *ouais* qui a deux occurrences en mot-réplique, chaque fois en début de vers, l'une interrogative (v. 1168) et l'autre exclamative (v. 1320). D'emploi familier, *ouais* n'est pas ici le synonyme de *oui* « avec un sens ironique ou sceptique » mais bien une interjection qui « introduit une phrase exclamative, interrogative, ou constitue à elle seule une exclamation, une interrogation [...] dont l'intonation exprime le doute, la perplexité, l'ironie, et plus fréquemment la surprise[26] ». Quoique Littré le donne pour monosyllabe et qu'il apparaisse en effet comme tel dans le théâtre en vers de Molière ou de Hugo[27], Rostand en fait un traitement dissyllabique, chargeant peut-être la diérèse d'en accentuer la portée ironique ; celle-ci se trouve, au reste, soulignée par la didascalie « *goguenard* », mais aussi par la réplique de Christian qui prend acte du scepticisme affiché par Cyrano. Minoritaire dans cette pièce, l'interjection n'a ni passé ni avenir dans le théâtre de Rostand.

Un autre cas intéressant est constitué par *aïe*, « interjection exprimant la douleur et, PAR EXT., une surprise désagréable, un ennui[28] ». Sous cette forme, elle n'a qu'une seule occurrence dans l'édition au programme : *Aïe ! au cœur, quel pincement bizarre !* (III, 10, v. 1534). Or *aïe* « est une variante graphique du XVe siècle (1473) de *ahi* (1080)[29] », forme sous laquelle l'interjection apparaît chez Molière[30]. Même s'il est de la génération après Tristan Corbière (né en 1845), et donc moins scrupuleux

26 *TLF*, *s.v.* OUAIS.

27 « Ouais ! ceci doit donc être un important secret ? » (*Le Dépit amoureux*, 1656, II, 1) ; « Ouais ! quel est donc le trouble où je vous vois paraître » (*Le Misanthrope*, 1666, IV, 3) ; « Ouais ! moi, vieil épervier, faire le pied de grue ! », « Ouais ! sa plaisanterie était un peu bien forte » (*Cromwell*, 1827, IV, 4 et V, 11).

28 *Le Petit Robert*, *s.v.* AÏE.

29 *DHLF*, *s.v.* AH !

30 Dans *Les Précieuses ridicules*, 1659, sc. 9 et 13. Mais la forme reste monosyllabique puisque « Ahi ! ahi ! à l'aide ! au meurtre ! au secours ! on m'assomme » (*L'Étourdi*, 1655, II, 7) est bien un alexandrin.

sur ce chapitre, Rostand continue à proscrire, à moins d'élision, les mots terminés en voyelle plus *e*[31]. Autrement dit, *aïe* a peu de probabilité de se rencontrer chez lui devant une consonne. Aussi utilise-t-il une troisième variante graphique, *ay*, qu'il a pu rencontrer dans les textes médiévaux[32]. Celle-ci a quatre occurrences dans la pièce, toujours devant consonne :

(1) Ay !... \ Je cherchais un gant ! \ Vous trouvez une main. (v. 154)
(2) Est aussi dénuée... \ Ay ! \ De fierté, d'envol, (v. 299)
(3) De Bergerac. \ Bouffon ! \ Ay !... \ Qu'est-ce encor qu'il dit ? (v. 390)
(4) Ay !... \ Qu'avez-vous ? \ J'ai des fourmis dans mon épée ! (v. 393)

Qu'il s'agisse des démêlés entre Christian et le tire-laine (1) ou entre Cyrano et ses adversaires (2-4), *ay* apparaît comme une interjection typique du registre comique. On pourrait à ce titre la considérer comme distincte de l'occurrence où Cyrano confie sa souffrance morale, mais les choses ne sont pas aussi simples. D'une part, dans l'édition Fasquelle de 1898, le fâcheux souffleté dit *Aï !*, qui est une quatrième variante graphique, attestée par Littré[33]. D'autre part, au lendemain de la première, le 29 décembre 1897, *Le Gaulois* permet à ses lecteurs de lire en primeur la scène du balcon (scènes 6 à 10, v. 1346-1539). C'est la seule préoriginale que nous connaissions ; les variantes ne concernent que les didascalies, à l'exception de cette interjection, qui, au v. 1534, se trouve sous la forme *ay*. Ces hésitations entre les trois graphies (*aïe, aï, ay*) sont-elles le fait des correcteurs ou d'un jeune auteur qui peine à se déterminer ? En l'absence de manuscrit, il paraît difficile de trancher. Dans l'œuvre de Rostand, l'interjection n'apparaît pas que dans *Cyrano de Bergerac*. On la retrouve sous sa forme *aï* dans *La Princesse lointaine* et dans *L'Aiglon*, sous sa forme *ay* dans *Chantecler* et dans *La Dernière Nuit de Don Juan*[34].

Eh bien et *hein* font eux aussi l'objet d'hésitations, qui tiennent à l'obligation d'éviter l'hiatus. Dans son *Petit traité de poésie française*,

31 Voir Billy, Dominique, « Le sabordage de la prosodie française dans *Les Amours jaunes* », *Studi francesi*, Rosenberg, Sellier, 2005, 145, p. 74. Id : hal-009622229.

32 Le *DMF* en ligne donne plusieurs exemples de cette variante (*s.v.* AÏE, interj.).

33 Littré (1873), qui propose deux entrées distinctes pour *aïe* et *ahi*, donne *aï* comme variante de *ahi*.

34 *L'Aiglon*, V, 5, v. 3072. *Chantecler*, II, 1, v. 1107 ; IV, 2, v. 2298 ; IV, 4, v. 2389. *La Dernière Nuit de Don Juan*, II, 1, v. 803. Vacquerie utilise encore une cinquième variante, *hai*, avec *h* aspiré (*Tragaldabas*, I, 5 et 6, v. 272 et 419).

Banville s'emploie à critiquer cette règle draconienne et y propose des dérogations. Ainsi, de la licence qui consiste à placer entre les deux voyelles en hiatus un *h* dit couramment aspiré, ou disjonctif. Trois vers peuvent s'expliquer ainsi :

(1) C'est vrai ! \ Hé ! bien ! alors ?... Mais Roxane, elle-même, (v. 542)
(2) Devient exagéré. \ Hé bien oui, j'exagère ! (v. 961)
(3) « *Plus tu me prends de cœur, plus j'en ai !...* » Hé ! bien ? \ Peuh !... (v. 1221)

Dans les trois cas, le *h* aspiré de *hé* permet d'éviter l'hiatus qu'aurait créé l'utilisation de l'interjection sous sa forme canonique *eh bien*. Pourtant, dans le vers suivant, rien ne corrige l'hiatus :

(4) Ah ! il vous dit cela ?... Eh bien ! la fois dernière (v. 2265)

Pour (2) et (3), l'édition Lafitte (1910) corrige en *Eh bien* : même si cette correction est, comme on l'a vu, prosodiquement discutable, pourquoi ne corrige-t-elle pas le cas (1) ? Nous parlions des hésitations d'un auteur débutant : l'une des occurrences de *ho* (v. 137) pourrait elle aussi s'expliquer par le souci de fournir une variante à *oh*[35].

Hein accuse des flottements similaires. Nous avons signalé plus haut l'importance relative de cette interjection dans la pièce. D'apparition tardive, elle est absente des textes classiques. Du fait de son caractère familier, des auteurs comme Hugo ou Vacquerie hésitent à l'employer, fût-ce dans le registre comique. Presque la moitié des occurrences (11/23) sont constituées par des mots-répliques : c'est dire si l'interjection contribue, comme *ah* (22/122) et *oh* (14/66) au découpage du vers, mais aussi au naturel de la conversation ! En régime versifié toutefois, les deux vers suivants n'évitent l'hiatus que parce que le *h* de *hein* est aspiré :

(1) Il a crié : Service du Roi ! \ Hein ? Du Roi !... (v. 1930)
(2) Je... Roxane... écoutez !... \ Cyrano ! \ Hein ? \ Chut ! \ Ah !... (v. 2194)

Dans les trois vers suivants, le *h* disjonctif empêche cette fois l'élision :

35 Vacquerie écrit de même : « De quoi ? \ Ho ! toi, tu vas parler... » (*Tragaldabas*, II, 2, v. 530). Hugo semble moins scrupuleux quand l'interjection se trouve en frontière de réplique : « Comme un fou ! Ho, sa vie est un tissu d'ennuis » /vs/ « Il vient un froid par là ! \ Oh ! C'est trop ! à présent ! » (Hugo, *Ruy Blas*, I, 3 et III, 5).

(3) Son nom ? \ Baron Christian de Neuvillette. \ Hein ? (v. 810)
(4) De qui ? \ Mais d'elle ! \ Hein ?… \ Mais de Roxane ! \ Ciel ! (v. 1102)
(5) Non : *Bin*. B, i, n, *bin* ! \ Qu'est-ce ? \ Une lettre. \ Hein ? (v. 1545)

Cependant, pour *hein* comme pour *eh bien*, une occurrence fait exception :

(6) C'est un poste terrible ! \ Hein ! terrible ? \ Et la preuve (v. 1979)

En effet, pas plus *hein* que *et* n'empêche ici l'élision du *e* final de *terrible*. Le *h* de *hein* est-il aspiré ou muet ? Le Petit Robert atteste les deux. Dans *Hernani* (1830), Hugo traitait lui aussi de manière aléatoire le nom du héros éponyme et l'on voit que la tradition du vers conduit Rostand à des irrégularités voisines[36].

Il y a là trop d'hésitations pour ne pas rappeler que *Cyrano de Bergerac* commence avec *holà*, donc par la lettre *h*, et s'achève par une rime en *-ache*. Que le Rostand d'après 1898 soit moins attentif à ces questions, on pourrait en chercher la preuve dans la récriture du premier hémistiche du vers 170 : en effet *HA ! HA ! ha ! ha ! ha ! ha !* (éd. Fasquelle, 1898) devient *HA ! HA ! ah ! ah ! ah ! ah !* (éd. Lafitte, 1910). Mais est-ce vraiment que sur de telles questions Rostand s'associe aux rires des pages ? Nous ne le pensons pas. Il est certes un poète d'après la crise du vers et la versification est devenue aléatoire, grâce à des poètes comme Rimbaud, Corbière ou Verlaine, mais il n'en reste pas moins l'héritier d'une tradition qu'il s'efforce de respecter. Sa nonchalance dandy n'empêche qu'il reste adepte du corset.

36 Dans toutes les pièces en vers de Hugo, le *h* de *hein* est muet.

STICHOMYTHIE ET HAPAX

Un bel exemple d'utilisation émotive de l'interjection est fourni par les variations sur *Ah ! mon Dieu !*, quand Cyrano apprend de la Duègne que Roxane veut le voir (I, 6, v. 551-556). Cette collocation de deux des interjections les plus fréquentes (*ah* et *mon Dieu*), qui achève déjà la scène précédente, donne à la séquence un poids qu'elle n'a pas isolément, sans lui enlever l'aptitude à fonctionner en stichomythie. Concurremment aux informations que la Duègne arrache difficilement à Cyrano, le dialogue doit exprimer le trouble du héros (voir les didascalies *chancelant, se soutenant sur Le Bret, affolé*). Comme la suite *Ah ! mon Dieu !* compte trois syllabes, Rostand choisit pour la répéter de s'adapter à la structure du tétramètre, et les variations ne s'achèvent que lorsque les positions principales ont été occupées (attaque du vers, rime, césure). La stichomythie est souvent l'occasion d'exploiter les symétries de l'alexandrin, au profit de la scène et du poème, non seulement pour la tension dramatique mais aussi pour la vi-lisibilité du texte en vers[37]. Et cela paraît d'ailleurs une exigence de ce poème baroque, qu'une même séquence occupe des positions différentes dans le vers. Ainsi des *Non, merci !* de l'acte II (v. 970 *sqq*[38].), ou du *Ventrebieu, qui va là ?* de la sentinelle dans l'acte IV (v. 1717, 1718, 1926[39]).

Nous ne saurions assez insister sur l'importance de l'interjection en stichomythie. Là où le vers est le plus découpé, là est le plus souvent l'intensité dramatique. Ainsi des trois interjections successives en mots-répliques lors du coup de théâtre de la mort de Christian :

37 « Quel que soit l'"emploi" des stichomythies et, plus généralement, des échanges rapides et ordonnés, leur caractéristique est d'être construits, de ne donner jamais l'impression de l'aléatoire ou du quotidien, mais d'être un outil, celui de la tension dramatique et, en tant que tels, d'être des objets "poétiques", dont on peut analyser l'écriture, les parallélismes, les oppositions terme à terme, les récurrences [...] » (Ubersfeld, Anne, *Lire le théâtre*, t. III, *Le Dialogue de théâtre*, Paris, Belin, coll. « Lettres Sup », 1996, p. 49).

38 Sur les 12 occurrences, 8 en début de vers, 1 avant la césure, 1 après la césure, 1 à la rime et 1 à l'entrevers.

39 Les trois occurrences occupent respectivement le 1er hémistiche, l'entrevers, le second hémistiche.

CYRANO, *perdant la tête, à part.*
Mon Dieu, c'est vrai, peut-être, et le bonheur est là.
À Roxane.
Je… Roxane… écoutez !…

LE BRET, *entrant rapidement, appelle à mi-voix.*
Cyrano !

CYRANO, *se retournant.*
Hein ?

LE BRET
Chut !
Il lui dit un mot tout bas.

CYRANO, *laissant échapper la main de Roxane, avec un cri.*
Ah !

ROXANE
Qu'avez-vous ?

CYRANO, *à lui-même, avec stupeur.*
C'est fini.
Détonations nouvelles.

ROXANE
Quoi ? Qu'est-ce encore ? On tire ?
Elle remonte pour regarder au-dehors.

CYRANO
C'est fini, jamais plus je ne pourrai le dire ! (IV, 10, v. 2193-2196)

Hein \ *Chut !* \ *Ah !* : le point culminant de la stichomythie met le cri à la rime, mais toujours sous la forme du même mot dérisoire, de la même interjection monosyllabique. Certes, de part et d'autre, le vers est complet, suffisamment bien scandé pour qu'on entende l'essentiel murmuré à la césure : au *peut-être* de l'un répond le *jamais plus* de l'autre, le cri de douleur annule l'espérance du bonheur. Pourtant les messes basses ne parviennent plus au spectateur. *Chut !*, dit Le Bret : ce silence durera quinze ans, jusqu'à la fin du dernier acte.

À la représentation, la pièce a toutes les chances d'être entendue – tel *Hernani* en son temps – comme écrite en vers et en prose. Puisque Rostand publie sa pièce (son poème dramatique), c'est surtout à l'édition qu'il confie le soin d'illustrer le vers. Les interjections ne nous semblent pas étrangères à ce projet, même à la représentation. Ainsi le vers

Quelqu'un m'ajuste : Paf ! + et je riposte... \ Pif ! (v. 1091) met-il en œuvre strictement la métrique de l'alexandrin. L'opposition vocalique entre les deux interjections accentuées est d'autant plus efficace ici que le vers précédent (*J'en estomaque deux ! J'en empale un tout vif !*) est déjà un 6-6 assez marqué pour qu'on attende la rime à *vif*. *Paf et pif* sont des hapax : *pif* s'expliquant par la rime (en calembour), c'est lui qui explique *paf*. De même *baste* (v. 873), *bigre* (v. 1093), *cadédis* (v. 1669), *cric crac* (v. 1589), *dame* (v. 2083), *ding-don* (v. 420), *halte* (v. 71), *pardi* (v. 1761), *peste* (v. 2055), *vertuchou* (v. 2376), *viédaze* (v. 2031) sont-ils à des degrés divers explicables par la rime. Ce n'est en effet qu'une question de degré et de nuance : sachant la concurrence des deux économies, c'est tantôt le théâtre qui prévaut, tantôt le vers, mais on peut discuter que ce soit jamais l'un au détriment de l'autre. D'autres interjections à la rime ont certes moins de chance d'être perçues à la représentation : si la lecture remarque la rime *Hum ! : : Post-scriptum* (v. 1576-1577), l'interjection onomatopéique risque au mieux d'être entendue comme un raclement de gorge.

On peut alors se demander ce qu'y gagne la scène. Qu'il existe des hapax non justifiés par la rime[40] prouve une volonté délibérée de trouer le dialogue en y mêlant du paraverbal. La fréquence déjà constatée de l'interjection *chut* dans la pièce pourrait traduire une volonté de proposer des alternatives au langage[41] : l'émotion des interjections, le bruit des onomatopées. La plus originale de ces dernières, peut-être, est celle que produit Cyrano, en réponse à la curiosité de de Guiche : alors que la didascalie précise « *faisant le bruit des vagues, avec de grands gestes mystérieux* », le texte donne *Houüh ! houüh !* (v. 1675).

Mais l'onomatopée est aussi propre à accueillir la musique. Lorsque Cyrano entre en scène avec les joueurs de théorbe, une partie de leurs répliques est chantée, et le monosyllabe *la !* dix fois répété (III, 1, v. 1188-1194). Cette volonté de musicaliser le dialogue génère d'autres hapax, tels les *To lo lo !* (v. 2051) et *Poum... poum... poum...* (v. 2053)

40 Outre les exemples étudiés *infra*, nous relevons : *dis donc* (v. 2070), *euh* (v. 739), *homph* (v. 730), *kss* (v. 218), *pfftt* (v. 2061), *pouah* (v. 71), *sabre de bois* (v. 2396), *tac* (v. 427), *ventre-saint-gris* (v. 1087).

41 Dans l'acte III, Cyrano et Roxane scellent leur complicité au moyen de cette onomatopée (III, 3, v. 1306-1309) ; le désir de Roxane (*Improvisez. Parlez d'amour. Soyez splendide !*) s'enracine bien dans un refus du discours raisonnant.

des cadets égayés par les vins de Roxane, le premier « *chantonnant d'un air détaché* » tandis que le second confesse *une chanson ! / Une petite…* Quant à la ligne *Tra la la la la la la la la lère…* (entre les v. 16 et 17, p. 45), elle fait bien 12 syllabes mais 1°) n'a pas de rime, 2°) est décalée à droite : l'édition Besnier ne la compte pas comme vers. Ainsi le texte de théâtre se musicalise-t-il, à l'écart du langage rationnel, à la fois plus près du spectacle mais aussi plus près du poème.

Quant à elle contrainte au silence, la voix collective recourt au bruitage et à l'imitation (les cris d'animaux sont tous des hapax) :

CYRANO

Silence !

LE PARTERRE, *en délire.*

Hi han ! – Bêê ! – Ouah, ouah ! – Cocorico !

CYRANO

Je vous…

UN PAGE

Miâou !

CYRANO

Je vous ordonne de vous taire ! (I, 4, v. 218-220)

L'onomatopée représente un signe qui a pour fonction de « faire entrer dans les langues le bruit du monde[42] » : même si elle n'est pas imitation stricte, mais bien adaptation conventionnelle, elle reste la marque d'une volonté proprement poétique de réduire l'arbitraire du signe. À cela s'ajoute l'usage que fait Rostand du vers métrique, dont Benoît de Cornulier a bien montré qu'il est le fait d'un poète d'après la crise. « Quand ça chahute sur la scène, écrit-il, le versificateur aussi s'amuse[43] ». Notre projet n'est pas de nier cette part de jeu, qui est indissociable du spectacle et de la poésie tels que Rostand les pratique. Il s'amuse, certes, mais il mesure d'autant plus

42 Pierre Enckell et Pierre Rézeau, cités dans Kleiber, Georges, « Sémiotique de l'interjection », *Langages*, 40e année, n° 161, « L'Interjection : jeux et enjeux », 2006, p. 14. URL : https://www.cairn.info/revue-langages-2006-1-page-10.htm (consulté le 27/09/2021).

43 Cornulier, Benoît de, « L'alexandrin de Cyrano », *Edmond Rostand poète de théâtre, Edmond Rostand, poète de théâtre*, Actes du centenaire et du cent cinquantenaire (1868-1918, 2018), Bertrand Degott, Olivier Goetz et Hélène Laplace-Claverie (éd.), Besançon, Presses universitaires de Franche-Comté, 2021, p. 249.

son poème au cordeau qu'il sait d'avance à quelle part d'incertitude et d'aléatoire la représentation va le soumettre. C'est aussi cela que Hugo appelait « jet[er] le vers noble aux chiens noirs de la prose[44] ». De ce sacrifice consenti, le vers non seulement doit sa survie mais il en ressort augmenté. Il ne s'agit plus de savoir si l'on entendra/lira tel hémistiche [silɑ̃siɑ̃bɛɛ] ou bien [silɑ̃səiɑ̃bɛ], puisque les deux sont désormais possibles. Et, même si dans ces moments de confusion, le vers passe inaperçu, le contraste ne sera que plus flagrant avec les scènes où il éclate en majesté.

Le nombre élevé des interjections dans *Cyrano de Bergerac* peut s'expliquer par une volonté d'accroître le naturel du dialogue, d'y laisser entrer toute la langue ; même cette « partie honteuse du discours », ce « "paria" grammatical[45] » peut y trouver sa place. Si Claudel partage cette singularité, sans doute y met-il plus de « renouvellement créatif[46] » : Rostand donne toujours un peu l'impression qu'il l'a lu quelque part.

Ce qu'on perçoit au moment de la représentation, c'est 1°) le caractère interchangeable des interjections primaires (*oh, ah, eh, hé, ha, ho, hein*...), 2°) l'écart entre l'écrit et l'oral pour les onomatopées plus généralement, 3°) leur statut intermédiaire entre verbal et paraverbal : ce sont des émotions, des gestes, à peine du langage. Dans cette mesure, plutôt que de les considérer comme des chevilles, c'est-à-dire des défaillances du vers, ne peut-on les porter au crédit d'un théâtre qui se cherche, d'un poème qui s'interroge sur les moyens de sauver le vers ? Encore faudrait-il relire les pages du *Petit Traité de poésie française*, où Banville défend le droit du poète à cheviller :

> IL Y A TOUJOURS DES CHEVILLES DANS TOUS LES POËMES. Ceux qui nous conseillent d'éviter les chevilles me feraient plaisir d'attacher deux planches l'une à l'autre au moyen de la pensée, ou de lier ensemble deux barres de fer en remplaçant les vis par la conciliation. Bien plus, il y a autant de chevilles dans un bon poëme que dans un mauvais [...]. Toute la différence, c'est que

44 « Réponse à un acte d'accusation », *Les Contemplations* (1856), I, 7, v. 180.

45 Laurence Rosier, citée dans Buridant, Claude, « L'interjection en français : esquisse d'une étude diachronique ». URL : http://buridantesque.fr/wp-content/uploads/interjection.pdf, p. 12 (consulté le 27/09/2021).

46 Buridant, Claude, art. cité, p. 23.

> les chevilles des mauvais poètes sont placées bêtement, tandis que celles des bons poëtes sont des miracles d'invention et d'ingéniosité[47].

Or Banville parle du poème lyrique, et l'on a affaire à un poème dramatique. Il semble alors que ce qui apparaît comme du chevillage d'un point de vue qui est celui des adversaires du théâtre en vers (Claudel et d'autres), que ce chevillage donc, permette dans *Cyrano de Bergerac* d'accueillir l'émotion et les bruits du monde, qui sont les conditions et les moyens du théâtre de l'enthousiasme tel que Rostand le définira dans son Discours de Réception à l'Académie.

Bertrand Degott
Centre de Recherches
Interdisciplinaires et
Transculturelles (CRIT, EA 3224)
Université de
Bourgogne-Franche-Comté

47 Banville, Théodore de, *Petit traité de poésie française*, Paris, Bibliothèque de l'Écho de la Sorbonne, 1872, p. 54 et 55.

LE THÉÂTRE DU GESTE

LE MARBRE, NON LES PLANCHES

Dans un entretien publié en 1913, Edmond Rostand révélait à son interlocuteur que, le soir de la générale de *Cyrano de Bergerac*, il s'était glissé parmi les spectateurs de l'hôtel de Bourgogne, costumé à l'identique, afin d'« aider aux mouvements de foule[1] ». Selon une autre anecdote, divulguée par Rosemonde Gérard, « l'avant-veille de la générale, il fallut, pour que la rôtisserie prît tout de même l'air d'être un peu vivante, aller chercher de vrais saucissons et un vrai jambon et un vrai pâté pour réveiller ceux qui dormaient sur du carton[2] ». Ces témoignages confirment ce que nous savons par beaucoup d'autres sources : né pour les planches, fabricant dès ses douze ans des décors et imaginant des histoires pour son petit théâtre de *pupazzi*[3], sa veine poétique ne s'épanouissant ensuite pleinement que dans le théâtre en vers, nouant dès lors des amitiés avec les comédiens, hantant les coulisses, grisé par l'atmosphère propre aux salles de théâtre, Rostand s'est toujours engagé activement dans la mise en scène de ses pièces.

Il est beaucoup question de mise en scène en ces années-là. L'expression elle-même est apparue récemment, attirant l'attention sur une pratique en vérité bien antérieure, qui était assumée jusque-là par le directeur de la troupe ou le régisseur de la salle. À partir des années 1880, la mise en scène, notamment sous l'impulsion d'Antoine, a acquis une visibilité qui

1 Propos rapporté dans Arnyvelde, André, « *Cyrano* et Edmond Rostand : Confidences recueillies », *Les Annales politiques et littéraires*, n° 1550, 9 mars 1913, p. 202-203.

2 Gérard, Rosemonde, *Edmond Rostand*, Paris, Fasquelle, 1935, p. 13-14.

3 Faure, Paul, *Vingt ans d'intimité avec Edmond Rostand*, préface de la comtesse de Noailles, Paris, Plon, 1928, p. 146.

n'a pas manqué de susciter des débats, voire des polémiques[4] : certains critiques jugeaient que l'importance qui lui était consentie, concédant par trop à la matérialité du spectacle, s'établissait au détriment du texte. Il n'empêche : le public et beaucoup de critiques lui portent une telle attention que les comptes rendus des premières représentations lui consacrent toujours quelques lignes, quand, dans les grands titres, la critique proprement dite de la pièce n'est pas suivie d'une rubrique spéciale.

S'il arriva parfois à Rostand de monter sur les planches, ceux de ses amis qui l'entendirent donner lecture de ses pièces, comme le public qui assista à ses conférences, à ses discours, qui l'entendit dire ses poèmes – de la « Journée Sarah Bernhardt », le 9 décembre 1896, aux lectures de ses poèmes patriotiques pendant la Grande Guerre –, tous le décrivent comme un admirable diseur, jouant à merveille de tout le registre des intonations vocales. Datant de la période où *Cyrano de Bergerac* était en répétition (alors même que le texte n'en était pas encore fixé), deux lettres qu'il écrivit au grand Coquelin montrent avec quel degré de précision il descendait aux moindres détails[5]. Dans l'une, qu'il écrit en septembre, il règle le débit et les intonations dans la tirade des douze « Non, merci » (II, 8, v. 965-1015)[6]. Quelques semaines plus tard, en octobre, ne pouvant se rendre à la répétition prévue ce jour-là, il donne son avis sur tout, qu'il s'agisse de la distribution, du placement et des attitudes des comédiens, de la manière dont les cadets doivent lancer les trois interjections qui leur échappent lorsqu'ils découvrent Cyrano et Christian dans les bras l'un de l'autre (II, 11, v. 1165-1166) ou dont leur rire s'interrompt brusquement quand de Guiche s'avoue responsable du guet-apens qu'il a tendu à Lignière (II, 7, v. 942-943). Devant la presse, Coquelin s'émerveillera des multiples compétences de Rostand :

> Il est aussi grand metteur en scène que metteur en œuvre. Il voit tout, il s'occupe de tout, il est incapable de négliger le moindre détail, et personne ne jouerait mieux *Cyrano* que lui. Il a tous les artifices de la diction, il les a, avec toutes les finesses, toutes les délicatesses, toutes les profondeurs de la

4 Voir Bouchardon, Marianne, *La Critique dramatique face à la mise en scène (1870-1914)*, Paris, Eurédit, coll. « Théâtre du monde entier », 2021.

5 Ces deux lettres sont reproduites dans Lorcey, Jacques, *Edmond Rostand*, préface de Jean Piat, t. I, *Cyrano – L'Aiglon* (1868-1900), Anglet, Atlantica et Séguier, 2004, p. 286-288.

6 Les références sont prises dans Besnier (éd.).

> pensée dans l'expression. C'est un peintre et un musicien, c'est un artiste complet. Le travail fait avec lui a été un enchantement[7].

Le texte, Rostand y insiste dans les deux lettres, les comédiens doivent « l'avoir dans la bouche » – consigne qui ressemble fort à celle que le maître de chant adresse aux chanteurs d'opéra. De fait, le livret de ses pièces est réglé comme une partition. Les didascalies prolifèrent, les descriptions des décors sont minutieuses. Certes, cette amplification du paratexte s'inscrit dans une mutation qui, rompant avec la sobriété observée antérieurement, a commencé avec le théâtre romantique[8], mais les dramaturges qui se montrent aussi directifs ne se sont pas nécessairement improvisés metteurs en scène. Les usages stipulent que les énoncés constitutifs de répliques soient tous intégralement dits. En revanche, les énoncés relatifs au décor et au jeu ont une portée prescriptive moindre pour le metteur en scène comme pour les comédiens[9]. Toute l'histoire du théâtre montre à suffisance qu'une mise en scène peut s'émanciper de ces indications. Dans le cas de *Cyrano*, toutefois, il se trouve que le metteur en scène fut aussi l'auteur de la pièce. De ce fait, l'exceptionnel développement des descriptions liminaires et des didascalies est un indice supplémentaire de l'importance que Rostand attachait à l'exécution de ses pièces et des orientations qui étaient les siennes en la matière[10].

Les revues et magazines de l'époque qui rendaient compte de l'actualité théâtrale ouvraient souvent leurs pages à des photographies, comme la série des cinq photographies de plateau qui ont été prises pendant les répétitions de *Cyrano de Bergerac* et qui furent posées spécialement pour l'opérateur[11]. Les quatre premières restituent à chaque fois le décor de l'acte correspondant (on parle aussi de « tableaux »), tandis que la dernière, comme les autres, présente Coquelin, en pied, dans le rôle de Cyrano tel qu'il apparaît au dernier acte, comme l'indiquent

7 Cité *ibid.*, p. 288.

8 Voir Naugrette, Florence, *Le Théâtre romantique. Histoire, écriture, mise en scène*, Paris, Seuil, coll. « Points », 2001, p. 108-124.

9 Voir Vouilloux, Bernard, *Langages de l'art et relations transesthétiques*, Paris, L'Éclat, 1997, p. 57-73.

10 Voir Barut, Benoît, « Sur les didascalies de Rostand », *Revue d'histoire littéraire de la France*, vol. CXVIII, 2018/4, p. 893-903.

11 Publiées dans le premier numéro de la revue *Le Théâtre* (1898). Je remercie Marianne Bouchardon de m'avoir très aimablement communiqué ces cinq photographies.

les arcades et le feuillage du cloître, le costume noir et surtout la canne qui sont les attributs du soldat vieillissant revenu à la vie civile (l'épée reste dans son fourreau) – alors que Cyrano n'a, à cette date, que trente-six ans ! En voyant ces images, on ne peut qu'être frappé par la lourdeur réaliste des décors. Comment l'accorder avec la visée idéaliste de la pièce[12] ? C'est que celle-ci ne l'installe pas d'emblée dans l'ambiance du théâtre symboliste ou du théâtre scandinave, jugée « brumeuse » par les critiques majoritaires. En fait, la contradiction n'est qu'apparente, car l'idéal rostandien postule le pôle antithétique de la réalité, auquel beaucoup d'éléments se rattachent non seulement dans son théâtre et sa poésie, mais aussi dans sa personnalité (on pense aux soins qu'il donne à son élégance vestimentaire, comme aux luxueux intérieurs qu'il se choisit, à commencer par celui de la villa Arnaga) : l'une des constantes de son œuvre réside en effet dans l'attention qui est portée à la réalité non seulement de la vie naturelle (comme on le voit dans sa poésie et, ici et là, dans son théâtre, surtout, pour finir, dans *Chantecler*), mais de la vie sociale – et cela, jusque dans ses aspects les plus modestes : les gestes et les attitudes, les vêtements, la nourriture, les objets, etc. Rien de moins éthéré que l'univers rostandien : la réalité n'est si présente que parce qu'elle est cela même d'où élan peut être pris vers l'idéal, qui la refuse. On trouve une confirmation de cette polarité dans un passage de son discours de réception à l'Académie française. Il vient d'évoquer une pièce d'Henri de Bornier, *L'Apôtre*, qui prenait pour personnage central saint Paul et qu'on dissuada l'auteur de faire jouer :

> Lorsque des gens de goût vinrent dire à M. de Bornier : « Comment osez-vous apporter un pareil personnage sur les planches ? » j'aurais aimé qu'il leur répondît : « Les planches ?... Je ne connais pas les planches. Je connais le gazon que foulent Roméo et Juliette ; je connais le sable qui crie sous le pas furtif de Don Juan ; je connais les piquants d'éteule sur lesquels trotte le barbet de Faust ; je connais le marbre où se traînent les sandales d'Œdipe ; je ne connais pas les planches ! Je n'ai jamais vu se poser le pied de Titania, et je n'ai jamais entendu marcher le spectre d'Elseneur[13] ! ».

---

12 Voir Knowles, Dorothy, *La Réaction idéaliste au théâtre depuis 1890*, Genève, Droz, 1934. L'ouvrage consacre de nombreuses pages au théâtre de Rostand.

13 Rostand, Edmond, *Discours de réception à l'Académie française, le 4 juin 1903*, Paris, Charpentier et Fasquelle, 1903, p. 38.

Le réalisme artefactuel et illusionniste du décor est la dénégation en acte de la réalité médiale des planches, comme le personnage l'est du comédien qui, comme on dit, l'« incarne » : c'est sur cette structure fétichiste de la suppléance (« Je sais bien, mais quand même ») que peut se construire la montée à l'idéal.

GESTES ET « BEAUX GESTES »

Critiques et commentateurs ont fréquemment relevé le caractère de « mise en abyme » que revêt la représentation à l'hôtel de Bourgogne, théâtre dans le théâtre[14]. Si la mise en abyme *réfléchit* quelque chose (puisque telle est sa principale fonction), c'est le caractère fondamentalement théâtral de cette pièce, poussé bien plus loin que dans *Les Romanesques* ou dans *La Princesse lointaine*, deux pièces dans lesquelles intervenait déjà le principe de mise en abyme, avec le mur séparant les jardins de Bergamin et Pasquinot, dans la première, et la fenêtre du palais de Mélissinde ouvrant sur la baie de Tripoli, dans la seconde. On ne s'arrêtera pas sur le fait qu'elle a été écrite pour un acteur, Coquelin en l'occurrence, si ce n'est pour rappeler que ce fut le cas de *La Princesse lointaine*, écrite pour Sarah Bernhardt, comme ce le sera encore pour *L'Aiglon*. Les quatre autres actes semblent garder mémoire, chacun à sa manière, du dispositif théâtral, fondé qu'est celui-ci sur la bipartition orthogonale entre la scène et la salle et sur la bipartition latérale entre le côté cour et le côté jardin. Des points de focalisation spatiale y sont repérables, comme la galerie surélevée de l'établissement de Ragueneau ou encore la table à laquelle il est assis et devant laquelle on défile ou autour de laquelle on fait cercle. Au troisième acte, sous le balcon de Roxane – encore une scène –, Cyrano est tapi dans l'« ombre noire » d'où parle le souffleur ; il s'en souviendra au dernier acte : « Pendant que je restais en bas, dans l'ombre noire, / D'autres montaient cueillir le baiser de la gloire ! » (V, 6, v. 2501-2502). Le décor du quatrième acte montre une aire bornée au fond par le talus qui sépare le camp français des lignes

14 Voir Bourgeois, Jean, « *Cyrano de Bergerac* d'Edmond Rostand : le théâtre dans le théâtre », *Revue d'histoire littéraire de la France*, vol. CVIII, 2008/3, p. 607-620.

ennemies et, sur les côtés, par des tentes, tandis que la levée de terre qui ne laisse voir que l'horizon remplit peu ou prou l'office d'un *frons scenae*. Cette disposition se retrouve plus ou moins au dernier acte, avec les bâtiments qui bordent le côté gauche (la maison) et le côté droit (la chapelle ouvrant sur une colonnade) ; au centre, un « *arbre énorme* » étend son ombre sur Cyrano et Roxane, délimitant une sorte de *proscenium*, qui sera le théâtre des derniers moments de Cyrano. Jean-Marie Apostolidès a donné le nom de « petites scènes[15] » à ces espaces intradiégétiques inclus sur le grand plateau scénique, lequel, dans les termes de Louis Marin, *présente* la représentation. Il est remarquable que même dans les scènes (au sens du découpage théâtral) dans lesquelles interviennent de nombreux participants (et elles sont nombreuses), des petites scènes se reforment, qui n'ont plus d'autre espace que celui, exclusivement dialogal, des conciliabules (par exemple, entre Christian et Lignière, à la scène 2 de l'acte I), des dialogues (par exemple, entre Cyrano et Le Bret, à la scène 8 de l'acte II), des duels verbaux (par exemple, entre Cyrano et de Guiche, à la scène 4 de l'acte IV). Le centre des petites scènes, cela n'étonnera pas, est, la plupart du temps, Cyrano lui-même.

Désigner Cyrano comme un personnage théâtral semble *a priori* un truisme. Cette qualification est, *primo facie*, factuellement justifiée : son rôle est l'un des plus longs du répertoire (mille cent seize vers, contre cent vingt-huit à Christian), il est présent dans trente-six scènes sur quarante-huit, et, s'il lui arrive de se parler à lui-même, *sotto voce*, il n'est jamais seul en scène – n'est seul que hors-scène : « Mon ami, j'ai de mauvaises heures ! De me sentir si laid, parfois, tout seul… » (I, 5, v. 526-527). Sa fragilité s'entrevoit, elle ne se montre pas, moins encore ne s'exhibe : lorsque Roxane le soupçonne d'être « mélancolique », il proteste vivement (V, 5, v. 2409). À la différence de bien des personnages scéniques qui donnent leur nom à la pièce dont ils sont le héros, Cyrano ne monologue jamais. Quand il est présent, il est le centre à la fois visuel et sonore autour duquel se disposent et par rapport auquel réagissent tous les autres personnages. Exemplaire, de ce point de vue, est la façon dont il entre en scène dans la pièce : on entend d'abord sa voix (I, 3, v. 182 *sqq.*), puis, juché sur une chaise, surgit le personnage, tout en pointes, de celle du nez à celles de la moustache (didascalie à la

15 Apostolidès, Jean-Marie, *Cyrano qui fut tout et qui ne fut rien*, Paris et Bruxelles, Les Impressions nouvelles, 2006, p. 71-78.

fin de I, 3) – sorte de graffiti animé. En somme, au moment même où il entre en scène, Cyrano fait le spectacle, il est le spectacle à lui seul.

La mémorable entrée en scène de Cyrano aura été précédée de son portrait par Ragueneau, qui le campe en figure de Jacques Callot plutôt que de Philippe de Champaigne et décrit son apparence aussi bien que sa personnalité (I, 2, v. 103-118). Un trait remarquable de cette pièce est constitué par la place qu'occupent les descriptions d'un personnage par un autre. Portraituré par Ragueneau, Cyrano est alors en position d'objet absent de la description. De tiers exclu, il passera très rapidement au statut d'interlocuteur privilégié, voire de locuteur principal, dans d'autres échanges où ce n'est pas seulement sur son nez qu'il est interpellé, mais sur sa vêture. Le vicomte de Valvert, suffoquant de rage après avoir subi la déferlante des dix-neuf variations tonales sur le nez, lance l'attaque : il reproche à Cyrano non seulement ses « grands airs arrogants », mais l'absence de tous ces accessoires (gants, rubans, bouffettes, ganses) qui permettent de reconnaître les gens de bonne compagnie (I, 4, v. 366-368). De la réponse cinglante que lui fait Cyrano (v. 369-383), on retiendra la manière dont elle fait constamment passer les unes dans les autres les caractéristiques physiques (qu'elle soit corporelles ou vestimentaires) et les traits d'ordre moral qu'il valorise ou dévalorise ; par le truchement de calembours (« affront mal lavé »), de métaphores et de comparaisons, son discours instille l'idée qu'il en va constamment du moral comme du physique, que l'un est révélateur de l'autre, et réciproquement.

Qu'il s'agisse de Cyrano ou d'autres personnages, très nombreuses sont, dans la pièce, ces séquences descriptives ou auto-descriptives par lesquelles les personnages qualifient les autres (en leur présence ou non) ou se qualifient eux-mêmes, très souvent en conjoignant la matérialité des apparences (le vêtement, le maintien) et l'idéalité (ou l'indignité) de l'attitude morale revendiquée pour soi ou postulée chez l'autre. Autrement dit, une large partie de ces séquences réinvestit un matériau qui pourrait être confié aux gestes, postures et expressions des comédiens, ainsi qu'aux réalisations des costumiers, partie qui est normalement traitée dans le paratexte didascalique. Le monde de *Cyrano* est un monde dans lequel on nomme, qualifie, évalue et juge : c'est le monde axiologique des valeurs et, dans ce monde, les valeurs sont indissolublement physiques et morales.

Ce traitement n'est pas réservé au seul Cyrano. Exemplaire à ce titre est le récit que Roxane fait de sa traversée des lignes espagnoles (IV, 5, v. 1962-1970) : l'« Espagnol à l'air le plus féroce » s'y montre « superbe de grâce, à la fois, et de morgue » dans le moindre de ses gestes (refermer la porte du carrosse de Roxane, relever les mousquets braqués sur elle, s'incliner devant elle), ses attitudes se prolongeant jusque dans les tensions et les volutes de sa vêture – « L'ergot tendu sous la dentelle en tuyau d'orgue, / Le feutre au vent pour que la plume palpitât ». Conjuguant le portrait et la scène de genre, recyclant tous les stéréotypes liés aux représentations des peuples, qu'elles soient matérielles ou psychologiques[16], ce passage montre comment l'éthique liée à la guerre en dentelles (Roxane a dit un peu auparavant que les Espagnols sont « les plus galantes gens du monde », v. 1958) se transcrit dans un code comportemental, un *ethos* postural et gestuel.

Le geste n'est pas seulement celui que dessine le mouvement des mains et des bras, celui dont l'ellipse gracieuse qu'il inscrit dans l'espace justifie qu'on le qualifie de « beau ». Un « beau geste », c'est aussi le geste par lequel je donne à autrui sans attente d'une contrepartie, voire à mes dépens. Ces deux aspects du geste sont réunis dans le mouvement par lequel Cyrano lance « un sac » sur la scène, en s'adressant à Bellerose : « Attrapez cette bourse au vol, et taisez-vous ! » (I, 4, v. 259), geste par lequel, comme nous l'apprendrons un peu plus loin, il s'est dépouillé de ses derniers subsides et par là s'est privé même de dîner ; geste, enfin, qui lui vaut cette vive remontrance de Le Bret : « Jeter ce sac, quelle sottise ! », à quoi il rétorque aussitôt : « Mais quel geste !... » (v. 451). La courbure du vol de la bourse passant d'une main à une autre est l'image sensible d'un « beau geste », d'un don à fonds perdus, d'un don sans contre-don, d'une auto-consumation, d'une sorte de *potlatch*. Les plumes du panache de Cyrano pourraient aussi bien être celles qui couvrent la tête d'un des chefs des tribus amérindiennes chez lesquelles Marcel Mauss, quelques années plus tard, mettra au jour la pratique du *potlatch*.

Le geste, sous ses deux aspects, permet donc d'articuler une éthique et une esthétique. Néanmoins, cette esthétique peut se livrer ici et là sans

16 La psychologie des peuples connaît un grand essor en Europe à la fin du XIXe siècle avec les publications et l'enseignement de Wilhelm Wundt : voir Espagne, Michel, « La “psychologie des peuples” et l'histoire culturelle », *Revue germanique internationale*, n° 10, 1998, p. 73-91.

son doublet moral. Ce culte des apparences sociales, gagé sur la seule conformité à un code vestimentaire qui connote l'appartenance à une caste, c'est celui des courtisans : ainsi des petits marquis et du vicomte de Valvert, qui n'ont d'yeux que pour une mise au goût du jour ; ainsi du comte de Guiche, au camp d'Arras, s'adressant aux cadets avec sa morgue coutumière quand approche le carrosse appartenant au service du roi : « Rangez-vous, vile tourbe, / Pour qu'il puisse décrire avec pompe sa courbe ! » (IV, 5, v. 1931-1932). Aux courbes toutes physiques qui sont seulement celles que décrivent les évolutions d'un carrosse ou bien les ronds-de-jambe et les « tours de souplesse dorsale » (II, 8, v. 977) par lesquels les courtisans, dans un grand mouvement de colifichets, manifestent leur âme courbée de laquais, Cyrano oppose donc constamment un *ethos* comportemental qui est celui d'une « âme » cambrée « ainsi qu'en un corset » (I, 4, v. 379). Et c'est bien cette leçon qu'il va infliger à Valvert, en joignant le geste à la parole, en disant ce qu'il fait et en faisant ce qu'il dit, nommément dans la ballade du duel (v. 408-435), où la grâce du geste ne fait mouche que parce qu'à la fin il « touche ». Cette cambrure qui vectorise, dresse, érige tout ensemble le corps, le geste et la parole, c'est celle de l'élan verticalisant vers l'idéal. Se confirme, une fois de plus, la complémentarité entre les deux pôles de la matérialité et de l'idéal qui dessinent l'arc dynamique dans lequel se déplacent non seulement Cyrano, mais aussi Roxane, passée du statut de précieuse quelque peu ridicule, au moins jusqu'au moment où Cyrano-Christian abandonne le langage de la Préciosité (III, 7, v. 1400 *sqq.*), à celui de Madelon nourricière, puis de veuve éplorée en sa retraite conventuelle et sur laquelle la révélation du secret de Cyrano va tomber comme la foudre.

C'est bien à cette double nécessité éthique et esthétique qu'obéit le salut final de Cyrano : « [...] ce soir, quand j'entrerai chez Dieu, / Mon salut balaiera largement le seuil bleu » (V, 6, v. 2569-2570). Arrivera deux vers plus loin le dernier mot de la pièce, le fameux mot de « panache », peut-être trop fameux, tant on a voulu y résumer la pièce (on me dit que celle-ci est devenue « culte » chez les saint-cyriens pour cette raison même). Clémence Caritté a dit, excellemment, tout ce qu'il convient de savoir à ce propos[17] ; sur ses emplois en langue avant Rostand, sur la

17 Caritté, Clémence, *« Cyrano de Bergerac » d'Edmond Rostand. Une pièce « mythique » au cœur de l'atmosphère fin de siècle*, thèse de doctorat en Littérature française et comparée, sous la direction de Sophie Basch, Sorbonne Université, 2018, 1262 p., p. 471-538, et « L'énigme

popularité que lui acquiert la pièce, sur la glose que Rostand lui-même en donne dans son discours de réception à l'Académie française au gré d'une série d'esquisses descriptives qui, partant des plumes ornant la coiffe militaire, montent à l'abstraction d'une attitude morale. Cette montée s'observe précisément dans la pièce. Le mot n'y apparaît qu'à trois reprises, et dans des contextes qui lui gardent sa signification matérielle, mais qui, dès la deuxième occurrence, instillent l'acception morale : pur accessoire dans le portrait que Ragueneau fait de Cyrano coiffé de son « feutre à panache triple » (I, 2, v. 108), il est associé par Cyrano à la bravoure militaire lorsqu'il reproche au comte de Guiche de s'être débarrassé de son écharpe blanche sur le champ de bataille, alors « Qu'Henri quatre / N'eût jamais consenti, le nombre l'accablant, / À se diminuer de son panache blanc » (IV, 4, v. 1860-1862). Enfin, au moment où Cyrano s'apprête à quitter ce monde, il en parle en des termes qui donnent à réfléchir, comme les mouvements, gestes et expressions indiqués dans les didascalies :

> Il y a malgré vous quelque chose
> Que j'emporte, et ce soir, quand j'entrerai chez Dieu,
> Mon salut balaiera largement le seuil bleu,
> Quelque chose que sans un pli, sans une tache,
> J'emporte malgré vous,
>
> *Il s'élance l'épée haute.*
>
> et c'est…
>
> *L'épée s'échappe de ses mains, il chancelle, tombe dans les bras de Le Bret et de Ragueneau.*
>
> ROXANE, *se penchant sur lui et lui baisant le front.*
>
> C'est ?…
>
> CYRANO, *rouvre les yeux, la reconnaît et dit en souriant.*
>
> Mon panache. (V, 6, v. 2568-2572)

L'absence de pli et de tache pouvant se comprendre aussi bien en un sens matériel qu'en un sens moral, l'oscillation est donc encore perceptible. Toutefois, si ce panache doit suivre Cyrano dans la mort, s'il l'emporte

du panache », dans *Edmond Rostand, poète de théâtre*, Actes du centenaire et du cent cinquantenaire (1868-1918, 2018), Bertrand Degott, Olivier Goetz et Hélène Laplace-Claverie (éd.), Besançon, Presses universitaires de Franche-Comté, 2021, p. 233-245.

avec lui, c'est bien que le sens moral a pris le dessus. Encore qu'il reste à comprendre pourquoi il l'emporterait *malgré* ceux à qui il s'adresse, Roxane et ses deux plus chers et fidèles amis. Il y a une certaine violence dans cette déclaration, tout se passant comme s'il voulait les priver de ce que l'on appelle, en autre contexte, une « relique ». Mais la relique n'est telle qu'en tant qu'elle est le reste, le vestige matériel d'une personne sainte ou sacrée ; elle est donc indissociable de cette sainteté ou de cette sacralité, sauf à tomber dans le péché de « latrie » ; par conséquent, elle est incessible, sauf à tomber dans le péché de « simonie », et c'est la raison pour laquelle Cyrano l'emporte. Pour que le mot vienne, il n'aura fallu pas moins de deux présentatifs (sur les deux premières syllabes du second hémistiche), suivis chacun d'une pause. Cela ressemble fort, sinon à des adieux à la scène, du moins à un adieu de théâtre. Le soupçon s'insinue que le « vous » auquel s'adresse cet adieu englobe les spectateurs et que toute cette fin d'acte a été construite en vue d'un effet maximal de *breathtaking*, qui décline le salut sous ses formes mondaine et spirituelle. Saint Cyrano, comédien et martyr… Théâtralité du théologico-politique ? Cette analyse pourrait trouver confirmation dans une anecdote racontée par Sacha Guitry : relevant un pari qui lui avait été lancé, Coquelin se serait fait fort de faire applaudir n'importe quel passage de la pièce qu'il jouait ; on lui désigna quatre vers purement informatifs. Voici maintenant ce qui se passa, selon Guitry :

> Coquelin prit un temps, à la façon d'un sauteur qui prend son élan, puis, détachant les mots, leur donnant une importance imprévue, un sens profond, il récita les deux premiers vers avec une extrême lenteur ; le troisième, il l'entrecoupa d'un sanglot que rien ne justifiait, et le dernier, enfin, il le lança à pleine voix, le nez au vent, le regard balayant les galeries supérieures du théâtre. Un tonnerre d'applaudissements accueillit sa curieuse démonstration. Coquelin, *malheureusement*, ne s'était pas trompé[18].

Se non è vero…

18 Guitry, Sacha, *Théâtre, je t'adore*, Paris, Hachette, 1958, cité dans Lorcey, Jacques, *Edmond Rostand*, *op. cit.*, t. I, p. 284.

DU THÉÂTRALISME COMME NÉGATION DE LA THÉÂTRALITÉ

C'est donc en un sens bien particulier que le personnage de Cyrano est « théâtral ». Sans doute le concept de théâtralité est-il aussi complexe que le sont les concepts plus ou moins homologues de littérarité, de picturalité, de musicalité, etc. Toutefois, à la différence de ces derniers, qui ne sont pas apparus avant le XIXe ou le XXe siècle, il a été pensé très tôt, et à distance de toute approche essentialisante. Aristote en fut le premier théoricien. L'un des deux arguments qu'il avance dans la *Poétique* pour étayer la supériorité de la tragédie sur l'épopée fait intervenir la notion d'*énargéia* : « Et puis elle a toute sa vivacité [*enargès*] à la fois à la lecture et à la scène[19]. » Les éditeurs du texte commentent ainsi ce passage :

> La vivacité (*enargeia*), dont Aristote nous dit (62 a 17) qu'elle apparaît à la lecture, est d'abord une qualité mimétique du texte que le poète a composé – histoire et expression – « en se mettant (les choses) sous les yeux » (chap. 17, 55 a 23) ; la clarté de conception, imprimée dans le texte, à la fois se révèle à la lecture (*kai en têi anagnôsei*) et se manifeste dans la mise en acte (*kai epi tôn ergôn*)[20].

La mise en acte se trouve ainsi programmée par la clarté de conception. Faire dépendre la mise en acte de la *tekhnè poiétikè* revient à interdire à l'art du comédien (*hupocritès*) comme à celui du fabricant d'accessoires (*skeuopoiou tekhnè*), qui ressortissent tous deux à l'*opsis* (spectacle)[21], de prendre le pouvoir. Ainsi, à suivre Aristote, la théâtralité identifierait non pas une essence du théâtre, mais une propriété du texte écrit *en vue* de sa représentation. Sont prévenus de la sorte tous les débordements « atechniques », qui ne relèvent pas de la *tekhnè poiétikè*, l'*opsis* étant, en ce sens, *atekhnotaton*. Ces débordements, une longue tradition les a identifiés : c'est l'histrionisme des comédiens, constamment dénoncé par la rhétorique antique et moderne de l'action oratoire, qui met en garde les orateurs contre la tentation de reprendre aux acteurs leur diction,

19 Aristote, Poétique, 62 a 17, Roselyne Dupont-Roc et Jean Lallot (éd. et trad.), Paris, Seuil, 1980.

20 Roselyne Dupont-Roc et Jean Lallot, *ibid.*, p. 411, n. 8, *ad* 62 a 18.

21 Aristote, *Poétique*, 50 b 16-20.

leurs attitudes et leur gestuelle ; c'est l'art du décorateur et du costumier, qui soulève des résistances dès lors qu'il prend le pas sur le texte, comme en témoignent les débats autour de la mise en scène à la fin du XIXe siècle. À sa manière, Diderot s'est inscrit dans cette tradition, qui reproche à la tirade classique d'être trop manifestement orientée vers le spectateur, et donc de faire franchir à celui-ci la limite instauratrice du dispositif de représentation. Le principe était posé et énoncé en toute clarté : « Dans une représentation dramatique, il ne s'agit non plus du spectateur que s'il n'existait pas[22]. » Diderot ne tardera pas à en tirer toutes les conséquences : il demande aux acteurs d'imaginer, « sur le bord du théâtre, un grand mur qui [les] sépare du parterre » et de jouer « comme si la toile ne se levait pas[23] ». Michael Fried a montré comment la critique d'art de Diderot s'est conçue comme une « déthéâtralisation » du tableau[24]. Près d'un demi-siècle plus tard, Stendhal fera grief aux peintres issus de l'école davidienne de camper leurs figures comme des acteurs prenant la pose pour complaire au public[25].

On pourrait qualifier de « théâtraliste » un théâtre qui fait intervenir le spectateur dans le calcul de ses effets ; un théâtre dans lequel sous chaque posture se murmure un « L'ai-je bien descendu ? » ; un théâtre dans lequel non seulement Cyrano se prend pour Cyrano, *fait son Cyrano*, comme le garçon de café de Sartre, mais où le comédien perce sous Cyrano et, inversement, une fois la scène quittée, se prend, tout bonnement, pour Cyrano… Du reste, il se trouve dans la pièce un moment où ce rapport indiscernable entre vérité et illusion est thématisé ; il intervient lorsque Christian commence à deviner le jeu trouble dans lequel il s'est laissé entraîner, en remarquant la trace laissée par une larme sur la lettre à Roxane que Cyrano a écrite en son nom ; Cyrano se défend comme il peut : « Oui… Poète, on se prend à son jeu, c'est le charme !… / Tu

22 Diderot, Denis, *Entretiens sur « Le Fils naturel »* (1757), *Œuvres esthétiques*, Paul Vernière (éd.), Paris, Garnier, 1976, p. 102.

23 Diderot, Denis, *Discours de la poésie dramatique* (1758), *ibid.*, p. 231.

24 Fried, Michael, *La Place du spectateur. Esthétique et origines de la peinture moderne* (1980), trad. Claire Brunet, Paris, Gallimard, 1990. La notion de déthéâtralisation (*detheatralization*) mise en œuvre par Fried s'avère d'un maniement délicat dans la mesure où elle ne distingue pas le théâtralisme de la théâtralité (*theatricality*). Voir Lassalle, Jacques, « Un théâtre sans théâtralisme », entretien réalisé par Christian Biet et Yves Hersant, *Critique*, n° 774, 2011, p. 873-881.

25 Voir Vouilloux, Bernard, *Le Tournant « artiste » de la littérature française. Écrire avec la peinture au XIXe siècle*, Paris, Hermann, 2011, p. 77-110.

comprends… ce billet, – c'était très émouvant : / Je me suis fait pleurer moi-même en l'écrivant » (IV, 4, 1920-1922). Ces vers ne pourraient-il être lus *aussi* comme une confidence de Rostand sur ce qu'il a ressenti en écrivant sa pièce ? Qui sait ? *Cyrano* n'est pas avare en signaux de connivence, en « clins d'œil » en direction du spectateur[26]. Ainsi de cette question à double sens que le comte de Guiche adresse à Cyrano, quand il lui fait une offre de service en lui proposant de travailler pour son grand-oncle, le cardinal de Richelieu : « Vous avez bien rimé cinq actes, j'imagine ? » (II, 7, v. 928).

Peut-être perçoit-on mieux maintenant ce qui est en jeu dans le *Cyrano* de Rostand comme dans le reste de son théâtre. Il serait inexact de dire que son idéalisme s'est « accommodé » de l'état des arts de la scène à son époque, état dont il a par ailleurs une connaissance plus que parfaite ; bien loin d'avoir composé avec les contraintes matérielles de la représentation, il en a fait au contraire tout son profit, dans la mesure où son idéalisme, pour reprendre la distinction de Remy de Gourmont[27], est celui de l'idéal, et non de l'idée, qu'il est d'ordre sentimental et moral et qu'il s'ancre dans le sensible. Ce qu'il y a d'incontestablement vitaliste dans l'œuvre de Rostand – la dynamique de l'élan vital, le sentiment de la communauté humaine, le souci d'accord avec le monde naturel – n'est pas sans parenté avec certains aspects de la pensée de Jean-Marie Guyau, et cela jusque dans ses options esthétiques[28] : Guyau rejette aussi bien le naturalisme que le symbolisme qu'il voit émerger au début des années 1880, tout comme Rostand le fera quelques années plus tard, dans un essai de jeunesse, non sans s'approprier, de l'un, l'attention à la

26 Alors que l'énumération des Académiciens joue ironiquement sur le démenti que la postérité a apporté à leur supposée immortalité (I, 2, v. 52-53), le petit tour que d'Artagnan (I, 4, v. 436-441) et Théophraste Renaudot (II, 7, v. 872-873) font sur la scène ménagent au spectateur le délicieux plaisir de reconnaître une figure pas encore célèbre (aucune dénomination, à ma connaissance, ne s'attachant à ce tour, je proposerai, sans trop d'espoir, de le nommer « *ritardando* proleptico-anamnésique »). S'ajoute à la mention de Renaudot la prophétie rétrospective de Le Bret : « Cette feuille où l'on fait tant de choses tenir ! / On dit que cette idée a beaucoup d'avenir » (v. 874-875). Une autre prophétie rétrospective sort de la bouche du comte de Guiche, qui, beau joueur, s'apercevant qu'il a été dupé, avoue avoir été tout ébaubi du récit des voyages de Cyrano : « Notez-en le détail, / Car vraiment cela peut resservir dans un livre ! » (III, 14, v. 1688-1691).

27 Gourmont, Remy de, « Les racines de l'idéalisme » (1904), *Promenades philosophiques*, 8e éd., Paris, Mercure de France, 1916, p. 79-80.

28 Guyau, Jean-Marie, *Les Problèmes de l'esthétique contemporaine*, Paris, Félix Alcan, 1884.

matérialité, de l'autre, le tropisme mélancolique[29]. Si Rostand partage avec les tendances artistiques de son époque, qui sont celles de l'Art Nouveau, un goût assumé pour les arabesques, pour l'ornementation, pour les grands décors architecturaux, il s'en saisit sous les aspects les plus esthétisants, en les dépouillant de la puissante énergie organiciste ou mécaniste qui les anime au moment de leur émergence dans les années 1890 et qui est, par ailleurs redevable, par bien des côtés, aux recherches menées sur la genèse des formes dans l'esthétique scientifique[30]. Si l'on peut retrouver dans le vitalisme idéaliste de Rostand les orientations esthétiques qui étaient celles que Guyau avait commencé à explorer, sa matrice artistique le porte à valoriser dans une courbe, non l'expression organique d'une forme en formation, mais l'élation vers l'idéal. Ladite matrice est duelle, elle se lit dans la posture finale de Cyrano : les pieds sur la terre, la tête tournée vers le ciel. Quant au passage d'une phase à l'autre, il est réglé par le rythme cyclothymique : engagement agonistique dans la réalité, dégagement exalté vers l'idéal. Un rythme amputé, dans *Cyrano*, de la retombée dans l'acédie, la mélancolie, le ressassement dépressif, suggérés, certes, mais jamais assumés. Ce troisième temps, que Rostand connaît bien, arrivera dans *L'Aiglon*. Dans *Cyrano*, il n'est porté que par Roxane et le duc de Grammont, au début du dernier acte. Que le personnage principal semble l'ignorer explique peut-être en partie le succès durable de la pièce.

Bernard VOUILLOUX
Centre d'Études de la Langue
et des Littératures Françaises
(CELLF, UMR 8599)
Sorbonne Université

29 Rostand, Edmond, *Deux romanciers de Provence, Honoré d'Urfé et Émile Zola : le roman sentimental et le roman naturaliste*, Paris, Édouard Champion, 1921. Récompensé en 1887 par le prix du Maréchal de Villars, de l'Académie de Marseille, l'essai du jeune auteur (il avait dix-huit ans) avait été publié l'année suivante dans le *Journal de Marseille*.

30 Voir *Vers la science de l'art. L'esthétique scientifique en France 1857-1937*, Jacqueline Lichtenstein, Carole Maigné et Arnauld Pierre (éd.), Presses de l'Université Paris-Sorbonne, 2013.

PARADOXE SUR LE *CYRANO*

Les éditeurs de la comédie-héroïque de Rostand s'accordent sur un point : l'auteur a écrit sa pièce pour Constant Coquelin, surnommé Coq par ses amis. Lors d'une lecture de *La Princesse lointaine*, le comédien demanda au poète s'il avait un rôle pour lui ; Rostand songea immédiatement à Cyrano qu'il avait déjà en tête. Il acheva son texte en fonction de la gamme des possibilités du futur interprète. Alexis Michalik va plus loin dans cette voie, affirmant qu'Edmond, après l'échec de la *Princesse*, tenta « de convaincre le grand acteur de jouer dans sa prochaine pièce[1] » dont il n'avait que le titre : *Cyrano de Bergerac*. Le rôle aurait donc été taillé sur mesure pour le comédien.

Auteur, acteur, décorateur et metteur en scène, Edmond Rostand est un homme de théâtre complet. Pas étonnant que ses principaux héros, Cyrano, le duc de Reichstadt ou Chantecler, s'adonnent parfois à des complaisances histrioniques qui ajoutent à leur charme. Un rapprochement entre Constant Coquelin et le rôle qu'il a interprété le plus grand nombre de fois peut conduire à une meilleure compréhension du personnage au grand nez. L'auteur nous y invite, qui dédie son œuvre à son interprète : « C'est à l'âme de Cyrano que je voulais dédier ce poème. Mais puisqu'elle a passé en vous, Coquelin, c'est à vous que je le dédie[2]. » Cependant, trop associer le personnage à celui qui le premier l'incarna sur scène peut aussi conduire à une impasse car, sous son aspect manifeste, cette liaison entraîne une perception biaisée de Cyrano, sinon même fausse.

Cyrano est un personnage plus retors qu'il n'y paraît. Ses traits, son caractère doivent peut-être plus à Sarah Bernhardt qu'à Constant Coquelin. C'est le paradoxe que je propose dans les lignes qui suivent.

1 Michalik, Alexis, *Edmond*, Paris, Albin Michel, 2016, 4e de couverture.

2 Guérin (éd.), p. 2 (édition de référence).

LE COMÉDIEN ET SON RÔLE

En 1897 on distingue deux écoles en ce qui regarde l'interprétation, qui ont toutes deux leur source chez Diderot. La première invite le comédien à s'identifier de la façon la plus intime au personnage qu'il doit interpréter, au point de créer un compromis entre sa personnalité et le rôle. Parmi les grands acteurs de l'époque, Réjane, Lucien Guitry ou Maurice Volny, qui interpréta le rôle de Christian de Neuvillette auprès de Coquelin, relèvent de cette tradition[3]. La seconde école consiste au contraire pour le comédien à prendre ses distances face au personnage de façon à mettre en avant sa technique, le contrôle qu'il possède de ses gestes, de sa voix, de ses silences qui tiennent le public suspendu à ses lèvres. Cette deuxième manière est moins en faveur auprès des acteurs du XIXe siècle. Elle fut théorisée dans le *Paradoxe sur le comédien*, tandis que la première trouve ses fondements dans les *Entretiens sur le Fils naturel.* Nous appellerons le premier type un *comédien absorbé*, le second type un *comédien distancé.* Le comédien absorbé est le modèle d'André Antoine, l'apôtre du naturalisme au théâtre ; le comédien distancé a la préférence de Lugné-Poe, metteur en scène associé au théâtre symboliste. Ces deux écoles trouveront au XXe siècle leurs fondements théoriques chez Constantin Stanislavski pour le comédien absorbé, et chez Bertolt Brecht pour le comédien distancé[4].

À la fin du XIXe siècle, le plus connu des comédiens distancés est Constant Coquelin. Il l'affirme dans un texte publié la première fois en 1880 dans lequel il discute la thèse du *Paradoxe* de Diderot :

> Je tiens que ce paradoxe est la vérité même et je suis persuadé qu'on n'est un grand acteur qu'à la condition de se gouverner absolument et de pouvoir exprimer à volonté des sentiments qu'on n'éprouve pas, qu'on n'éprouvera jamais, que, selon sa propre nature, on ne pourrait pas éprouver. [...] Donc l'acteur ne doit pas être ému. Il n'en a pas besoin, pas plus qu'un pianiste n'a besoin d'être au désespoir pour jouer la marche funèbre de Chopin ou de Beethoven[5].

---

3 Pour Réjane, voir le témoignage de son fils, qui rapproche la technique de sa mère de celle, littéraire, de Colette : Porel, Jacques, *Fils de Réjane. Souvenirs (1895-1920)*, Paris, Plon, 1951, p. 103.

4 *Cf.* Pidoux, Jean-Yves, *Acteurs et Personnages. L'interprétation dans les esthétiques théâtrales du XXe siècle*, Vevey, Éd. de l'Aire, 1986.

5 Coquelin, Constant, *L'Art et le Comédien* (1880), rééd., Paris, Ollendorff, 1887, p. 28 et 32.

En deux mots, Coquelin conçoit ainsi la division du travail théâtral : le poète apporte l'âme du personnage, le comédien lui fournit un corps, achevant ainsi la création rêvée par l'auteur : « C'est qu'il y a toujours une distance considérable entre le type rêvé et le type vivant ; c'est que ce n'est pas tout que de créer une âme, il faut la loger dans un corps [...] et cette peau dont le bonhomme a besoin, c'est le comédien qui la lui donne[6]. » On comprend ici que la dédicace de Rostand se veut d'abord un hommage aux idées et à la pratique de son interprète, puisqu'il en reprend les mots presque littéralement.

Image du comédien, Cyrano encourage ses camarades à entrer dans la peau des personnages qu'ils doivent interpréter dans la vie. On le constate en particulier au second acte, lorsque Neuvillette doit s'intégrer au milieu des cadets, gens bravaches qui sortent leurs grands mots ou leur rapière au premier prétexte. Ils ne craignent qu'une chose : évoquer l'appendice nasal de leur compagnon d'armes. Pour être accepté, Christian pratiquera la surenchère en provoquant Cyrano par de multiples allusions nasales tandis que celui-ci narre ses exploits de la veille. Lorsqu'ils se retrouvent seuls, Cyrano reconnaît que Christian a bien interprété son rôle de brave et l'embrasse pour le féliciter. Mais à l'acte suivant, Christian ne sait pas son texte et refuse de suivre les directives de son metteur en scène ; c'est pourquoi Cyrano prend sa place sous le balcon, à la faveur de la nuit.

L'opposition entre comédien absorbé et comédien distancé n'est pas aussi tranchée dans la pratique réelle de la fin de siècle parce que la majorité des acteurs s'adaptent aux exigences du metteur en scène. Or ce sont souvent les mêmes qui travaillent tantôt pour Antoine et tantôt pour Lugné. De plus, certains comédiens échappent aux écoles pour imposer leur propre façon de jouer. Ce sont les stars de la scène, ceux que Jean Cocteau appellera les « monstres sacrés » dans sa pièce de 1940. Deux exemples irréfutables de cette façon souveraine d'aborder les rôles viennent sous la plume : Édouard de Max et Sarah Bernhardt. La seconde surtout échappe aux normes, elle dont Jacques Porel écrit qu'elle est « plus qu'une impératrice, une espèce de divinité » ; comme de Max, elle assume son androgynie, ses caprices, sa folie, sa liberté. « Je crois, ajoute Porel, qu'au point de vue de sa situation dans le monde, Victor Hugo est le seul qu'on puisse lui comparer[7]. »

6 *Ibid.*, p. 15.

7 Porel, Jacques, *Fils de Réjane*, *op. cit.*, p. 174.

La *Divine*, comme on la nomme, possède un statut qui la place entre les hommes et les dieux. Deux traits la caractérisent, en dehors de son exceptionnelle énergie et de son courage frisant parfois l'héroïsme : elle invente une manière de parler en scène, vingt fois décrite par les contemporains, ce qui a pour effet d'associer son *charme* à sa voix. Avant d'être récitation, la *voix d'or* est un chant qui envoûte et permet au public de franchir la frontière séparant le monde réel de *L'Autre Monde.* On peut dire que, dans un contexte où la photographie occupe une place toujours plus importante, la voix demeure conductrice de rêve. Au sens littéral du terme, elle *magnétise.* C'est seulement avec le développement du cinéma muet que la fascination engendrée par la voix sera peu à peu remplacée par celle du visage.

Le second trait qui caractérise la *Divine* tient au fait qu'il n'existe pas de séparation entre sa vie personnelle et sa vie sur scène, principalement lors de ces rôles en *a* – Fédora, Théodora, Tosca – que lui tricote Victorien Sardou. Sa vie privée est traversée de scènes comiques, parfois grotesques, toujours émouvantes, contrebalancées par des épisodes tragiques ou pitoyables. Je ne les rappelle pas ici, sauf à souligner qu'aux yeux de certains observateurs, Maurice Rostand par exemple, on comprend la complexité de Sarah Bernhardt grâce aux personnages qu'elle interprète sur scène davantage qu'à travers la multitude des masques de sa vie intime, derrière lesquels elle se cache. Évoquant la première fois où il la vit jouer, il écrit : « c'était la première fois qu'elle m'apparaissait en vérité, c'est-à-dire en scène[8]. »

J'appelle *comédien possédé* l'acteur dont les rôles sur scène et dans la vie forment un tout, en rappelant que la possession appartient depuis le XVIIe siècle à un double registre, celui de la sorcellerie et celui du théâtre. Cette dénomination rend immédiatement perceptible la dimension magique qui caractérise ces êtres d'exception. Et si l'on peut associer aux deux premiers types de comédien les noms de Stanislavski et de Brecht, chacun devinera qu'Antonin Artaud est, parmi les théoriciens du XXe siècle, l'homme qui a tenté de retrouver la dimension magique que le théâtre avait perdue au moment où il se mit au service du prince, pour éclairer les arcanes de l'absolutisme.

8 Rostand, Maurice, *Sarah Bernhardt*, Paris, Calmann-Lévy, 1950, p. 7.

SARAH BERNHARDT ET LA FIGURE DU CHAMANE

Comme les deux précédents, ce troisième type de comédien est illustré dans les œuvres de Diderot. Nous le trouvons dans *Le Neveu de Rameau.* Rameau le jeune est un comédien possédé. Étrange acteur que ce raté, et bien différent du comédien du *Paradoxe.* Son esthétique est fondée sur le désordre. Le personnage introduit le chaos et l'anarchie dans les arts et la musique, mélangeant des styles qui s'opposent au XVIIIe siècle. Qui plus est, Rameau critique le théâtre régulier dans lequel le jeu de l'acteur vise à la maîtrise du public. Chacun, dit-il, est le bouffon de quelqu'un d'autre ; il n'existe pas de division entre la scène et la salle. Nous participons tous de la même pantomime. Il fait le fou pour mieux faire ressortir la folie que chacun porte en soi.

Ce troisième type de comédien est plus proche du chamane des sociétés sauvages que de l'acteur parisien maître de son jeu. Comme le chamane sibérien, le Neveu se livre littéralement à une transe, y perdant non seulement la raison mais encore la conscience, puisque la grande pantomime le conduit à l'évanouissement. Quand il reprend ses esprits, il ne sait plus ni où il est, ni ce qu'il a fait. Après avoir atteint les limites de la folie, il revient dans le monde ordinaire au bord de l'épuisement. On retrouve ici les symptômes de la possession décrits par les démonologues des XVIe et XVIIe siècles.

Comme le chamane, le comédien possédé jouit d'un statut ambigu. Il est à la fois craint, admiré et méprisé. Tout en demeurant un individu marginal, il est détenteur d'un savoir que les autres n'ont pas puisqu'il apporte des remèdes. Surtout, il ne peut être associé à aucune couche sociale précise dans la mesure où il passe d'une condition à l'autre et circule à travers tous les milieux.

Ces quelques jalons posés trop rapidement conduisent à une double conclusion.

Premièrement, la fonction que remplit Sarah Bernhardt depuis son premier rôle marquant – Zanetto dans *Le Passant* de François Coppée en 1869 à l'Odéon – jusqu'à son décès en 1923 se comprend mieux si on la rapproche des chamanes, cette fonction pouvant être exercée autant par les hommes que par les femmes. Certes, la grande actrice est une *possédée*, tous les témoins en conviennent. Elle souhaite mourir en scène, comme elle le confie au critique russe Alexeï Souvorine[9]. Mais sa fonction propre dépasse de loin celle des autres acteurs, même les plus célèbres : Sarah inspire, elle fait voir ce qui est caché, elle guérit des maux, elle illumine des vies en leur apportant une signification, même les vies les plus misérables. Rappelons cette entrée du *Journal* de Jules Renard qui lui est consacrée :

> Imaginez le plus bête des hommes. Il n'a pas de talent. Il le sait, et se résigne, mais, parfois, il se dresse avec un éclair dans les yeux et se dit : « Ah ! Si Sarah voulait dire seulement une ligne de moi ! Demain ! je serais célèbre. Sarah, c'est le génie. » Imaginez le plus laid des hommes. Nulle ne l'aimera. Il le sait, et se résigne, mais, parfois, il songe : « Ah ! Si je pouvais vivre un peu près de Sarah, dans un petit coin ! Je me croirais le plus aimé des hommes. […] Sarah, c'est le génie. » Dans la foule […] il y a peut-être un criminel, un homme abandonné de tous, qui s'abandonne lui-même, et qu'on va saisir dès que vous aurez passé. Mais il se dit : « Ça m'est égal, maintenant, de mourir. J'ai vu Sarah avant de mourir. Ô Sarah, vous êtes le génie[10] ! »

Sarah est comme l'or ; associée à n'importe qui ou n'importe quoi, elle ajoute de la valeur. Ce n'est pas seulement sa voix qui est marquée par le métal précieux, c'est tout son être.

Deuxième conclusion, Rostand, à qui Sarah sert de boussole entre *La Princesse lointaine* en 1895 et *L'Aiglon* en 1900, a construit Cyrano davantage sur le modèle de Sarah Bernhardt que sur les particularités de Constant Coquelin. D'ailleurs, celui-ci était affublé d'un petit nez. Je ne dis pas que Rostand a demandé au Coq de modifier sa façon d'aborder un rôle mais qu'il a fait de son personnage un être d'exception comme ceux que Sarah incarnait sur scène et dans la vie.

Qui plus est, peut-être après la lecture du *Neveu de Rameau*, Rostand donne à son héros des traits qui le rapprochent du personnage de Diderot et de la figure du chamane. Qu'Edmond, qui lisait tout ce qui s'imprimait, ait connu le texte de Diderot dont Georges Monval avait découvert un nouveau manuscrit en 1891, c'est assez probable, encore

---

9 Voir Solntsev, Nicolas, « Sarah Bernhardt en Russie, lettres inédites », *Europe*, n° 396-397, « Le théâtre en France », avril-mai 1962, p. 14.

10 Renard, Jules, *Journal*, Paris, Gallimard, 1935, p. 246-247.

que je n'en aie aucune preuve. Qu'il fût familier des figures chamaniques qui apparaissent au XVIIe siècle chez des voyageurs comme Gonzalo Fernández de Oviedo ou André Thevet paraît douteux. Le terme est d'ailleurs un anachronisme, « chamane » appartenant au vocabulaire de l'anthropologie contemporaine[11].

La figure du chamane gagne en popularité entre la fin du XVIIe et celle du XIXe siècle, Rostand n'a pu l'ignorer. En 1724, dans son volume *Mœurs des sauvages américains, comparées aux mœurs des premiers temps*[12], le jésuite Joseph François Lafitau offre une description précise de chamanes amérindiens qu'il sépare en deux catégories, ceux qui communiquent avec les esprits pour guérir et faire du bien, et ceux qui cherchent à nuire aux autres. Un demi-siècle plus tard, Diderot se passionne pour cette figure. Son intérêt se trouve exacerbé lors de son séjour de trois mois en Russie en octobre 1773, à l'invitation de l'impératrice Catherine qui, pour sa part, considère les chamanes comme un fléau et cherche à en débarrasser le pays[13]. En ce qui regarde la connaissance du chamanisme des philosophes du XVIIIe, il suffit de consulter les volumes de l'*Encyclopédie* pour constater qu'elle est précise et s'étend sur plusieurs articles, encore que le chamane soit désigné sous les termes de « charlatan », de « jongleur » ou même de « sorcier[14] ». Rostand fut-il curieux de cette littérature, qui devint plus abondante à la fin du XIXe siècle, lorsque l'ethnologie prit son autonomie par rapport à la philosophie ? Je ne saurais l'affirmer mais les faits sont là : Cyrano se présente à nous comme un étrange composé de *comédien possédé* et de chamane sibérien. Je sais qu'il existe des différences majeures entre transe chamanique et transe de possession : « la première est un voyage de l'homme chez les esprits, la seconde est une visite d'un esprit (ou d'une divinité) chez les hommes ; dans la première le sujet en transe maîtrise l'esprit qui s'incarne en lui, dans la seconde c'est l'inverse ; enfin la première est une

11 Le terme apparaît en français pour la première fois en 1699, sous la graphie *schaman*. On le retrouve en 1842 sous la forme *shamane*, par contagion de l'anglais *shaman*. L'écriture *chamane* fut proposée par Arnold van Gennep en 1903, permettant une prononciation supposée plus proche du terme original.

12 Lafitau, Joseph François, *Mœurs des sauvages américains, comparées aux mœurs des premiers temps*, Paris, Saugrain, 1724.

13 En 1786, elle écrira une pièce en cinq actes, qui sera jouée et publiée, intitulée *Le Chamane sibérien*, œuvre qui vise à démasquer le chamane Amban Lai, nouvelle figure de Tartuffe.

14 Je m'appuie ici sur Flaherty, Gloria, *Shamanism and the Eighteenth Century*, Princeton University Press, 1992. Voir en particulier le cinquième chapitre consacré à Diderot.

transe volontaire, la seconde une transe involontaire[15]. » Néanmoins, il me paraît bénéfique de voir en Cyrano une forme intermédiaire, en raison de son appartenance à la littérature.

LA TRANSE CHAMANIQUE DE CYRANO

En tant que comédien, Cyrano trouve en la *Divine* son modèle et, de même que nous avons perçu en elle une fonction proche de celle des chamanes, de même nous découvrons dans le héros de Rostand un comportement chamanique. On le remarque au premier acte, il se manifeste de nouveau au troisième, il explose enfin au dernier.

Le premier acte se passe en 1640 à l'hôtel de Bourgogne ; les spectateurs sont venus entendre une pastorale de Balthazar Baro, *La Clorise*, interprétée par l'une des vedettes de l'époque, le comédien Montfleury. Comme on sait, l'homme au nez protubérant empêche la représentation, offrant en échange au public un spectacle de son cru, plus proche de la transe que du théâtre de Corneille ou de Rotrou.

Pour comprendre ce qui se passe dans la pièce de Rostand, il faut garder en mémoire que l'auteur dépeint une société qui, sous une santé apparente, se trouve affaiblie par divers maux. L'un est extérieur, il s'agit de la rivalité avec la puissance espagnole avec laquelle il faudra bien en découdre[16] ; un autre est intérieur au pays et peut être compris à travers la problématique du langage. Malgré la richesse de la langue française, plusieurs éléments nuisent aux échanges verbaux. Le premier se rapporte à la multiplicité des patois qui menacent l'unité linguistique. Le second est lié au jargon des précieuses que répand l'élite mondaine. Sous couvert de littérature, ce parler a pris une telle ampleur que les êtres ne se comprennent plus. Les phrases ont perdu leur sens tellement les tournures précieuses s'éloignent du naturel. Balthazar Baro, proche d'Honoré d'Urfé et continuateur de son roman *L'Astrée*, est un bon représentant de cette littérature. Dans la vie quotidienne, l'amour entre deux personnes ne peut plus se dire, il est même parfois impossible

15 Rouget, Gilbert, *La Musique et la Transe*, Paris, Gallimard, 1980, p. 52.
16 Les historiens nomment cette période la « guerre de Trente Ans ».

de le deviner. Or le sentiment amoureux est une des sources du lien familial. En clair, malgré sa puissance, la société française que décrit Rostand connaît une crise du système symbolique, le rapport entre les mots et les choses devenant dysfonctionnel, par excès de sophistication.

Comme le chamane, Cyrano est en contact avec l'autre monde, même s'il faut chaque fois entendre l'expression *autre monde* dans un sens différent. Au premier acte, après avoir chassé Montfleury de la scène, il délimite un espace nouveau, formant autour de lui un cercle de spectateurs qui vibre à chacune de ses pointes. Tout en réinventant une langue que tout le monde peut saisir, il se livre à une pantomime qui s'apparente à celle de Jean-François Rameau au café de la Régence. Il s'enivre de paroles, son délire verbal le menant au bord de l'évanouissement. Il perd son identité, *entre en passion*, c'est-à-dire qu'il est possédé par d'autres esprits qui le noient sous une logorrhée qui confine à la folie. S'il n'a pas de tambour, sa voix en tient lieu, accompagnée du tintement des épées : « les coquilles tintent, ding-don ! » (v. 420). Il joue tous les rôles, rimeur, bretteur, musicien, physicien. Grâce à son nez, il redonne une valeur à toute chose. Celui-ci étant un équivalent général, Cyrano mime à travers le thème nasal l'ensemble du réel. Le nez devient tour à tour roc, pic, cap, péninsule, écritoire, boîte à ciseaux, perchoir, cheminée, porte-manteau, navet géant, enseigne de parfumeur, animal fabuleux, et j'en oublie. Ce délire verbal, dans lequel le docteur Lyet n'a su voir qu'un symptôme de la psychose maniaco-dépressive de l'auteur[17], je me plais à le comprendre comme une transe visant à remédier aux blessures d'une société en proie à un processus de désymbolisation.

Je passe sur la fièvre que Cyrano communique aux cadets de Gascogne au second acte par le récit de ses exploits pour m'arrêter sur le troisième acte où il raconte son voyage dans l'autre monde au comte de Guiche. Il emprunte ensuite une nouvelle identité – celle de son double – pour donner au couple Roxane-Christian plus de force, plus de consistance, établissant entre eux un lien dont le jeune homme ne tirera aucun bénéfice, puisqu'il mourra peu après au champ d'honneur, mais qui laissera à l'épouse un souvenir lumineux. Cette union sera pour elle l'occasion de quitter la galanterie précieuse pour entrer dans le monde de l'amour véritable, un amour certes charnel mais aussi union mystique entre deux

17 Lyet, Roger, *Le Style et la Psychose maniaco-dépressive*, thèse pour le doctorat en médecine, présentée le 8 juin 1949 à la Faculté de médecine de Paris.

êtres. Au quatrième acte, la voix de Cyrano redonne courage aux cadets enlisés autour des murs d'Arras, les poussant même à un exploit qui changera le destin de la guerre. C'est au cinquième acte que la dimension chamanique de Cyrano paraît la plus évidente. Il tombe une dernière fois en transe, sachant qu'il ne s'en relèvera pas. Mais il permet aussi à Roxane de découvrir le vrai visage de l'amour. L'autre monde ne renvoie plus à la littérature, comme au troisième acte ; il n'est plus une référence au fameux roman en deux parties du Cyrano historique, *L'Autre Monde.* Notre héros s'apprête à rejoindre cet univers de l'au-delà, lui qui fut un lien entre les deux mondes. Le principal élément du décor, l'arbre, tient une place essentielle dans la symbolique du chamanisme. La lune descend au plus près pour accueillir enfin notre homme qui doit livrer son ultime combat. Les ombres sinistres ayant entraîné la maladie de la société l'environnent ; il en compte mille : « Ah ! je vous reconnais, tous mes vieux ennemis ! » (v. 2560). Qu'importe leur nombre, qu'importe leur puissance, le rôle du chamane n'est-il pas de les vaincre pour apporter la guérison au corps malade ? Il y parviendra, brandissant au moment de mourir le remède en question, je veux dire son panache.

LE MAL DE VIVRE DE LA FIN DE SIÈCLE

Ce survol ne serait pas complet si l'on ne précisait le contexte social de l'étonnant succès de cette pièce. S'il faut voir en Cyrano un *medecine-man* adapté à la société européenne du XIXe siècle, on doit préciser qu'à travers les individus qu'il cherche à guérir – Roxane, Christian, les cadets de Gascogne, de Guiche, Le Bret, Ragueneau, etc. – c'est le corps social tout entier qu'il tente de guérir de son mal de vivre. De quoi souffre la société ? À travers la double question de la rivalité franco-espagnole du XVIIe siècle et de la langue, Rostand parle de la situation française de la fin du XIXe siècle. La rivalité avec l'Allemagne mènera d'autant plus vite à la guerre que la déchirure de l'unité territoriale est ressentie douloureusement par une majorité de Français.

Sous l'appellation fallacieuse de Belle Époque, le pays est la proie de maux qui, additionnés les uns aux autres, permettent de diagnostiquer une crise liée à l'ensemble du système symbolique. Les découvertes scientifiques du XIXe, tout en discréditant les dogmes religieux, n'ont pas donné naissance à un symbolisme de remplacement, malgré les ambitions du naturalisme. Quant au mouvement symboliste lui-même, dont le programme visait officiellement à apporter un remède à la banqueroute des valeurs, il s'achève par un échec : les chapelles littéraires au vocabulaire obscur, aux propos abscons rappelant les impasses de la préciosité du XVIIe siècle, ont cru offrir une panacée universelle. Ces artistes avaient des ambitions trop vastes qu'ils ne purent satisfaire, malgré des effets d'annonce retentissants. Ce fut par exemple le cas de Charles Morice qui souhaitait « prendre la vie et en exprimer le sens en beauté par les correspondances que les divers ordres de la nature entretiennent entre eux pour maintenir l'universelle unité[18] ». Aucune œuvre essentielle ne suivit l'exposé de son programme dans son livre *La littérature de tout à l'heure*. Et combien d'autres moins brillants que lui s'enfargèrent dans les mêmes ornières.

Après s'être approché de certains cénacles, le jeune Edmond s'éloigne sans cesser de s'interroger sur les maux de la société urbaine et industrielle, comme son père Eugène Rostand l'avait fait auparavant dans une perspective économique[19]. Si la société traditionnelle avait développé un haut degré d'intégration sociale, l'industrialisation pour beaucoup n'a engendré qu'un procès général de désintégration : perte de sens, rupture entre les mots et leur signification (ceux-ci se changeant en simples *signes*), destruction des solidarités anciennes au bénéfice de relations neutres, objectales, mesurées rationnellement par l'horloge et le salaire horaire. En un mot, même si le phénomène ne s'impose pas avec la violence qu'il aura lors de la mise en contact de sociétés sauvages avec les sociétés industrialisées – la colonisation –, il se présente néanmoins comme une perte rapide de sens, une absence de limites, une liberté d'autant plus inquiétante qu'elle est sans but, tous phénomènes qui relèvent de ce qu'on nommera plus tard la *désymbolisation*.

---

18 Morice, Charles, *Du sens religieux de la poésie*, Genève, Eggimann et Paris, Vanier, 1893, p. 47.

19 Rostand, Eugène, *L'Action sociale par l'initiative privée, avec des documents pour servir à l'organisation d'institutions populaires et des plans d'habitations ouvrières*, Paris, Guillaumin, 1892.

Ce sont ces maux que le théâtre de Rostand cherche à guérir, en recréant un symbolisme qui trouve ses racines dans les récits traditionnels, les contes, les légendes, rajeunis par une poésie accessible au plus grand nombre, et présentés au théâtre – le lieu où se noue le lien social –, par la voix des comédiens les plus prestigieux. Il exposera clairement ce programme lors de sa réception à l'Académie française.

Un an avant la création de *Cyrano*, le mercredi 9 décembre 1896, Rostand avait assisté à la réception hautement symbolique connue sous le nom de « Journée Sarah Bernhardt ». Quelques heures plus tard, en compagnie de plusieurs convives de cet hommage, il vécut le traumatisme de la présentation d'*Ubu roi* sous l'égide du théâtre de l'Œuvre, qu'on peut lire comme l'envers de la cérémonie précédente, à savoir comme un signe non seulement de décadence des valeurs culturelles mais de dégénérescence. Je fais ici référence au livre de Max Nordau qui[20], s'il fut très controversé, fut également très lu et très commenté par les contemporains. Sans qu'il en fasse état, c'est contre ce type de théâtre que Rostand met en branle la machine *Cyrano*, destinée à *resymboliser* l'ensemble du réel, à recréer un symbolisme tellement puissant qu'il prendra aux yeux de certains critiques les apparences et les sonorités d'un *cocorico* !

La conclusion nous ramène à la dédicace que nous pouvons maintenant comprendre pleinement : « C'est à l'âme de Cyrano que je voulais dédier ce poème », écrit Rostand. L'âme de Cyrano s'appelle Sarah Bernhardt, « Reine de l'attitude et Princesse des gestes » ; la *Divine* n'a pas seulement guéri Edmond de sa profonde détresse, elle soigne tous ceux qui s'adressent à elle, y compris ceux qui la contemplent de loin. Faute d'avoir trouvé à l'époque le personnage féminin guérisseur qui lui convenait – il le rencontrera plus tard dans Jeanne d'Arc –, Rostand reporte la figure chamanique sur un des comédiens les plus proches de Sarah, Constant Coquelin. Par la magie du théâtre, il fait passer dans le corps de ce dernier la puissance magnétique de Sarah, c'est-à-dire son âme. Il agit ainsi sans en parler à personne, sauf peut-être à Rosemonde Gérard qui était encore sa confidente à l'époque. Ce sera entre eux le secret le mieux gardé.

20 Nordau, Max, *Dégénérescence* (1892), trad. Auguste Dietrich, Paris, Félix Alcan, 1894, 2 vol.

Alors que Coquelin se présente comme le parangon des comédiens distancés, le voilà pourvu d'une âme qui n'est pas la sienne, opération que seule permet la littérature. Il suffit de relire le chef-d'œuvre de Mary Shelley pour saisir que, sous ce témoignage de gratitude à l'égard de son comédien, le bel Edmond s'est livré à une opération aussi hasardeuse que celle du docteur Frankenstein : il a donné naissance à un être hybride, monstrueux, une âme féminine enfermée dans un corps masculin, un *monstre sacré.*

Jean-Marie APOSTOLIDÈS
Stanford University

INDEX DES NOMS

RÉSUMÉS

Bernard VOUILLOUX, « Introduction. Rostand en clair-obscur »

Bénéficiant de l'intérêt que l'Université, depuis une trentaine d'années, porte aux œuvres de Rostand et en particulier à *Cyrano de Bergerac*, l'inscription de cette pièce au programme de l'agrégation est l'occasion de dresser un bilan sur sa réception, sur ses sources historiques, sur les genres dramatiques qui l'ont nourrie, sur la figure centrale autour de laquelle elle tourne, sur ses nœuds dramaturgiques, sur ses particularités stylistiques et métriques et sur sa dimension scénographique.

Jeanyves GUÉRIN, « "La critique aboie, Cyrano remplit les salles". Fortune scénique de *Cyrano* et infortune académique de Rostand »

Depuis des décennies, des générations de spectateurs ont fait de *Cyrano de Bergerac* l'une des pièces françaises les plus jouées dans le monde. Pourtant sa fortune critique est étrangement étriquée en France. Les autorités de la NRF comme de l'Université se sont montrées réticentes voire franchement hostiles à une œuvre vue comme d'arrière-garde. Les stars de la scénocratie ont suivi leurs ukases. Si l'on sort de l'Hexagone, on constate l'adaptabilité de la pièce à d'autres cultures.

Clémence CARITTÉ, « Cyrano est-il français ? »

La lecture nationale qui reste attachée à la pièce depuis sa création requiert d'être expliquée, précisée et nuancée par une recontextualisation aussi bien littéraire et historique que politique et culturelle. L'examen de la notion d'esprit français, de l'arrière-fond militariste et patriotique du théâtre de la fin du siècle, étayé largement par la presse et les critiques de l'époque, dessine un panorama qui se veut le plus juste possible.

Hélène LAPLACE-CLAVERIE, « Une pièce baroque ? »

Par l'intermédiaire de Théophile Gautier et de son ouvrage *Les Grotesques* (1844), Edmond Rostand découvre non seulement l'écrivain Savinien Cyrano de Bergerac, mais aussi l'esthétique baroque dont il fait une composante essentielle de sa pièce. Au-delà du personnage de Cyrano, véritable incarnation du bizarre et de la disparate, il s'agira d'analyser comment Rostand s'approprie la notion de *theatrum mundi* et dans quelle mesure ses choix dramaturgiques relèvent du modèle baroque.

Sylvain LEDDA, « "Je l'attendrai debout, et l'épée à la main !" Réflexions sur la comédie héroïque »

Bien que sous-titré « comédie héroïque », *Cyrano de Bergerac* est parfois considéré comme un drame, notamment à cause de la mort des principaux personnages. Écrire une comédie héroïque en 1897, c'est aussi obéir à une logique poétique, esthétique et historique de la part de Rostand. C'est ce choix générique que le présent article propose d'interroger.

Jean BOURGEOIS, « Le système des personnages féminins »

Dans un univers peuplé d'hommes, la plupart des personnages féminins, inventés ou librement inspirés de modèles ayant existé, se répartissent dans différents groupes, principalement les dispensatrices de nourriture, les religieuses et les précieuses. Entre ces personnages et entre ces groupes s'établissent des rapports de similitude et d'opposition qui organisent un système dont Roxane est le centre et qui déterminent des clivages révélant une dichotomie du corps et de l'esprit.

Fabrice WILHELM, « Nez postiche et imposture »

Les metteurs en scène font la plupart du temps jouer le personnage de Cyrano en affublant le comédien d'un nez postiche. S'agit-il d'un accessoire nécessaire pour représenter ce nez monstrueux dont il est question dans le texte ? L'utilisation d'un postiche ne désigne-t-elle pas plutôt une énigme du personnage qu'il faut analyser de concert avec l'imposture généreuse par laquelle Cyrano entreprend la séduction de Roxane ?

Géraldine VOGEL, « L'art de la pointe, ou le poème aiguisé »

Dans une tradition littéraire cherchant à rétablir l'image ternie du versificateur, *Cyrano de Bergerac* interroge l'engagement poétique pour fournir une alternative aux poètes « crottés » et « maudits ». La parole est l'arme qui permet au poète-bretteur de lutter contre la maladie du siècle, la neurasthénie, adversaire de l'enthousiasme. L'attitude combattive de Cyrano envahit la scène, créant un tableau dramatique illustrant la valeur fédératrice du poète en tant qu'homme et artisan.

Henri SCEPI, « Poétique du souffleur »

La pièce de Rostand diffuse en l'organisant un discours sur la poésie conçue comme univers de langage, éthique du sensible et vision du monde. Le personnage éponyme incarne une exigence de coïncidence de soi à soi et de sincérité inconditionnelle où se lient en gerbe les valeurs nourricières de la poésie préclassique et les aspirations propres au renouveau poétique des années 1890-1900.

Alain VAILLANT, « Le lyrisme de la versification heureuse »

L'aura dont bénéficie la pièce de Rostand depuis sa création et qui, dès l'origine, a laissé perplexe la critique reste un mystère : les circonstances historiques peuvent expliquer le succès en 1897, non pas sa permanence depuis plus d'un siècle. Car il a des racines plus profondes, qui touchent à la nature même du plaisir poétique – en l'occurrence, à l'euphorie singulière que communique *Cyrano de Bergerac* et au rôle qui est dévolu à la versification syllabique et à la rime pour y parvenir.

Jean-Michel GOUVARD, « Un alexandrin de comédie »

Dans *Cyrano de Bergerac*, divers procédés comiques sont en lien avec la versification : les répétitions de mots à l'intérieur du vers et à la rime, les appariements de mots à la rime, le recours aux chevilles, les enjambements de vers à vers. Si la métrique de l'alexandrin nécessite d'être analysée précisément, en particulier les scansions ternaires et semi-ternaires, elle ne saurait omettre la dimension orale du texte non plus que les effets comiques ponctuels.

Bertrand DEGOTT, « Interjections et onomatopées »

Le théâtre de Rostand, comme celui de Claudel, contient nombre d'interjections. Les interjections primaires, qui sont aussi les plus fréquentes (*ah*, *oh*, *hein*...), ont pour origine une onomatopée, mais Rostand accueille aussi sur scène le bruit des vagues et des cris d'animaux. L'observation et l'étude de quelques-uns de ces « "parias" grammaticaux » sont l'occasion de fournir quelques instruments pour l'analyse stylistique de *Cyrano de Bergerac*.

Bernard VOUILLOUX, « Le théâtre du geste »

L'engagement de Rostand dans la mise en scène de *Cyrano de Bergerac* se traduit non seulement par l'inflation des didascalies, mais par la fréquence des notations descriptives ou auto-descriptives. Aux apparences normées des courtisans s'oppose constamment l'envol vers l'idéal, caractéristique du personnage de Cyrano. Loin de s'émanciper de la matérialité des décors et des corps, qui détermine le calcul des effets, Cyrano la pousse à son comble : son geste participe d'un théâtralisme exacerbé.

Jean-Marie APOSTOLIDÈS, « Paradoxe sur le *Cyrano* »

Bien que *Cyrano de Bergerac* soit écrit pour Constant Coquelin, un rapprochement avec Sarah Bernhardt est fructueux, bien que paradoxal. La *Divine* appartenait à une autre école que Coquelin, c'était une comédienne *possédée*, au comportement proche de la figure traditionnelle du chamane. Ne peut-on pas découvrir dans le héros de Rostand des traits chamaniques, c'est-à-dire de guérisseur, permettant de mieux comprendre les raisons de son succès dans la société française de la fin du XIXe siècle ?

TABLE DES MATIÈRES

IMPRIM'VERT®

Achevé d'imprimer par Corlet,
Condé-en-Normandie (Calvados), en novembre 2021
N° d'impression : 173673 - dépôt légal : novembre 2021
Imprimé en France